हिन्दी और पूर्वोत्तर

हिन्दी और पूर्वोत्तर

पुरोवाक्

गिरीश्वर मिश्र

सम्पादक

कृपाशंकर चौबे

वाणी प्रकाशन

वाणी प्रकाशन
4695, 21-ए, दरियागंज, नयी दिल्ली 110 002

शाखा
अशोक राजपथ, पटना 800 004

फ़ोन : +91 11 23273167 फ़ैक्स : +91 11 23275710

www.vaniprakashan.in
vaniprakashan@gmail.com
sales@vaniprakashan.in

HINDI AUR POORVOTTAR
Edited by Kripa Shankar Chaubey

ISBN : 978-93-87648-50-0
Linguistics

प्रथम संस्करण

मूल्य : ₹ 495

सिटी प्रेस, दिल्ली-110 095 में मुद्रित

वाणी प्रकाशन का लोगो मक़बूल फ़िदा हुसेन की कूची से

जाने–माने भाषाविद् **प्रो. वृषभ प्रसाद जैन** को,

जो पिछले कुछ वर्षों से पूर्वोत्तर की

लिपिविहीन भाषाओं को सम्यक लिपि

देने के लिए प्रयासरत हैं।

पुरोवाक्

मुख्यधारा का प्रश्न

देश की मुख्यधारा में पूर्वोत्तर भारत के शामिल नहीं होने का प्रश्न जब न तब उठाया जाता है। मेरी राय में मुख्य धारा को परिभाषित करना एक समस्या है। कौन मुख्य धारा में और कौन मुख्यधारा में नहीं रहेगा, यह कौन तय करेगा? जो तथाकथित मुख्य हैं और जो मुख्य नहीं हैं, वे एक–दूसरे को कैसे देखते हैं? शेष भारत पूर्वोत्तर भारत को किस दृष्टि से देखता है? शेष भारत की चिन्ता में, जो चिन्ता अखबारों, बातचीत और पढ़ाई में दिखती है, क्या उसमें उत्तर–पूर्व भारत के लिए कुछ जगह है? किसी के चाहने या न चाहने के बावजूद भारत अपनी सारी विविधताओं के साथ ही जिन्दा रहेगा। हमारा श्रम इस विविधता को सहेजने और सँभालने में अगर खर्च होता है तो होना भी चाहिए। यह विविधता भाषा, धर्म, रीति–रिवाज, खान–पान में दिखती है। यह विविधता भारत के विभिन्न क्षेत्रों में दिखाई पड़ती है। मुझे लगता है कि यह 'मुख्य' शब्द कहकर हम इस विविधता को अस्वीकार करते हैं। फिर वह मुख्य ही भारतीय हो जाता है। फिर एक भाषा का ही आधिपत्य हो जाता है। एक खांचा बन जाता है। एक फ्रेमवर्क बन जाता है जिससे हम सारी दुनिया को देखने की कोशिश करते हैं। इस विविधता के साथ कैसे चला जाये? विविधता से एक परेशानी तब पैदा होती है जब डिफरेंस, डेफिसिट बन जाती है, जब विविधता कमी बन जाती है। हम एक तरह का कपड़ा पहनें और खाना खायें, इससे हम परिचित हैं। दूसरा, दूसरी तरह का खाना खाये तो वह हमसे भिन्न है। इसी आधार पर हमसे कमजोर, खराब और बुरा है। ये सारी बातें हम देखने लगते हैं। ऐसे में डिफरेंस को आगे नहीं लेकर उस डिफरेंस को डेफिसिट में हम बदल देते हैं। कमजोरी में बदल देते हैं।

कार्य की वजह से ज्यादातर लोग बड़े सीमित क्षेत्र में रहते हैं। कृषि प्रधान देश होने की वजह से लोग प्रायः एक ही जगह रहते थे। जब तक अन्य जगह जायेंगे और देखेंगे नहीं, तब तक यह अहसास नहीं होगा कि जीवन जीने के कई और भी तरीके हैं। यह अहसास न होना बड़ी भारी कमजोरी है। ऐसे में हमारी दृष्टि सीमित हो जाती है। विविधता के लिए व्यापक दृष्टिकोण होना चाहिए जिसमें दूसरे को भी जगह मिले। भिन्नता कमजोरी न रहे। भिन्नता खराबी का द्योतक न हो। देश के राजनीतिक क्षेत्र या अन्य क्षेत्रों को अगर खंगाला जाये, इनकी बातचीत की शब्दावली के अन्दर जाकर देखा जाये तो हमें पूर्वोत्तर की उपस्थिति लगभग नगण्य सी दिखाई पड़ती है। लगभग अनुपस्थित। प्रकृति की दृष्टि से, कला की दृष्टि से, जीवनशैली की दृष्टि से केवल मानव विज्ञान या एंथ्रोपोलॉजी की रुचि के विषय के रूप में पूर्वोत्तर भारत रहे, यह शायद ठीक नहीं। यह एक अजूबा हो जिसे संग्रहालय में रख दिया जाये। ज्यादातर इसी तरह की दृष्टि देखने को मिलती है। हमने पूर्वोत्तर को समझने की कोशिश नहीं की है। हमने यह भी कोशिश नहीं की है कि उसको साथ लेकर पूरा देश कैसे चले? किन अर्थों में वह पूरा हो सकता है? या कहें कि ज्यादा पूरा हो सकता है? उसकी रचना कैसे पूरी हो सकती है? पूर्वोत्तर भारत की स्थिति को अगर देखें तो वह एक ऐसा क्षेत्र है जो विदेशी सीमा के साथ लगा हुआ है। म्यांमार हो, बांग्लादेश हो, चीन हो या फिर भूटान हो, पूर्वोत्तर भारत इन सब के साथ जुड़ा हुआ है। सांस्कृतिक समानता भी है लेकिन जब देश बन जाता है तो उसके साथ राजनीति भी आती है। उसके साथ पहचान का एक नया तमगा लग जाता है। उसके बाद सभी एक–दूसरे के विराधी हो जाते हैं। पाकिस्तान का एक आदमी हथियार लेकर घुस आया। आतंकी कह हमने उसको गिरफ्तार कर लिया। मनुष्य वह भी है और नस्ल के आधार पर किसी भी तरह वह भारत से भिन्न नहीं है। पर जो तमगा उस के ऊपर लग गया है, जिसे वह स्वीकार कर चुका है, जिसके कारण ही उसने यह आचरण किया है। कहने का आशय यह है कि सांस्कृतिक समानता होने के बाद भी अगर पहचान भिन्न हो जाती है और उसके साथ कोई जुड़ जाता है,

तो उसका अर्थ और आशय बदल जाता है। अन्तरराष्ट्रीय दृष्टि से अरुणाचल प्रदेश एक संवेदनशील क्षेत्र है। चीन अक्सर उसको नक्शे से गायब कर देता है। कैसे इसे प्रस्तुत करता है? उसकी क्या रुचि है? ये तमाम चिन्ताएँ मान्य हैं। इसका रिश्ता अन्य देशों की तुलना में भारत से ज्यादा है। इस दृष्टि से भी इस क्षेत्र का विकास होना चाहिए। यह बात बहुत हद तक स्पष्ट है, ज्यादा से ज्यादा लोग चर्चा भी करते हैं कि जितना ध्यान हमें देना चाहिए था, शायद उतना ध्यान हम नहीं दे पाये हैं। असम को प्राग ज्योतिष पूर्व इतिहास और महाभारत के कुछ मिथकों–कहानियों से जोड़ा जाता है। अन्य क्षेत्रों से सांस्कृतिक समानता भी है। कुछ क्षेत्र ईसाई बहुल हैं और कुछ हिन्दू बहुसंख्यक क्षेत्र हैं। यह जो विविधता है, जो रिश्ते बन रहे हैं, बिगड़ रहे हैं, कौन–कौन सी सामाजिक संस्थाएँ हैं जो वहाँ काम कर रही हैं और किन मूल्यों को आगे बढ़ा रही हैं। वहाँ की कथा और जीवन गाथा को अगर लें तो लड़ाई ज्यादा है। विभिन्नता को लेकर, पहचान को लेकर, अलगाव को लेकर, बहुत सारे प्रश्न हमारे सामने खड़े हैं और उनसे हम जूझ रहे हैं। पूर्वोत्तर में अस्मिता का प्रश्न सबसे अहम है। उनकी जो पहचान है, वह प्रमुख प्रश्न हो गया है। विविधता वाले जीवन में किसी एक समूह का वर्चस्व नहीं होना चाहिए। इसकी जगह हर समूह एक–दूसरे का आदर करे। उसको जीने का वही अनुभव दे या वही अवसर दे जो उसको चाहिए। अगर आप दूसरे व्यक्ति को आदर देते हैं तो वह भी आदर देगा। मिलेगा वही जो आप देंगे। यह जो मुख्य धारा और शेष धारा के बीच रिश्ते में खटास आयी, उसमें पहचान की समस्या ने बड़ी जबरदस्त भूमिका अदा की है। इसका बड़ा लम्बा इतिहास है। हमने ठीक से उनके–अपने इतिहास को समझने की कोशिश नहीं की है। उनकी जो पृष्ठभूमि है, किस रूप में उनका निकास हुआ? शेष भारत है, मुगल शासन के बाद, अंग्रेजों के शासन के बाद जिस तरह वे चले हैं। अंग्रेजों की उपस्थिति वहाँ स्वीकार हुई और कैसे क्या परिवर्तन हुआ, जगह बदली गयी, तमाम सारे इतिहास हैं। लेकिन ऐसा प्रतीत होता है कि हमने उनको उनकी पृष्ठभूमि में ठीक तरह से नहीं समझा है। यह कमी हमारे अध्ययन में, हमारी समझदारी

में बनी हुई है। विविधता को स्वीकार करना। उनकी पहचान बनी रहे। इसको कैसे स्वीकार किया जाये?

एक दृष्टि से एक विचारधारा के अनुसार बस एक ही मुख्य धारा है और दूसरी यह है कि कई धाराएँ उस मुख्य धारा को बनाती हैं। कोई एक चीज आज थोप दें और यह उसको स्वीकार हो जाये, यह सम्भव नहीं। आज की स्थिति और भी कठिन हो गयी है क्योंकि हमारे बीच मीडिया आ चुका है। मीडिया ने हमारा क्षितिज बढ़ाया है। उसमें तमाम तरह की विविधताओं को जगह मिली है। आज हम देखते हैं कि और जगह कैसे लड़ाई लड़ी जा रही है? हर दिन कहीं न कहीं विश्व में युद्ध हो रहा है। यह युद्ध किस तरह का है? मुझे लगता है कि कहीं न कहीं पहचान एक मुख्य प्रश्न है जिसे लेकर सारा युद्ध लड़ा जा रहा है। उस पहचान को भुनाया जा सके, इसके लिए लड़ा जा रहा है। यह संकलन यह बताने में समर्थ होगा कि भाषा, संस्कृति और समाज तीनों किस तरह से परस्पर एक–दूसरे से जुड़ते हैं? तीनों ही बड़े कठिन शब्द है। संस्कृति क्या है? इसकी तमाम सारी परिभाषाएँ एक नहीं, सैकड़ों हो चुकी हैं। इसे सब कुछ अपने में समेट लेने वाला शब्द मानकर हम चलते हैं। जीवन शैली के रूप में मान कर चलते हैं। 'स्थान', 'नस्ल' तमाम शब्दों से जोड़ते हैं। भाषा से भी जोड़ते हैं। संस्कृति के अन्दर भाषा भी समाहित होती है। शायद भाषा संस्कृति को बनाती भी है और संस्कृति भी भाषा को बनाती है। दोनों–एक दूसरे को प्रभावित करती हैं। मगर संस्कृति में एक बुनियादी पक्ष है जो कुछ तरह के लोग मानते हैं। इसमें एक तरह की आकांक्षा भी है, जो समाज की महत्वाकांक्षा है कि हम क्या होना चाहते हैं।

संस्कृति के बहुत सारे रूप हैं। इन विविधताओं को या संस्कृति के जो विभिन्न पक्ष हैं, उनको एक समाज क्या रूप देता है? किस तरह ग्रहण करता है? कैसे उसको जोड़ता है? यह कहना बहुत गलत होगा कि संस्कृति एक फिक्स या स्थाई वस्तु है। बहुत सारी संस्कृतियों में डिफरेंस स्थापित कर के बता दिया जाता है कि जो डिफरेंस है, वह कल्चर के नाते है। जैसे भारतीय और अमेरिकी कल्चर। मेरा ख्याल है कल्चर को अनपैकेज कर के समझने की

जरूरत है। वह एक पैकेज है। एक अध्ययन में कल्चर का एक पक्ष हो सकता है केवल भाषा को ले कर और दूसरे में किसी और अर्थ में उसका प्रयोग हो सकता है। यह बहुत मुश्किल बात है कि हम बड़ा साधारणीकरण कर देते हैं। हर अध्ययन को हर दृष्टि से समतुल्य बनाने की अपनी संस्कृति है। वह एक अर्थ में है। लेकिन वास्तविक अर्थ जो होता है, वह अलग होता है जिसे ध्यान में रखने की आवश्यकता है। यह संकलन पूर्वोत्तर की संस्कृति को संस्कृति की दृष्टि से समझने का प्रयास है। यह भी देखा जा सकता है कि कैसे एक संस्कृति दूसरी संस्कृति के सम्पर्क में आती है, तो किस तरह का परिवर्तन आता है? इस संकलन के साथ ही हम साहित्य, भाषा, समाज और संस्कृति और इनके पारस्परिक सम्बन्ध को समझने की कोशिश आरम्भ कर रहे हैं। पूर्वोत्तर की भाषाओं में रचे गये साहित्य से हमें वहाँ की वर्तमान समस्याओं, उनके इतिहास, समाज को समझने में मदद मिलेगी। हम एक तरह की पारस्परिकता के क्रम में आगे बढ़ना चाहते हैं। अक्सर हमें अपनी पहचान ज्यादा महत्वपूर्ण लगती है और पारस्परिकता कम हो जाती है। हम दूसरों को मौका नहीं देना चाहते। आइए देखें कि विविधता उस समाज को, जीवन को कितना प्रभावित कर रही है? विकास को कितना प्रभावित कर रही है? उनकी जो क्षमता है, वह अपने स्वाभाविक रूप में क्यों नहीं विकसित हो रही है। उम्मीद है कि यह किताब दिशा देगी, बतायेगी कि हम किस तरह चलें? किताब उन मुद्दों की भी पहचान बतायेगी जिस ओर हमें ध्यान देना चाहिए।

—गिरीश्वर मिश्र

सम्पादकीय

हिन्दी की व्याप्ति अन्य भारतीय भाषाओं में प्रश्नातीत है किन्तु पूर्वोत्तर भारत की जनजातीय भाषाओं के साथ हिन्दी ने यथोचित सम्बन्ध नहीं बनाया। यहाँ तक कि बांग्ला के साथ हिन्दी का अभी जो सम्बन्ध है, वह भी पश्चिम बंगाल तक सीमित है। बांग्लादेश में रचे जा रहे बांग्ला साहित्य और अपने ही देश के त्रिपुरा में रचे जा रहे बांग्ला साहित्य के बारे में हिन्दी समाज बहुत कुछ नहीं जानता।

लम्बे समय से पूर्वोत्तर के लोग हिन्दी की सेवा कर रहे हैं। पूर्वोत्तर भारत में हिन्दी के पहले प्रचारक थे असम के वैष्णव कवि श्रीमंत शंकरदेव (1449–1568)। आधुनिक काल में महात्मा गाँधी की प्रेरणा से लोकप्रिय गोपीनाथ बरदलै ने पिछली सदी के तीस के दशक में असम राष्ट्रभाषा प्रचार समिति की स्थापना कराकर असमवासियों में हिन्दी के प्रति रुचि जगाई। बरदलै के हिन्दी प्रचार के काम को पीताम्बर देव गोस्वामी, कुलधर चालिहा, नीलमणि फुकन, बिरंचि कुमार बरुआ, चक्रेश्वर भट्टाचार्य, हरिकृष्ण दास, रजनीकान्त चक्रवर्ती, नवीनचन्द्र कलिता, छगनलाल जैन, कमल नारायण देव, लोकनाथ भराली, नवारुण वर्मा और परेशचन्द्र देवशर्मा ने आगे बढ़ाया। यहाँ हमें यह भी स्मरण रखना होगा कि देवनागरी के लिए पहली शहादत पूर्वोत्तर के ही एक लेखक ने दी। उनका नाम है बिनेश्वर ब्रह्म। वे बोडो भाषा के विशिष्ट साहित्यकार थे किन्तु पूर्वोत्तर में हिन्दी व देवनागरी के लिए काम करते थे। असम में बोडो भाषा की लिपि के लिए कई बार आन्दोलन हुए और बिनेश्वर ब्रह्म ने रोमन लिपि के स्थान पर देवनागरी लिपि का समर्थन किया और वह स्वीकार कर ली गयी। देवनागरी का

समर्थक होने के कारण श्री ब्रह्म को बोडो उग्रवादियों की ओर से धमकी मिलती रहती थी पर उन्होंने कभी इस ओर ध्यान नहीं दिया। उनके प्रयास से बोडो पुस्तकें देवनागरी लिपि में छपकर लोकप्रिय होने लगीं। इससे उग्रवादी बौखला गये और 19 अगस्त, 2000 की रात बिनेश्वर ब्रह्म की गोली मार कर हत्या कर दी गयी। उस हत्याकाण्ड के बाद उग्रवादी संगठन एन.डी.एफ.बी. ने उसकी जिम्मेदारी ली। बिनेश्वर ब्रह्म 'देवनागरी के नवदेवता' कहे गये।

नगालैंड के 82 वर्षीय नागरिक पियोंग तेमजन जमीर पिछले 45 वर्षों से हिन्दी की सेवा में जुटे हैं। अब तक वे व्यक्तिगत प्रयास से 10,000 से ज्यादा लोगों को हिन्दी लिखना, बोलना और पढ़ना सिखा चुके हैं। ऐसे मनीषियों तथा पूर्वोत्तर के अहिन्दीभाषी हिन्दी लेखकों के अवदान से यह किताब रूबरू कराएगी।

पूर्वोत्तर की भाषाओं के साथ हिन्दी का साहित्यिक सम्बन्ध जोड़ने और हिन्दी के संघीय स्वरूप को मजबूती देने के उद्देश्य से ही यह संकलन निकाला जा रहा है। पूर्वोत्तर की भाषाएँ विभिन्न भाषा परिवारों से सम्बन्ध रखती हैं जैसे–भारतीय–आर्य, तिब्बती–बर्मी, द्रविड़ और आस्ट्रो–एशियाटिक। असम की भाषाएँ–बोडो, कोरोई, देउरी, दिमासा, हमार, हंगखोल, करही, खेल्मा, कोच, मिशिंग, राभा, ताइ, तिवा तिब्बती–बर्मी भाषा परिवार से आतीं हैं। पनार आस्ट्रो एशियाटिक भाषा परिवार से आती है। मेघालय की खासी आस्ट्रो एशियाटिक भाषा परिवार से आती है जबकि गारो तिब्बती–बर्मी भाषा परिवार से। त्रिपुरा की काकबराक, कुकी, रियांग, जमातिया, मणिपुर की अइमोल, मीतै, अनल, राल्ते, गंगते, खरम, सुकते, जोउ, मिजोरम की बैते, चकमा, लाखेर, लाइ, पवाई, नगालैंड की अंगामी, आओ, चांग, चोकरी, दिमासा, करबी, लोथा भी तिब्बती–बर्मी भाषा परिवार से आती हैं। पूर्वोत्तर की भाषाओं के साथ हिन्दी के सम्बन्ध पर विचार करने के लिए महात्मा गाँधी अन्तरराष्ट्रीय हिन्दी विश्वविद्यालय के कोलकाता केन्द्र ने 'हिन्दी तथा पूर्वोत्तर की भाषाएँ' विषय पर 14–15 जुलाई 2012 को कोलकाता में राष्ट्रीय संगोष्ठी आयोजित की थी। उसमें पढ़े गये कुछ आलेख इस संकलन में दिये गये हैं। जैसे देवराज, गोपाल प्रधान, भरत प्रसाद, रविशंकर रवि, जोरम आनिया ताना

और मिलनरानी जमातिया के आलेख। विश्वविद्यालय के कोलकाता केन्द्र ने भारतीय सामाजिक विज्ञान अनुसंधान परिषद, नयी दिल्ली के सहयोग से 7–8–9 अगस्त 2015 को भी कोलकाता में 'पूर्वोत्तर की भाषा, संस्कृति एवं समाजः एक अन्तरानुशासनिक संवाद' पर तीन दिवसीय राष्ट्रीय संगोष्ठी आयोजित की थी। उसमें प्रस्तुत किये गये कुछ आलेख भी इस किताब में संकलित किये गये हैं। जैसे प्रो. ए. सी. सिन्हा, डॉ. पृथ्वीश नाग, डॉ. कोरसी डोरेन खारसी और प्रो. माधवेन्द्र के आलेख। टीएलसीएच के वित्तीय सहयोग से महात्मा गाँधी अन्तरराष्ट्रीय हिन्दी विश्वविद्यालय ने पूर्वोत्तर पर्वतीय विश्वविद्यालय, शिलांग (नेहू) के हिन्दी विभाग के साथ मिलकर शिलांग स्थित नेहू परिसर में 18 और 19 नवम्बर 2016 को 'पूर्वोत्तर भारत की भाषा, साहित्य एवं संस्कृति का बदलता स्वरूप' विषय पर राष्ट्रीय संगोष्ठी आयोजित की थी और उसमें पढ़े गये कुछ आलेख भी इस संकलन में शामिल किये गये हैं। इसके अलावा 'उलुपी' के सम्पादक रविशंकर रवि के सौजन्य से प्राप्त दूसरी सामग्री भी इस किताब में शामिल की गयी है। प्रो. जगमल सिंह, डॉ. नवकान्त शर्मा, नवारुण वर्मा, डॉ. हेमराज मीणा दिवाकर, सुशील चौधरी, धर्मदेव तिवारी शास्त्री, राधागोविन्द थोङाम, के. फ्योखामो लोथा, दीनमणि शर्मा, लिलि खरप्रान, डॉ. दिनेश कुमार चौबे, प्रवीन कोच, इबोहल सिंह काङ्जम के लेखों में हिन्दी के साथ पूर्वोत्तर की भाषाई तथा सांस्कृतिक समानता का संधान किया गया है। कुछ तथ्य ऐसे हैं जिन्हें कई लेखकों ने उद्धृत किया है। उन्हें जाने दिया गया है ताकि सन्दर्भ स्पष्ट रहे। इस संकलन को तैयार करने में केन्द्रीय हिन्दी संस्थान के पूर्व आचार्य तथा पूर्वोत्तर के विशेषज्ञ प्रो. हेमराज मीणा दिवाकर का बहुत सहयोग मिला है, उसके लिए विश्वविद्यालय उनका आभारी है।

यह उम्मीद स्वाभाविक है कि इस संकलन से पूर्वोत्तर के साथ हिन्दी का सम्बन्ध प्रगाढ़ होगा, पूर्वोत्तर को हिन्दी के निकट लाने में मदद मिलेगी और इस प्रश्न का उत्तर भी खोजा जा सकेगा कि उत्तर पूर्व भारत, शेष भारत के लिए आज भी प्रश्न क्यों बना हुआ है? पूर्वोत्तर भारत का हिस्सा होकर भी कई बार भारत का हिस्सा क्यों नहीं लगता? पूर्वोत्तर के प्रदेशों और वहाँ के बाशिंदों

की पीड़ा को जानने–समझने का प्रयास क्यों नहीं किया जाता? पूर्वोत्तर के लोगों की कद–काठी, शक्ल–सूरत, उनकी संस्कृति, उनकी सामाजिक परम्पराएँ, रीति–रिवाज और उनकी भाषाएँ शेष भारत से भिन्न हैं। भिन्न चेहरे–मोहरे के कारण पूर्वोत्तर के लोगों से अपने ही देश में वीसा दिखाने को कहा जाता है। इन्हीं सबके कारण पूर्वोत्तर के लोग भारत की विविधता, विशालता और बहुलता से सामंजस्य नहीं बिठा पाते। सामंजस्य नहीं बिठाने से ही पूर्वोत्तर से भारत की सम्प्रभुता को चुनौती भी मिलती रही है। सामंजस्य व सहकार सम्बन्ध कायम करना ही इस किताब के लिए काम्य है।

मुझे उम्मीद है कि यह किताब भारत के सांस्कृतिक वैविध्य कों समझने में भी सहायक सिद्ध होगी।

–कृपाशंकर चौबे

अनुक्रम

पूर्वोत्तर भारत का भाषाई परिदृश्य

प्रो. माधवेन्द्र

भारत का पूर्वोत्तर क्षेत्र अपने भाषाई वैविध्य के लिए पूरे विश्व में 'भाषा की प्रयोगशाला' के रूप में प्रसिद्ध है। इसी भाषाई विचित्रता के कारण पूरे भारत के लिए यह क्षेत्र बहुत कुछ अबूझ भी है। यहाँ की बोली–भाषा इस हद तक अलग है कि नये व्यक्ति को लगता है, मानो वह किसी दूसरी दुनिया में आ गया है। भारतीय भाषा समूह से भिन्न प्रकृति की भाषाओं के कारण अधिकांश भाषाओं के उच्चारण की ध्वनि इतनी अलग है कि कुछ भी समझ में नहीं आता। पूरे पूर्वोत्तर क्षेत्र में सैकड़ों जनजातियाँ, समूह और उनकी अलग–अलग भाषाएँ प्रचलित हैं। इन भाषाओं को मुख्य रूप से तीन भाषा–परिवारों में विभाजित किया जाता है–1. तिब्बती–चीनी परिवार, 2. आग्नेय परिवार और 3. भारतीय आर्य भाषा परिवार। इनमें तिब्बती–चीनी भाषा परिवार के तिब्बती–बर्मी उप–परिवार की भाषाएँ संख्या में सबसे अधिक हैं। इस क्षेत्र में प्रचलित भाषाओं को निम्नलिखित समूहों में रखा जा सकता है–1. हिमालयी या पूर्वी–तिब्बती समूह की भाषाएँ–लेपचा और मोनपा। 2. पूर्वोत्तर सीमान्त समूह की भाषाएँ–अक, डफला, आबोर, मीरी, आदी, मिश्मी, आपातानी, गालोंग आदि। 3. बोडो समूह की भाषाएँ–बोडो, त्रिपुरी, राभा, गारो, दिमासा, देउरी, लालुङ्, कार्बी या मिकिर, कछारी, कोच, जमातिया, रियाङ् आदि। 4 नगा समूह की भाषाएँ–आओ, अंगामी, लोथा, साङ्तम, यीमचुङ्र, माकबारे, रोंगमेङ्, ताङ्सा, वाङ्चो, बोङ्नी, सेमा, तिरखिर, जैमी, चांङ्फोंम, ताङ्खुल, लियाङ्मेई, चाक्री, खेजा, पोचुरी खियाङ्गण, माओ, काबुइ, कोन्यक चोखेसाङ् जेजिफेयाङ् आदि। 5. कुकी–चीनी समूह की भाषाएँ–कुकी, हमार, थाडो, पाइते, मणिपुरी, विष्णुप्रिया, लुशेइ, लखेर, वाइफे आदि। 6. बर्मी समूह की भाषाएँ। 7. काचिन समूह की भाषाएँ–सिङ्फो। 8. उत्तरी

थाई समूह की भाषाएँ–खामती, अहोम आदि। 9. आग्नेय परिवार की भाषाएँ–खासी, जयन्तिया। 10. भारतीय आर्य भाषा परिवार की भाषाएँ–असमिया, बांग्ला आदि। अरुणाचल प्रदेश में पच्चीस के आसपास जनजातियाँ हैं। कुछ जनजातियों के अन्तर्गत कई उप–समूह हैं तथा प्रत्येक उपसमूह की अपनी बोली है। ये समूह हैं–मोनपा, शेरदुक्पेन खोआ, अका, निशि, सुलुंग, बंगरू, तगिन, मीरी, अपातानी, आदी, मेम्बा, खम्बा, मिश्मी, खामती, सिङ्फो, नोक्टे, नोमछो, तांग्सा। आदी के अन्तर्गत कई जनजातियाँ हैं जैसे गालौंग, मिन्यौंग, पादम, पासी, बोरी, बोकार, पईलिबो, रामो तथा मिलंग। मिश्मी के अन्तर्गत इदु, दिगारू और मिजी समूह हैं।[1] कुछ क्षेत्रों में भाषागत वैविध्य इतना अधिक है कि ये भाषाई द्वीप जैसे लगते हैं। जैसे तिरप, सोहा, नोकटे, कामेंग आदि के कुछ क्षेत्र। इन जनजातियों में किसी के पास अपनी लिपि नहीं है। खामती इसका अपवाद है। मोनपा तिब्बती लिपि का प्रयोग धार्मिक लेखों के लिए करते हैं। भाषा–परिवार की दृष्टि से खामती के अतिरिक्त अन्य भाषाएँ तिब्बती बर्मी भाषा परिवार की हैं। इन भाषाओं में तान का प्रयोग होता है। अलग–अलग तानों के प्रयोग से अर्थ में भिन्नता आती है। यद्यपि वर्तनी का रूप वही रहता है। उदाहरण के लिए काचिन समूह की सिङ्फो भाषा में न्गा शब्द अलग–अलग तानों के प्रयोग से मछली, भैंस और जिन्दा रहना ये तीन अर्थ देता है। सिङ्फो भाषा भाषी खामती जनजाति के पास बसे हैं। सिङ्फो की आबोर भाषा से काफी समानता है। आबोर के पश्चिम में मीरी जनजाति का क्षेत्र है। आबोर और मीरी में बहुत समानता है। मीरी असम घाटी में लम्बे समय से रहते आये हैं। ये अब दरांग, नौगाँव, शिवसागर और लखीमपुर में बसे हैं। डफला मीरी क्षेत्र के पश्चिम की पहाड़ियों में रहते हैं। मीरी तथा डफला भाषाओं में स्वर–वर्णों का अधिक प्रयोग होता है। असम घाटी के उत्तर की पहाड़ियों में दिबांग नदी से लामा घाटी तक मिश्मी जनजाति का क्षेत्र है। ब्रह्मपुत्र के दक्षिण में स्थित मिश्मी गाँव खामती और सिङ्फो से घुलमिल गये हैं। तिब्बती–चीनी भाषा परिवार की शाखा थाई–चीनी उप परिवार की प्रचलित भाषाओं में खामटी और अहोम प्रमुख हैं। अहोम जन असम में सन् 1228 ईस्वी में पटकोई पर्वत के दर्रे को पार कर आये। सन् 1253 ईस्वी के लगभग उन्होंने शराइदेव नामक नगर बसाया और वहीं बसे गये। असम राज्य का नाम भी 'अहोम' शब्द से ही विकसित हुआ। अहोमों ने धीरे–धीरे पूरे असम में अपनी सत्ता

स्थापित कर ली और कई शताब्दियों तक असम पर शासन किया। बाद में उन्होंने स्थानीय जीवन–शैली को स्वीकार कर लिया। धीरे–धीरे अहोम भाषा और लिपि लुप्त प्राय होने लगी। आज अहोम भाषा और लिपि को जाननेवाले बहुत कम लोग रह गये हैं। अहोम की लिपि बुरंजी थी जिसका अर्थ है 'अविदित ज्ञान का भण्डार'। अहोम वर्णमाला खामटी, शान, बर्मी तथा चकमा की वर्णमालाओं का मिलाजुला प्राचीन रूप था जिसमें 41 वर्ण थे। पटकोई पर्वतमाला से होते हुए ब्रह्मपुत्र घाटी में आने वाले अन्य कबीलों में नारा, एतानिया, फाकियाल, तुरुंग, खामजांग और खामती हैं। इनमें खामती सबसे महत्वपूर्ण हैं। ये मूल रूप से उत्तरी शान कबीले के थे जो ऊपरी बर्मा के निवासी थी। ये पहले आकर जोरहाट के निकट बसे। बाद में इनमें से कुछ समूह नारायणपुर और उसके आसपास एवं कुछ लोग अरुणाचल प्रदेश के लोहित जिले के चौथम में जाकर बस गये। खामती भाषा में बौद्ध धर्म से सम्बन्धित पुस्तकें मिलती हैं जो नारायणपुर और चौथम में स्थित विहारों में उपलब्ध हैं। खामती में रामायण की रचना 'लिक याओ लामाङ्' नाम से हुई है। खामती की अपनी लिपि है जिसमें 30 वर्ण हैं। यह बर्मा की शान लिपि से मिलती है। बोडो समूह की भाषाएँ असम के मैदानी भाग, गारो पहाड़ियों और त्रिपुरा में बोली जाती हैं। इनमें से सबसे महत्वपूर्ण बोडो भाषा है। इस समूह भी भाषाओं में अब उनकी अपनी लिपि का प्रयोग नहीं होता। बोडो के लिए पहले असमी लिपि का प्रयोग होता था। सन् 1975 में असमी के स्थान पर देवनागरी लिपि का प्रयोग होने लगा। बोडो भाषा और साहित्य के विकास में बोडो साहित्य सभा की भूमिका बहुत महत्वपूर्ण है। सन् 2003 में संविधान की आठवीं सूची में बोडो भाषा को सम्मिलित करने का निर्णय लिया गया। आज बोडो भाषा में प्रचुर मात्रा में साहित्य–रचना हो रही है। बोडो समूह के अन्तर्गत, लालुंग, दिमासा, गारो, राभा और त्रिपुरी आदि कई भाषाएँ आती हैं। कार्बी में 'साबिन आलुन' नाम से रामकथा का प्रचलन है। कार्बी के लिए भी देवनागरी लिपि का प्रयोग होता है। कार्बी को मिकिर नाम से भी जाना जाता है। लालुंग समूह के लोग नौगाँव जिले के दक्षिण पश्चिमी कोने में और कामरूप के कुछ हिस्सों में बसे हुए हैं। ये सम्भवतः जयन्तिया पहाड़ियों से यहाँ आये। दिमासा कछार जिले के उत्तरी पर्वतीय क्षेत्र में बोली जाती है। दिमासा की एक बोली होजाइ, नौगाँव जिले में काफी लोगों द्वारा बोली जाती है। राभा को दातियाल कछारी भी कहते हैं। बहुत

से राभाओं ने अपनी मूल भाषा को छोड़कर असमिया को अपना लिया है। तिब्बती बर्मी परिवार के बोडो समूह के अन्तर्गत आने वाली गारो जनजाति गारो पहाड़ियों में तथा पहाड़ियों की तलहटी में बसी हुई है। कामरुप, गोआलपाड़ा, शिवसागर, दरांग, नौगाँव तथा बांग्लादेश के सिलहट, मनमनसिंह तथा ढाका में भी गारो जनजाति के लोग निवास करते हैं। ये अपने आपको मण्डे (मनुष्य) कहते हैं तथा अपनी भाषा को 'मण्डे कुसिक' या 'आचिक कुसिक' कहते हैं जिसका अर्थ है मनुष्य की भाषा या पहाड़ी मनुष्य की भाषा। मानक गारो के अलावा गारो बोलियों में आबेंग, आतोंग, (कुचु), आबी, चिबोक, रूगा, कोच आदि हैं। उन बोलियों में आपस में बहुत समानता है। उनमें से आतोंग या कुचु बोली अन्य बोलियों से काफी भिन्न है। गारो पहाड़ियों के पश्चिमी क्षेत्र में आबेंग बोली जाती है, मध्य में आचिक, पूर्वोत्तर में आबी तथा सोमेश्वर घाटी के निचले भाग में आतोंग। निताई नदी के आसपास कुछ गाँवों में चिबोक तथा रूगा बोली जाती है। पूर्वोत्तर की अन्य अधिकांश भाषाओं की तरह गारो की भी अपनी लिपि नहीं है। मिशनरियों ने उसे बांग्ला और रोमन दोनों लिपियों में लिखा।[2] आज गारो रोमन लिपि में लिखी जाती है। पश्चिमोत्तर सीमा पर स्थित त्रिपुरा राज्य में सबसे अधिक जनसंख्या बरक जनजाति की है जिसके अन्तर्गत त्रिपुरी या देवबर्मा, रियांग, जमातिया, नोवातिया, मूरासिंग, उचई, रूपिनी और कलई जनजातियाँ आती हैं। इस राज्य की भाषाओं में बांग्ला और कॉकबरक मुख्य हैं। कॉकबरक का सम्बन्ध तिब्बती–बर्मी परिवार से है और यह बरक जनजातियों की भाषा है। 'कॉक' अर्थात् बोली या भाषा और बरक यानी मनुष्य। कॉकबरक को तिपुरा या त्रिपुरी नाम से भी जाना जाना जाता है। सुनीति कुमार चटर्जी ने कॉकबरक को तिप्रा और तिपेरा कहा। सर ग्रियर्सन ने Linguistic survey of India में इसे तिपुरा नाम दिया। त्रिपुरा के राजवंशों के इतिहास 'राजमाला' में इस भाषा के बारे में चर्चा करते हुए कहा गया है कि त्रिपुरा में एक स्वतन्त्र भाषा है जो लिखित भाषा नहीं है। वास्तव में बरक जनजातियों ने 1900 ई. के बाद अपनी भाषा को कॉकबरक के नाम से पुकारना शुरू किया। सन् 1900 में राधामोहन ठाकुर ने अपनी पुस्तक कॉकबरकमा (कॉकबरक व्याकरण) में इस भाषा को कॉकबरक नाम दिया। 1979 में त्रिपुरा राज्य की सरकार द्वारा कॉकबरक को द्वितीय सरकारी भाषा का स्थान दिया गया। पूर्वोत्तर की अधिकांश भाषाओं के समान ही कॉकबरक का साहित्य भी वाचिक

परम्परा के माध्यम से पीढ़ी–दर पीढ़ी हस्तांतरित होता रहा है। स्वतन्त्रता के बाद से कॉकबरक के प्रचार–प्रसार का व्यापक अभियान चलाया गया। 1979 के बाद से सांस्कृतिक नवजागरण के फलस्वरूप कॉकबरक में प्रचुर मात्रा में साहित्य रचना होने लगी है।[3]

नगा समूह की भाषाएँ मुख्यतः नगालैंड में बोली जाती हैं। नगालैंड में निम्नलिखित जनजातियाँ निवास करती हैं–अंगामी, चांग, चिर, कोन्याक, फोम, रेंगमा, सेमा, जलियांग, चाखेसांग, आहो, खियामंगन, लोथा, पोचुरी, संगथाम, यिम चूंगर, नकवारे, कबुई, सूमी, कुकी, तिखिर, चिन, माओ।[4] इनमें से प्रत्येक जनजाति की अपनी भाषा है जिसका नाम जनजाति पर ही आधारित होता है। नगालैंड में बोली जानेवाली भाषाओं की बहुलता के कारण इन जनजातियों के लोग एक दूसरे की भाषा को समझ नहीं पाते। ऐसा यहाँ की भौगोलिक पृष्ठभूमि के कारण है। दुर्गम पर्वतों और घने जंगलों के बीच बसे इन 'कबीलों' के बीच परस्पर सम्बन्ध नहीं था। अतः भाषागत भिन्नता का होना स्वाभाविक है। ईसाई मिशनरियों के आगमन के साथ इन जनजातीय भाषाओं को व्यवस्थित रूप मिला। मिशनरियों ने ईसाई धर्म की पुस्तकों का इन भाषाओं में अनुवाद किया। इन भाषाओं में पाठ्य पुस्तकों की रचना भी की गयी। नामसांग नामक गाँव में सन् 1840 में मिशनरी सबसे पहले आये। नामसांग भाषा के शब्दों का संग्रह किया। इसके कुछ दशक बाद मिशनरियों ने कुछ नगा भाषाओं में प्राथमिक पाठ्य–पुस्तकें तैयार करने का काम भी किया।

1963 में नगालैंड राज्य बनने के बाद सम्पर्क भाषा के रूप में नगामी भाषा का उद्‌भव हुआ। इसमें 30 प्रतिशत शब्द असमिया भाषा के हैं क्योंकि पड़ोसी राज्य होने के कारण नगा जनजातियों का असमी भाषा से पुराना सम्पर्क रहा है। अंग्रेजी के शब्द भी नगामी में हैं क्योंकि नगालैंड की राज्य भाषा अंग्रेजी है। साथ ही हिन्दी के अनेक शब्द भी इसमें आ गये हैं। इस प्रकार नगामी एक पिजिन भाषा है।[5] जबकि सर जार्ज ग्रियर्सन ने नगामी को असमी का एक पुराना रूप माना है।[6] नगालैंड में अधिकांश व्यक्ति द्विभाषी हैं और मातृभाषा के साथ–साथ नगामी भी जानते हैं। परन्तु नगामी शिक्षा का माध्यम नहीं बन पायी है और न इसमें साहित्य रचना सम्भव हो सकी है। कुकी–चीनी समूह का क्षेत्र उत्तर नगा पहाड़ियों से लेकर बर्मा तक फैला हुआ है। कुकी तथा चीनी शब्द–पर्यायवाची हैं। 'कुकी' असमिया या बांग्ला शब्द है जो कई पर्वतीय जनजातियों के लिए

प्रयुक्त होता है जबकि 'चीन' बर्मी शब्द है। ये जनजातियाँ सम्भवतः काफी समय तक घुमंतू थीं। ऐसा प्रतीत होता है कि पिछली दो शताब्दियों से ये लुशाई तथा चीनी पहाड़ियों में बसी थीं और इसी क्षेत्र में रहते हुए उनकी भाषा का विकास हुआ। कुकी–चीनी का बर्मी से तो सम्बन्ध है ही, तिब्बती भाषा से भी सम्बन्ध है। बोडो भाषाओं तथा नगा समूह की बोलियों से भी इसका सम्बन्ध है। कुकी–चीनी समूह की भाषाओं में लुशाई तथा मणिपुरी घाटी की मुख्य भाषा मीतैलोन है। मणिपुरी भाषा मणिपुर राज्य में शासन, शिक्षा और सम्पर्क की भाषा है। यह साहित्यिक दृष्टि से समृद्ध भाषा है।

ईसा की प्रथम शताब्दी के आसपास चेङ्लै नामक स्थानीय बोली से मणिपुरी का विकास माना जाता है।[7] प्राचीन समय में इसे कई नामों से पुकारा जाता था जैसे मैतैलोल, मैतैरोल, मीतैलोन आदि। प्राचीन काल में मंगोलिया तथा अन्य स्थानों से जब लोगों का प्रव्रजन मणिपुर राज्य में हुआ, तो यह अलग–अलग समूहों में हुआ जिससे इन समूहों की भाषा में भिन्नता थी। दूरी के कारण यह भिन्नता बढ़ती गयी और बोलियों का विकास होता गया। बाद में इन्हीं बोलियों से मणिपुरी भाषा का विकास हुआ। मणिपुरी भाषा के विकास क्रम में प्राचीन काल उसके निर्माण का काल है। उस दौरान मणिपुरी ने विभिन्न बोलियों के अलावा चीनी और बर्मी की कुछ बोलियों का प्रभाव भी ग्रहण किया। मध्यकाल का सन् 1731 से 1890 तक का समय मणिपुरी भाषा का विकास काल था। उस काल में मणिपुरी संस्कृति, बांग्ला और मैथिली की शब्द सम्पदा से सम्पन्न हुई। आधुनिक काल मणिपुरी के परिमार्जन और व्यापकता का काल है। कुकी–चीनी समूह की अन्य भाषाओं में राल्ते, पइते, जहाओ, लखेर, हमार, लाई आदि हैं। लुशाई भाषा इस समूह की दूसरी महत्वपूर्ण भाषा है।

मिजोरम की लुशाई भाषा शुरुआती दौर में केवल मौखिक रूप अर्थात् बोली तक ही सीमित थी। अंग्रेजों के आगमन से पहले मिजो समुदाय की भाषा का लिखित रूप नहीं मिलता। 1894 में मिजोरम में मिशनरियों का आगमन हुआ। इसके साथ ही मिजो वर्णमाला गढ़ने का और भाषा को व्यवस्थित रूप देने का काम शुरू हुआ। फलस्वरूप मिजो भाषा का तेजी से विकास होने लगा। 1971 में मिजोरम को केन्द्र शासित प्रदेश घोषित किये जाने पर मिजो को राज्य भाषा का दर्जा मिला। आज मिजो भाषा में प्रचुर साहित्य रचा जा रहा है।

मानव शास्त्रियों तथा भाषाविदों के मत से मिजो तथा पूर्वोत्तर की

कुछ अन्य जनजातियों का सम्बन्ध तिब्बत से था। ये जनजातियाँ सात दलों में तिब्बत की तराई और घाटियों को पार पर बर्मा में जा बसीं। वह 800 ई. के आसपास का समय था। 1000 ई. के आसपास मिजो जाति वर्तमान मिजोरम की ओर चली आयी और 15वीं–16वीं शताब्दी में मिजोरम में ही बस गयी। मिजो और साथ ही मिरू तथा मारू नामक जनजातियों ने अपने पूर्वजों द्वारा अतीत में प्रयुक्त चीनी–तिब्बती–बर्मी भाषा की उपबोलियों की सहायता से अपनी स्वतन्त्र बोलियों का निर्माण किया। मिजो भी उन्हीं बोलियों में से एक है। 8वीं से 10वीं शताब्दी के बीच इन जनजातियों द्वारा किस बोली का प्रयोग किया जाता था, यह विवादास्पद है। अपनी स्वतन्त्र लिपि न होने के कारण सम्भवतः वे उस समय चीनी लिपि का प्रयोग करते थे पर यह भी बाद में कष्टसाध्य घुमंतू जीवन के कारण धीरे–धीरे लुप्त हो गया।[8]

मिजो भाषा के वर्तमान रूप का विकास 10वीं से 19वीं शताब्दी के बीच बर्मा में इरावदी नदी की घाटी में छिनलुङ् में निवास के दौरान हुआ। उस समय इसे लुशाई नाम से जाना जाता था। कहते हैं कि छिनलुङ् सरदारों के परिवारों में लुशाई नामक व्यक्ति के वंशजों ने तिब्बती–बर्मी परिवार की कई उपबोलियों की सहायता से लुशाई भाषा को जन्म दिया। 15वीं शताब्दी के अन्त और 16वीं शताब्दी के आरम्भ में जब मिजो लोग छिनलुङ् से चलकर मिजोरम में आये तो पाँच मुख्य दलों में बँट गये और इस आधार पर पाँच उपबोलियों का विकास हुआ–लुशाई जाति की बोली लुशाई टांङ्, राल्ते जाति की राल्ते टोङ्, हमार जाति की हमार टोङ्, पइहते जाति की पइहते टोङ्, और पोई जाति की उप बोली पोई टोङ्। इन बोलियों के अलावा मिजोरम में अन्य उपजातियाँ भी हैं जिन्हें ओजिया कहा जाता है। ओजिया का अर्थ है भाषाई तानों का थोड़ा बिगड़ा उच्चारण करने वाले।

पूर्वोत्तर में ऑस्ट्रो–एशियाटिक भाषा परिवार की खासी भाषा मेघालय में बोली जाती है। इस क्षेत्र के विभिन्न भाषा–भाषियों के बीच द्वीप की भाँति ऑस्ट्रो–एशियाटिक परिवार की उपस्थिति आश्चर्यजनक है क्योंकि भारत में इस भाषा–परिवार की भाषा का प्रचलन सीमित ही है। मोनख्मेर परिवार के पाँच उपसमूह हैं। पहले में मीकांग क्षेत्र की भाषाएँ आती हैं, दूसरे में पेगु क्षेत्र की भाषाएँ तथा अनाम में बोली जानेवाली बोलियाँ, तीसरे में कंबोडिया में बोली जाने वाली बोलियाँ, चौथे में मांडले

के पूर्वोत्तर में बोली जाने वाली फ्लांग–बा समूह की बोलियाँ तथा पाँचवें समूह में खासी की विभिन्न बोलियाँ हैं।[9]

1849 में रॉबिन्सन ने खासी भाषा का पहला व्याकरण प्रस्तुत किया था। उसके चालीस वर्ष बाद जर्मन विद्वान प्रो. कुह्न ने मोनख्मेर परिवार की भाषाओं के साथ इसके सम्बन्ध की चर्चा की। राजनीतिक रूप से खासी बर्मा से भी जुड़े माने जाते हैं। वे बर्मा के राजा को दाव (कुल्हाड़ी) आधिपत्य के स्वीकृति–चिह्न के रूप में भेजा करते थे। एक दूसरी परम्परा के अनुसार वे उत्तर से आये थे तथा सिलहट तक पहुँचे थे परन्तु बाढ़ के कारण वापस आये और खासी पहाड़ियों में आकर बसे गये।[10] खासी की उपबोलियों में वार तथा प्नार मुख्य हैं। वार दक्षिणी घाटी की भाषा है। वह जवाई तथा जयंतियापुर के बीच बोली जाती है। उसके उच्चारण में पूरे क्षेत्र में एकरूपता नहीं है तथा पदों के क्रम में भी खासी से भिन्नता है। प्नार या सिन्तेंग जयन्तिया पहाड़ियों की भाषा है। उसके उच्चारण में खासी से पर्याप्त भिन्नता है। उदाहरण के लिए पत्थर के लिए खासी में माव शब्द है तो प्नार में मो। एक के लिए खासी में वेइ शब्द है तो प्नार में वि। ईश्वर के लिए खासी में बलेई है तो प्नार में बलाई। पदों का क्रम भी खासी से कुछ भिन्न है।

खासी की विभिन्न बोलियों के अन्तर्गत भोई–खासी, नौंगलुंग, खिरियम तथा वार प्रमुख हैं जिनका रूप मानक खासी भाषा से काफी भिन्न है। मानक खासी भाषा सोहरा (चेरापूँजी) क्षेत्र में बोली जाती है। भोई तथा नौंगलुंग तो खासी से इतनी भिन्न हैं कि कई बार उन्हें अलग भाषा के रूप में पहचाना जाता है। ऐसा प्रतीत होता है कि खासी भाषा के विकास क्रम में भारोपीय भाषाओं से उनका सम्पर्क आरम्भ से ही रहा है क्योंकि इसमें तमाम ऐसे शब्द मिलते हैं जो संस्कृत, हिन्दी, बांग्ला तथा अन्य उत्तर भारतीय भाषाओं के साथ–साथ अरबी, तुर्की, अंग्रेजी से सीधे गृहीत प्रतीत होते हैं। Aram (आराम), Artat (अर्थात्), Bor (बल/बड़ा) Bih (विष) Budom (बटन) Byndi (बन्दी) Karai (कड़ाही) Thalki (खिड़की) Khanshi (कैंची) Khi (घी) karni (करनी) Khun (खून) Khutia (फुटकर) Politic (पलिटिक्स) Jylla (जिला) Jubor (जबरदस्ती) Juk (युग) Myntor (मंत्र) Moina (मैना) Stashan (स्टेशन) Shuba (सुबह) Sotti (सत्य) Shun (चूना) Shini (चीनी) Shatri (छतरी) Shabi (चाभी) Sha (चाय) Shuki (चौकी) Syndok (सन्दूक) Tusok (तोशक) Isbad

(इस्पात) Paka (पक्का) Tyrso (सरसों) आदि सैकड़ों ऐसे शब्द हैं जो अन्य भारतीय भाषाओं से सीधे लिये गये हैं परन्तु समय बीतने के साथ उनके उच्चारण और इसके कारण लेखन में भी इतना अधिक परिवर्तन हो चुका है कि अब वे पहचान में भी नहीं आते। खासी भाषा की प्रकृति अयोगात्मक है। संज्ञा में लिंग निर्धारण में पुल्लिंग के लिए U(उ) तथा स्त्रीलिंग के लिए ka(का) प्रयोग होता है। उभय लिंग के लिए एकवचन में I(आई) तथा बहुवचन के लिए ki(कि) का प्रयोग होता है। व्यक्तिवाचक सर्वनाम के रूप में मैं के लिए न्गा (nga), हम के लिए न्गी (ngi), तुम के लिए फी (phi), तू के लिए मी (पुल्लिंग), फा (स्त्रीलिंग) का (वह), की (वे) का प्रयोग होता है। सम्बन्धवाचक सर्वनाम के प्रत्यय बा, एइ, नो, ता हैं। विशेषण में बा, ऊबा, काबा, ईबा, किबा (वह, जिसका) लिंग और वचन के अनुसार जोड़े जाते हैं। कहते हैं कि खासियों के पास अपनी लिपि थी जो बाढ़ में खो गयी। लिपि से सम्बन्धित इस प्रकार की किंवदन्ती पूर्वोत्तर की लगभग सभी भाषाओं के बारे में प्रचलित है। बाद में खासी गाँव वाले मसोई नामक लेखकों को भोजपत्र पर लिखने के लिए बुलाते थे।

सिक्किम की भाषाओं में हिमालयी समूह की भाषा भूटिया है जो तिब्बती लिपि में लिखी जाती है। इनका मूल निवास तिब्बत था। सिक्किम की मुख्य जनजाति लेपचा है जिनकी भाषा लेपचा है। उनकी लिपि तिब्बती लिपि से भिन्न है। रोङ् का अर्थ लेपचा तथा रिङ् का अर्थ भाषा है। अतः लेपचा अपनी भाषा को रोंङ् रिंङ् कहते हैं। सुनीति कुमार चटर्जी के अनुसार लेपचा भाषा तिब्बती–बर्मी समूह की हिमालय शाखा से सम्बन्धित है।[11] सिक्किम में कई नेपाली समुदाय रहते हैं जैसे भुजेल, थामी, दमाई, मंगर, राइ, सुनवार, आदि। मुरमी समुदाय की भाषा मुरमी तथा गुरुंग समुदाय की भाषा गुरुंग है। ये दोनों तिब्बती भाषा समूह से सम्बन्धित हैं। सिक्किम की भाषाओं के बारे में सर जार्ज ग्रियर्सन का कहना है, "सिक्किम में बोली जाने वाली बोलियों की विशेषता यह है कि उनकी व्याकरणिक संरचना बहुत ही सरल है।[12]

भारतीय आर्यभाषा परिवार की असमिया, बांग्ला और हिन्दी का प्रचलन इस क्षेत्र में है। असमिया असम प्रदेश की भाषा तो है ही, पूर्वोत्तर के लगभग सभी राज्यों में उसका प्रभाव है। असम में यह सम्पर्क, शिक्षा और शासन का माध्यम है। अन्य आधुनिक भारतीय आर्यभाषाओं की तरह इसका विकास लगभग दसवीं शताब्दी तक हो चुका था। इसका उद्भव

भारतीय आर्यभाषाओं के पूर्वी समूह में मागधी, प्राकृत तथा अपभ्रंश से हुआ। असमिया का साहित्य बहुत समृद्ध है। असम में वैष्णव मत के प्रवर्तक श्रीमन्त शंकरदेव और उनके शिष्य माधवदेव ने असमिया साहित्य तथा संस्कृति को बहुत ऊँचाई तक पहुँचाया। पूर्वोत्तर में आरम्भ से ही बांग्ला का प्रभाव रहा है। यहाँ के विभिन्न राज्यों में बांग्लाभाषियों की संख्या काफी रही है। पूर्वोत्तर में हिन्दी का प्रचलन लगभग सभी राज्यों में है। असम के अधिकांश नगरों और दूर–दराज के क्षेत्रों में सदियों से हिन्दी भाषी बसे हुए हैं।

सन्दर्भ

1. लिंग्विस्टिक सिचुएशन इन नार्थ–ईस्ट इंडिया, सं. मृणाल मीरी, पृ. 145
2. लैंग्वेजेज ऑफ नार्थ–ईस्ट इंडिया, जार्ज ग्रियर्सन, खण्ड-I, पृ. 330–336
3. भारतीय लोक साहित्य कोश, खण्ड 4, पृ. 1953–1956
4. भारतीय साहित्य कोश, खण्ड-I, पृ. 675
5. पिजिन भाषा का अर्थ है सरलीकृत रूप में किसी भाषा का सम्पर्क भाषा के रूप में प्रयोग।
6. भारतीय साहित्य कोश, खण्ड-I, पृ. 677
7. भारतीय साहित्य कोश, खण्ड-III, पृ. 2, 3, 4
8. वही
9. लैंग्वेजेज ऑफ नार्थ–ईस्ट इंडिया, जार्ज ग्रियर्सन, खण्ड-I, पृ. 1–38
10. अ ग्रामर ऑफ द खासी लैंग्वेज, राबर्ट, भूमिका
11. एनसाइक्लोपीडिया ऑफ नार्थ–ईस्ट इंडिया, एच. एम. बरेह, खण्ड–7, पृ. 271
12. लैंग्वेजेज ऑफ नार्थ–ईस्ट इंडिया, जार्ज ग्रियर्सन, खण्ड-I, पृ. 206

पूर्वोत्तर भारत की भाषाएँ एवं हिन्दी

प्रो. हेमराज मीणा दिवाकर

पूर्वोत्तर भारत में भारतीय संविधान द्वारा स्वीकृत चार मुख्य भारतीय भाषाओं का प्रयोग किया जाता है। असम राज्य में असमिया तथा बोडो, मणिपुर में मणिपुरी तथा त्रिपुरा व असम की बराक घाटी में बांग्ला भाषा का प्रयोग मुख्य भारतीय भाषा के रूप में किया जाता है। मणिपुरी भाषा–भाषी समाज असम और त्रिपुरा में काफी संख्या में रहता है। बांग्ला भाषा–भाषी समाज पूर्वोत्तर भारत के सभी राज्यों में निवास करता है कदाचित इसीलिए पूर्वोत्तर भारत की सभी मुख्य भाषाएँ बांग्ला से प्रभावित रही हैं। बहुत लम्बे समय तक पूर्वोत्तर की कई जनजातीय भाषाओं जैसे खासी और गारो को बांग्ला लिपि में लिखा जाता था।

पूर्वोत्तर भारत भाषाओं का संगम क्षेत्र है। 1971 ई. की जनगणना के भाषा सर्वेक्षण के अनुसार पूर्वोत्तर भारत में बोली जानेवाली 130 भाषाएँ भोटी–चीनी परिवार की हैं। 'संस्कृति संगम उत्तर पूर्वांचल' नामक कृति में डॉ. विजय राघव रेड्डी ने लिखा है, "सिक्किम, असम, मेघालय, नगालैंड, मणिपुर, त्रिपुरा, अरुणाचल प्रदेश और मिजोरम में भारोपीय परिवार की असमिया, बांग्ला, हिन्दी और नेपाली के अतिरिक्त आस्ट्रो–एशियाटिक परिवार की कुछ भाषाएँ तथा तिब्बती चीनी परिवार की भाषाएँ एवं बोलियाँ बोली जाती हैं। यहाँ एक और भारोपीय परिवार की चकमा भाषा बोलने वाले चकमा जनजातीय वर्ग में माने जाते हैं, तो कुकी चीनी समूह की भाषा मणिपुरी बोलने वाले मणिपुरी या मैते लोग जनजातीय नहीं माने जाते हैं।"

पूर्वोत्तर भारत की 65 प्रमुख बोलियाँ ऐसी हैं जो तिब्बती–बर्मी उप–परिवारों की हैं–

राज्य	प्रमुख भाषा और बोलियों की संख्या
1. अरुणाचल प्रदेश	13
2. असम	14
3. त्रिपुरा	05
4. नगालैंड	14
5. मणिपुर	11
6. मिजोरम	04
7. मेघालय	03
8. सिक्किम	04

स्वतन्त्रता प्राप्ति के बाद तथा स्वतन्त्र राज्यों के गठन के बाद लोगों में अपनी भाषा और संस्कृति के प्रति लगाव जागृत हुआ है इसीलिए सभी लोग अपनी–अपनी भाषाओं और बोलियों को बढ़ावा देने लगे हैं। अधिकांश जनजातीय भाषाओं में साहित्य सृजन भी प्रारम्भ हो चुका है। सिक्किम में नेपाली भाषा के अलावा भोटिया तथा लेपचा–तामांग भाषाएँ भी बोली जाती हैं। नगा जनजातीय भाषाओं का प्रयोग नगालैंड के अतिरिक्त अरुणाचल, असम और मणिपुर में भी किया जाता है, जैसे–अरुणाचल में वांगचो, असम तथा मणिपुर में माओ, जिमी एवं कबुई। असमिया भाषा का जन्म पूर्वी मागधी अपभ्रंश से हुआ है। यह भाषा अहोम जाति की भाषा से भी प्रभावित रही है। अहोम भाषा का अब अस्तित्व नहीं है। ऊपरी असम में अहोम असमिया जाति का ही अस्तित्व है। असम में असमिया भाषा के अलावा निम्नांकित जनजातीय भाषाओं और बोलियों का प्रयोग किया जाता है–

1. बोडो – कछारी
2. सोनोवाल – कछारी
3. दिमाशा – कछारी

ये तीनों बोलियाँ कछारी–भाषा के नाम से भी जानी जाती हैं। बोडो भाषा का प्रयोग कोकराझार, कामरूप, शोणितपुर, उदालगुड़ी, दरंग तथा नलबाड़ी क्षेत्रों में किया जाता है तो सोनोवाल–कछारी का प्रयोग दीमापुर क्षेत्र के अतिरिक्त डिफू और हाफलांग में भी किया जाता है।

4. देउरी
5. कारबी
6. लालुंग (तिवा)
7. मिसिंग (मिरी)
8. राभा

असम की जनजातीय भाषाओं या बोलियों में असमिया भाषा का सर्वाधिक प्रभाव राभा भाषा ने ग्रहण किया है।

9. बर्मन क्षेत्र–बराक घाटी
10. हमार या मार–बराक घाटी, जिरिघाट
11. कुकी–मणिपुर, नगालैंड
12. रेंगमा–नगा
13. जिमी–नगा
14. हाजोंग
15. गारो
16. खासी
17. जयन्तिया

वैसे तो गारो, खासी, जयन्तिया मेघालय राज्य की मुख्य जनजातीय भाषाएँ हैं किन्तु इन तीनों भाषाओं के बोलने वाले काफी तादाद में असम राज्य में भी निवास करते हैं। असम सरकार द्वारा प्रकाशित 'ट्राइब्स ऑफ असम' नामक ग्रन्थ में इसका प्रामाणिक विवेचन किया गया है। खासी भाषा मन–खामेर समूह की भाषा है। कुछ भाषाविद् मानते हैं कि मध्य भारत की मुंडा भाषा (मुंडारी) का भी इसमें समावेश हुआ है। खासी भाषा का क्षेत्र इंडो–आर्यन और तिब्बती–बर्मा भाषा के बीचवाला क्षेत्र है, इसलिए इसका प्रभाव भी इस पर पड़ा है। प्रारम्भ में ईसाई मिशनरी चेरापूँजी में ही आकर बसे थे इसलिए खासी लोकभाषा को 'का–किटीयन–सोरा' कहा गया। सोरा चेरापूँजी का ही मूल नाम है। जीबन राय (जीवन राय) खासी भाषा के पहले विद्वान थे जिन्होंने 'रामायण' और 'बुद्धदेव चरित' का खासी में भाषांतर करके हलचल मचा दी थी। इसी प्रकार कालाचाँद शास्त्री ने सम्पूर्ण महाभारत का मणिपुरी भाषा में अनुवाद कर एक क्रान्तिकारी कदम उठाया। अरिबम पं. राधामोहन शर्मा ने उपनिषदों का मणिपुरी भाषा में अनुवाद किया था।

गारो भाषा का प्रयोग वेस्ट गारो हिल्स (तुरा), ईस्ट गारो हिल्स (विलयम नगर) तथा साउथ गारो हिल्स (बाघमारा) में किया जाता है। ये तीनों जिले गारो हिल्स के नाम से जाने जाते हैं। गारो भाषा तिब्बती–बर्मा परिवार की भाषा है। खासी का प्रयोग नांगस्टोन तथा नाअंगपोंग तथा शिलांग क्षेत्र में किया जाता है। इस क्षेत्र को खासी हिल्स से जाना जाता है। 1868 ई. में आईग्टान खारकोगोर ने आठ हजार शब्दों का खासी शब्दकोश तैयार

किया था। पूर्वोत्तर पर्वतीय विश्वविद्यालय, शिलांग में खासी और गारो का अध्ययन–अध्यापन एम.ए. स्तर पर किया जा रहा है।

वैसे तो जयंतिया बोली मन–खामेर समूह की ही एक बोली है जो खासी के निकट है। इसका प्रयोग जोवाई क्षेत्र में किया जाता है जिसे जयंतिया हिल्स के नाम से जानते हैं।

अरुणाचल प्रदेश में कुल 25 भाषाओं और बोलियों का प्रयोग किया जाता है–

(1) आदी, (2) अका, (3) आपातानी, (4) देवरी या देउरी, (5) हिलमिरी, (6) मेंबा, (7) खांबा, (8) खामती, (9) खोवा, (10) मिजी (धम्मई), (11) मिशिंग (मिसिंग) (12) मोंपा और उसकी बोलियाँ, (13) मिशमी डिगारू, (14) मिशमी ईदू, (15) मिशमी मीजू, (16) बैंगनी, (17) निशी (निशिंग), (18) नोक्टे या नोक्ते, (19) शेरदुक्पेन, (20) सिंहफो, (21) सोलुंग, (22) तागिन, (23) वांचू, (24) तागंसा, (25) योबिन।

जिस प्रकार असम में बोडो भाषा के लिए देवनागरी लिपि का प्रयोग होता है उसी प्रकार अरुणाचल प्रदेश की जेमी के लिए देवनागरी को अपनाया गया है। अरुणाचल प्रदेश में समस्त जनजातीय भाषाओं के मध्य सम्पर्क भाषा के रूप में हिन्दी का प्रयोग होता है। अरुणाचल में कामेंग और तवांग जिले के निवासी मोनपा भाषा बोलते हैं। यह भाषा तिब्बती भाषा से मिलती–जुलती है। इसी प्रकार वांगचो भाषा अरुणाचल के वांगचो नगाओं की भाषा है जिसके बोलने वाले लगभग 30 हजार हैं।

पूर्वोत्तर भारत की जनजातीय भाषाओं के सन्दर्भ में यह तथ्य जानने योग्य है कि यहाँ जितनी जनजातियाँ हैं उतनी ही जनजातीय भाषाएँ या बोलियाँ हैं। पूर्वोत्तर भारत को जनजातीय भाषाओं के स्तर पर तोड़ने का कुचक्र चल रहा है। सूचना प्रौद्योगिकी सभी जनजातीय भाषाओं के मध्य समन्वय का सेतु निर्मित कर इस कुचक्र को तोड़ सकती है। पूर्वोत्तर भारत की जनजातीय भाषाओं तथा पूर्वोत्तर की संविधान स्वीकृत भाषाओं के सन्दर्भ में सम्पर्क भाषा की चर्चा भी आवश्यक है। सभी आठ राज्यों में हिन्दी मुख्य सम्पर्क भाषा के रूप में विकसित हो रही है। हिन्दी को मुख्य सम्पर्क भाषा के रूप में विकसित करने में सूचना प्रौद्योगिकी और मीडिया का स्थान मुख्य है। रेडियो से बोडो अनुष्ठान तथा कार्बी अनुष्ठान का प्रसारण प्रारम्भ हो चुका है।

पूर्वोत्तर की भारतीय भाषाओं के साहित्य के अनुवाद कार्य तथा कोश

निर्माण कार्य से भी हिन्दी को सम्पर्क भाषा के रूप में विकसित होने का वातावरण निर्मित हुआ है। कोश निर्माण के क्षेत्र में नगालैंड भाषा परिषद्, कोहिमा की भूमिका मुख्य रही है जिसने पूर्वोत्तर की लगभग सभी भाषाओं में 100 से अधिक कोशों का निर्माण और प्रकाशन किया है। नगालैंड में नगामीज मुख्य सम्पर्क भाषा है तथा अब हिन्दी भी वहाँ मुख्य सम्पर्क भाषा के रूप में स्थापित होती जा रही है। दीमापुर और कोहिमा में हिन्दी में संवाद का अच्छा वातावरण निर्मित हो गया है। नगालैंड की राजधानी कोहिमा में 'तेनिदिए' अकादमी की स्थापना हो चुकी है। यह अकादमी कोहिमा के चारों ओर प्रचलित नगा भाषाओं–अंगामी, सेमा, लोथा, आओ आदि को मिलाकर 'तेनिदिए' नामक नयी भाषा को विकसित कर रही है। तेनिदिए में कोश निर्माण का कार्य हो चुका है। तेनिदिए व्याकरण भी देवनागरी में छप चुका है। भाषाई दृष्टि से यह कार्य एक सुखद सन्देश प्रदान करता है। जंनजातीय भाषाओं के संरक्षण की दिशा में यह मील का पत्थर जैसा कार्य है।

पूर्वोत्तर भारत के त्रिपुरा राज्य में काकबरक का प्रयोग लगभग पाँच जनजातियाँ (देववर्मा, जमातिया, रांखल, हालाम, आदि) करती हैं। काकबरक भाषा के अध्ययन–अध्यापन का कार्य तेजी से प्रारम्भ हो चुका है। काकबरक में पाठ्य–पुस्तक निर्माण का कार्य भी चल रहा है। त्रिपुरा में काकबरक भी जनजातीय समाज की मुख्य सम्पर्क भाषा है। केन्द्रीय हिन्दी संस्थान, आगरा काकबरक भाषा का शब्दकोश प्रकाशित कर चुका है। कछार क्षेत्र तथा त्रिपुरा राज्य में विष्णुप्रिया भी सुव्यवस्थित भाषा के रूप में विकसित हो रही है। विष्णुप्रिया मणिपुरी भाषा के साथ मणिपुरी शब्द का प्रयोग करना चाहिए या नहीं, यह विवाद का विषय बना हुआ है।

विष्णुप्रिया पर बांग्ला और असमिया का व्यापक प्रभाव है। अभी तक विष्णुप्रिया को स्वतन्त्र भाषा का दर्जा नहीं मिला है। काकबरक भाषा के अध्ययन–अध्यापन की सुविधा त्रिपुरा रवीन्द्र परिषद्, अगरतला में प्रारम्भ हो चुकी है। पूर्वोत्तर भारत की मुख्य–मुख्य भाषाओं में कोश निर्मित हो चुके हैं तथा हो रहे हैं। बोडो–हिन्दी–अंग्रेजी कोश का सम्पादन भारतीय भाषा परिषद्, मैसूर के नेतृत्व में तैयार किया गया था। उसका प्रकाशन देवनागरी लिपि में बोडो साहित्य सभा, गुवाहाटी ने किया है। डॉ. रविप्रकाश श्रीवास्तव का मिजो–हिन्दी कोश तथा डॉ. सी.ई. जीनी का मिजो–हिन्दी कोश एक उल्लेखनीय उपलब्धि है। श्री सी. कामलोवा सम्पादित मिजो कोश भी नयी उपलब्धि है। इसी प्रकार असम राष्ट्रभाषा

प्रचार समिति, गुवाहाटी ने देवनागरी लिपि में एक विशाल असमिया–हिन्दी कोश का प्रकाशन किया है। मणिपुरी–हिन्दी पर दो कोश देवनागरी में प्रकाशित हैं–एक है अरिबम पं. राधामोहन शर्मा का हिन्दी–मणिपुरी कोश तथा नगालैंड भाषा परिषद, कोहिमा द्वारा प्रकाशित हिन्दी–मणिपुरी कोश। पं. नारायण शर्मा ने भी मणिपुरी–हिन्दी कोश बनाया था। केन्द्रीय हिन्दी संस्थान की हिन्दी–मणिपुरी द्विभाषी कोश निर्माण परियोजना पर मैं कार्य कर रहा हूँ जिसमें मैतै लोन की प्राचीन और मणिपुरी की स्वीकृत लिपि मैतै मयेक का प्रयोग होगा।

मणिपुरी भाषा में पहले 18 वर्ण थे किन्तु इस भाषा के लिए अब 27 वर्ण का प्रयोग होता है। मैतै मयेक ब्राह्मी लिपि की तरह स्वर और व्यंजन में विभक्त है। इसे मात्रा लिपि भी कहते हैं। मणिपुर राज्य में 65 प्रतिशत जनता मणिपुरी भाषा का प्रयोग करती है। मणिपुरी भाषा के अतिरिक्त कुल 29 जनजातीय भाषाओं के प्रयोग के आंकड़े जनगणना एवं भाषा सर्वेक्षण में मिलते हैं। मणिपुर राज्य में प्रचलित जनजातीय भाषाएँ मुख्य रूप से 7 ही हैं। आधुनिक भाषाविद् भी 7 भाषाओं को ही मुख्य भाषा मानते हैं।

मणिपुरी भाषा की कई बोलियाँ हैं–जैसे फयेंग, सेकमाई, अन्द्रो, ककचिंग क्षेत्र में चकमा तथा जिरिबाम, जिरी घाट और कछार क्षेत्र में कछारी मणिपुरी। मणिपुर में प्रचलित जनजातीय भाषाओं को दो वर्गों में विभक्त कर सकते हैं–

(क) पहला, नगा समूह की भाषाएँ–

1) कबुई (जेलईरोंग)
   अ. जेमै
   आ. लैंगमे
   इ. रोंगमै
2) तादुखुल
3) (माओ–माओ, पाओ)

(ख) दूसरा, मिजो समूह या कुकी वर्ग की भाषाएँ–

1) कुकी
   अ. पाइते
   आ. वाइफै
   इ. थादौ
   ई. खोद्‌जाई

चाँदेल, ककचिंग और पलेल क्षेत्र में अनाल मरिदद जनजातीय भाषाओं का प्रयोग भी किया जाता है।

अरुणाचल प्रदेश और त्रिपुरा में चकमा भाषा–भाषी और असम और त्रिपुरा में संथाली भाषा–भाषी भी काफी तादाद में निवास करते हैं।

मिजो या मिजोउ भाषा की पाँच मुख्य उप–बोलियाँ हैं–

जाति	बोली
1. लुशाई	लुशाई तोंग
2. राल्ते	राल्ते तोंग
3. म्हार	म्हार तोंग
4. पइहते या पाइते	पइहते तोंग
5. पोइ	पोइ तोंग

इन पाँच उपजातियों के अलावा ग्यारह उपजातियाँ मिजोरम में रहती हैं। उन्हें स्थानीय भाषा में संयुक्त रूप से ओजिया नाम से जाना जाता है। मिजोरम में लखेर (मरा) और तकम (चकमा) जाति के लोगों की अपनी–अपनी स्वतन्त्र जनजातीय भाषाएँ हैं।

नगा भाषाओं का भारत की अन्य भाषाओं से गहरा सम्बन्ध है। नगा भाषाओं में सेमा, खेजा, खिममदन, कोन्यक, लोथा, चाड, फोम, साङन्तम, लियदमाइ, आओ, जेमी, छोक्री, पोचुरी, अंगामी, रेङन्मा, यिमचिदर आदि प्रमुख जनजातीय भाषाएँ हैं। अधिकांश भाषाविद् कुकी भाषा को नगा भाषा मानते हैं। किन्तु इस विषय में भी काफी विवाद है।

पूर्वोत्तर भारत के निवासियों के विषय में एक विशेष उल्लेखनीय बात यह है कि वहाँ सूचना संसाधित उपकरणों का प्रयोग तेजी से बढ़ रहा है। विभिन्न जनजातीय संगठन अपनी–अपनी भाषाओं और बोलियों को इस नये दौर से जोड़ने के प्रति जागरूक हैं। मेरे पास पूर्वोत्तर भारत की समस्त भाषाओं और बोलियों पर पर्याप्त सामग्री संकलित है जिसका प्रयोग सूचना संसाधित उपकरणों के लिए किया जा सकता है। पूर्वोत्तर भारत की प्रमुख जनजातीय भाषाओं पर व्याकरण और कोश ग्रन्थ निर्मित करने की जरूरत है। साथ ही वाचिक साहित्य के संकलन, सम्पादन, रूपांतरण, लिप्यंतरण और प्रकाशन की भी जरूरत है।

असम में हिन्दी : एक सर्वेक्षण

नवारुण वर्मा

पूर्वोत्तर की विभिन्न भाषा–भाषी जनगोष्ठियों में वैचारिक आदान–प्रदान के रूप में जो भाषा फैली या बोलचाल के व्यवहार में आयी, उसे ही आजकल 'असमिया भाषा' कहते हैं। असम–असमी और असमिया भाषा–इन तीनों का नामकरण एक ही काल में हुआ। जैसे कि 'हिन्दवी', 'हिन्दी' और 'हिन्दुस्तान' का नामकरण एक ही अवधि में हुआ। पर सन् 1826 ई. में अंग्रेज कम्पनी और बर्मी–राजा के बीच सम्पन्न हुए यान्दाबू–समझौते के बाद यहाँ अंग्रेज–शासन के प्रतिष्ठित होने पर ये नाम व्यापक रूप से प्रचारित हो गये। 'असम' कहने पर मणिपुर और त्रिपुरा को छोड़कर शेष समूचे भू–खंड का बोध हो जाता था। 'असमियाजन' कहने पर जन–जातियों समेत वर्गों के लोग उसमें आ जाते थे, 'असमिया भाषा' कहने पर समूचे 'असम' का भाषा बोध होता था। श्रीमन्त शंकरदेव ने अपने अनूदित 'भागवत' में यहाँ की तत्कालीन जनगोष्ठियों का उल्लेख किया है, जैसे–

> किरात कछारी खाचि गारो मिरी
> यवन कंक गोवाल।
> असम मलुक धुबा ये तुरूक
> कुवाच म्लेच्छ चंडाल।।
> आनो पापी नर कृष्ण सेवकर
> संगत पवित्र हय।

इसमें 'असम मलुक' शब्द से पूरब चीन–बर्मा से आकर ब्रह्मपुत्र घाटी के पूर्वी छोर पर बसकर शासन करने वाले 'अहोम' जाति का संकेत है, जिनका राज्य या मुल्क इधर के लोगों में 'असम मलुक' कहलाता था। इसी तरह पूरब से मंगोल–जनधारा आयी। पर पश्चिमी ओर यह भू–खंड

कामरूप या प्राग्ज्योतिष के नाम से विख्यात था। 'कामाख्या–माहात्म्य' सम्बन्धी 'कालिका–पुराण' में तो कामरूप राज्य की सीमा 'कोरतोया' नदी से लेकर पूर्व में दिक्करवासिनी या 'दिकराई' नदी तक फैली थी, ऐसा उल्लेख है–'करतोयाँ समाश्रित्य यावत् दिक्करवासिनी।' कुछ विद्वानों के विचार से पश्चिम में जैसे देवी कामाख्या का धाम है वैसे ही पूर्व में दिक्करवासिनी का धाम था। यह तो प्रसिद्ध ही है कि महाभारत काल से पहले ही समूचे भारत के साथ, विशेष रूप से आर्य–वंशियों के साथ इस अंचल का घनिष्ठ सम्बन्ध था। राजा जनक के पोष्यपुत्र 'नरक' ने प्राग्ज्योतिष के किरात राजा को पराजित कर वहाँ अपना राज स्थापित किया था, कामाख्या की स्थापना करने के बाद विवाह भी करना चाहता था जो आगे चलकर कृष्ण के हाथों मारा गया। शोणितपुर राजा–बाण की कन्या उषा के साथ कृष्णपौत्र अनिरुद्ध का विवाह, नाग कन्या उलुपी और मणिपुर–राज कन्या चित्रांगदा के साथ अर्जुन का विवाह, हेरम्ब राज कन्या हिरिम्बा के साथ भीमसेन का विवाह, कुडिल नगर की मिरी जाति की कन्या रुक्मिणी के साथ श्रीकृष्ण का विवाह, भगदत्त की कन्या से दुर्योधन का विवाह, भगदत्त–घटोत्कच का महापराक्रम, बभ्रुवाहन की वीरता आदि से यही सूचित होता है कि आर्य–संस्कृति के साथ वहाँ के जन समाज की संस्कृति का कैसा व्यापक समन्वय हो रहा था। भाषा भी संस्कृति का अखंड अंग है। अतः आर्य–भाषाओं, अपभ्रंशों आदि का प्रवेश यहाँ व्यापक रूप से होता रहा था। देवी कामाख्या तथा अन्य अनेक देवियों की पूजा के साथ–साथ आर्यदेवों शिव, विष्णु, गणपति आदि की पूजा मूर्ति और मन्दिर बनाकर होती थी और पुजारी पुरोहित कुछ स्थानीय होते थे और कुछ को राजागण गौड़ या बंगाल, कान्यकुब्ज तथा अन्य स्थानों से बुलवाकर स्थापित–प्रतिष्ठित करते थे। वैसे ही बहिरागतों के साथ–साथ उनकी भाषा संस्कृति भी इधर स्वयमेव आ जाती थी। कुछ तिद्वानों का विचार है कि इस अंचल के स्थानों, नदियों, देवी–देवताओं के नाम पहले तो जनजातीय थे बाद में उनका 'आर्यीकरण' किया गया। जैसे 'बुलुम–बुथुर' से 'ब्रह्मपुत्र' 'पगर–जुह–तिस' से 'प्राग्ज्योतिष', 'का मेइ खा' से 'कामाख्या' आदि। ऐतिहासिक तथ्य है कि प्रयाग स्थित स्कन्द गुप्त के शिलास्तम्भ पर विजित राज्यों में 'कामरूप–डबका' का भी उल्लेख है। विद्वानों के विचार से नगाँव जिले के 'डबका' अचंल में जो पराक्रमी राजा था, उसने स्कन्द गुप्त से लोहा लिया था। हर्षवर्द्धन–शिलादित्य के राज्य

काल में प्राग्ज्योतिष नरेश कुमार भास्कर वर्मा का नाम अति प्रसिद्ध है, जो नालन्दा से चीनी परिव्राजक ह्यू एन त्सांग को अपने यहाँ बुलवाकर ले गये थे तथा उन्हें सम्मानित करते हुए चीन सम्राट के नाम अपना सन्देश भी दिया था। हर्षवर्द्धन के नाम अपने दूत 'हंसवेग' के जरिये उपहार और सन्देश भेजा था तथा उनके उत्सव में स्वयं सम्मिलित हुए थे। इन सब कार्यों में अवश्य ही भावना का आदान–प्रदान तो भाषा के जरिये ही होता है। उन दिनों दूर–दूर से भावनाओं का आदान–प्रदान किस भाषा के जरिये होता था?

स्थिति यह है कि भाषा का बोलचाल का रूप ही पहले आता है और जब तक वह लिपिबद्ध नहीं होती तब तक प्रच्छन्न होती है, वैसे ही जैसे कि पेड़ की जड़ें जमीन में कहाँ–कहाँ तक फैली हैं, बता पाना दुष्कर होता है। भाषा के क्षेत्र में भी वैसा ही होता है। कामरूप–कामाख्या क्षेत्र सिद्ध योगियों को क्षेत्र भी था। राजपुरोहित सामान्य रूप से पूजा–आराधना में संस्कृत का प्रयोग करते थे। जनबोलियों का नहीं। पर सिद्ध योगी एक तरह की रहस्यमयी भाषा में, अपने सन्देश रहस्यात्मक ढंग से प्रचार भी करते थे और कुछ लिपिबद्ध भी करते थे। सिद्धों की रचनाओं का संग्रह 'चर्यापद' में है। बांग्ला, उड़िया, असमिया तीनों भाषाओं के विद्वान चर्यापद को अपनी–अपनी भाषा का आदि–रूप दर्शाने वाला मानते हैं। इन दिनों मैथिली के कुछ विद्वान उसमें मैथिली का उद्‌गम भी देखने लगे हैं। अगर छन्द की दृष्टि से देखा जाय तो उसमें 'दोहा' छन्द का ही प्रयोग अधिक है तथा अपभ्रंश समेत उत्तर भारत की विभिन्न जन बोलियों की शब्दावलियाँ उसमें मिल जाती हैं। अगर उस ग्रन्थ को चारों भाषाओं का प्रारम्भिक ग्रन्थ मान लिया जाये तो उसके साथ पूर्वी हिन्दी, मागधी, भोजपुरी की शब्दावली भी प्राप्त होती है। यानी उड़िया, पूर्वी बिहार, गौड़ (बंगाल) और कामरूप का विशाल क्षेत्र भाषिक दृष्टि से लगभग अविच्छिन्न दिखाई पड़ता है। अतः यह कहा जा सकता है कि आर्य–संस्कृति के प्रसार के साथ–साथ अन्तःसलिला जैसे आर्य भाषाओं का भी प्रसार इस अंचल में स्वमेव होने लगा था। कामतापुर जो आजकल बंगाल में है, वहीं बारहवीं–तेरहवीं सदी में मध्य असम के प्रथम काव्य 'हर गौरी संवाद' की रचना हुई थी, तेरहवीं सदी में मध्य असम के बराही राजा महामाणिक्य की प्रेरणा से माधव कन्दली ने 'असमिया रामायण' की रचना की थी। ये सारे कार्य संस्कृत से चलकर लोक भाषा में हुए थे। इधर की भाषा के

सम्बन्ध में एक स्थिति और भी है। यहाँ के जनजातीय राजागण चूँकि अपना मान उत्तर भारतीय क्षत्रीय राजाओं के स्तर पर ले जाना चाहते थे, अतः वे संस्कृत के भी बड़े पृष्ठपोषक हुए। जब यहाँ संस्कृत का व्यवहार ब्राह्मण पंडितों द्वारा पूजा–पाठ, यज्ञ आदि में होने लगा तब संस्कृत की शब्दावली तत्सम या तद्भव रूप से जनभाषाओं में भी प्रविष्ट हो गयी। कुछ उदाहरण–

संस्कृत तत्सम	तद्भव	असमिया	बांग्ला	हिन्दी
मस्तक	माथ	माथा	माथा	माथा
मुंड	मुङ्ड	मूर	मुंडो	मूँड़
हस्त, हस्ति	हत्थ, हत्थी	हात, हाती	हाती	हाथी

गौड़ या बंगाल पर तुर्क मुसलमानों का अधिकार हो जाने पर वे कामरूप पर भी चढ़ाई करते रहे। उनकी भाषाओं के शब्द भी जनभाषाओं में प्रविष्ट हो गये। शंकरदेव की कृतियों में तुर्की, फारसी के शब्द भी सीधे न आकर जनभाषाओं से होकर आये हैं। जैसे–आउर (और), नुहि (नहीं), चपया (चौपाई या छप्पय) आदि। यह कहने की आवश्यकता नहीं कि 'हिन्दी, या 'हिन्दवी' नाम अर्वाचीन है। पहले सभी अपनी भाषाओं या बोलियों को केवल 'भाषा' या 'बोली' ही कहते थे, 'अवधी' को भी तुलसी 'भाषा' ही कहते हैं–भाषाबद्ध करबि मैं सोई। भारतेन्दु तक भाषा ही है–'निज भाषा उन्नति अहै सब उन्नति को मूल'। असम में भी 'भाषा' या 'बुलि' ही कहते थे। तुलसी के 'रामचरितमानस' के लंकाकाण्ड के अनुवादक श्रीकान्त सूर्यविप्र ने तुलसी की भाषा को 'पश्चिमा भाषा' कहा है। 'पश्चिमा–भाषा' तो यहाँ सबको पता था, पर 'हिन्दी' तो उसके बहुत बाद ही सुनायी पड़ी।

आदिकाल में जब हिन्दी का रूप संगठन हो रहा था, उन दिनों डिंगल प्रभावित हिन्दी एक प्रकार से राज दरबारों की भाषा थी। रासो काव्य और उनके कविगण इसके उदाहरण हैं। पर उन्हीं दिनों दिल्ली समेत समूचे उत्तर भारत पर मुसलमानों का शासन हो गया, राजभाषा फारसी या तुर्की बनी और 'हिन्दवी' जन–समाज की भाषा रह गयी। एक तरह से अच्छा ही था कि भक्तिकाल पूरा–पूरा जन भाषाओं और जन चेतना के जागरण का काल बना और विभिन्न रूपों में उसका व्यापक प्रसार हो गया। भारत का कोई भी हिस्सा उससे अप्रभावित नहीं रहा। अन्तःसलिला की बजाय उसमें उसका सबसे पहला उदय श्रीमन्त शंकरदेव की कृतियों

द्वारा हुआ। श्रीमन्त शंकरदेव ने लोक प्रचलित कामरूपी (असमिया) भाषा में अपनी प्रारम्भिक रचनाएँ की थीं। उनके हरिश्चन्द्र उपाख्यान, रूक्मिणी हरण काव्य, कीर्तन घोषा, भक्ति प्रदीप आदि उसी भाषा में हैं। इसके अलावा उन्होंने पदों और नाटकों की रचना उसी सर्वभारतीय भाषा में की, जिसे असम के परवर्ती विद्वानों ने 'ब्रजावली' भाषा का नाम दिया। ऐतिहासिक दृष्टि से शंकरदेव ने अपना पहला पद तीर्थयात्रा के दौरान सुदूर बदरिकाश्रम में रचा था। उस पहले पद का भाव शब्दावली क्या अन्य सन्त कवियों से अलग कहा जा सकता है? यहाँ एक पद उद्धृत है–

मन मेरि राम चरणहिं लागु।
तइ देखो ना अन्तक आगु।।
रे मन, आयु क्षेणे क्षेणे टूटे।
देखो प्राण कोन दिने छूटे।।
रे मन, काल अजगरे गिले।
जान तिलेके मरण मिले।।
रे मन निश्चय पतन काया।
तइ राम भज तेजि माया।।
रे मन, इ सब विषय धान्धा।
केने देखि ने देखस आन्धा।।
रे मन, सुखे पार कैछे निन्द।
तइ चेतिया चिन्ता गोविन्द।।
मन जानिया शंकरे कहे।
देखो राम बिने गति न हे।।

शंकरदेव की नाटकीय गद्य संवाद की भाषा की एक बानगी देखें, पत्नी प्रसाद नाटक में–कथा।। विप्रसव बोल।। हे मिश्र, हे कन्दली, हे भट्टाचार्य, हे भारती, ओहि ब्राह्मणी सब शौचाचार हीन, वेद–शास्त्र। जानये नाहि, गुरु सेवा धर्मवर्जित, तथापि आरासबर श्रीकृष्णत परम प्रेम भक्ति भेल। आः, हामु सब स्त्री तो अधम भेलों, कर्म गर्वे अन्ध हुया, कृष्णक जानते नाहि पारलो। ये कृष्ण सकल यज्ञ मूर्ति, बेदरोउद्भव भूमि, लक्ष्मी याहेर चरण किंकरी, आपुनो निजानन्दे पूर्ण, सोहि कृष्णे हामात अत्र मागि पठावल। हामुसब ताहेर प्रार्थना भंग कयलो। हामुसब ब्रह्मचर्य व्रत धारी गुरुक सुश्रूषा करिये ये वेद सब पढ़लों, इहाक धिक्कार रहोक।। शंकरदेव के पदों को 'बरगीत' कहा जाता है। उन्होंने कृष्ण भक्ति सम्बन्धी 'बारे

कुरि' यानी दो सौ चालीस बरगीत लिखे थे। पर उनका एक शिष्य कमला गायेन उनकी स्वरलिपि हेतु अपने यहाँ ले गया था। दावानल में उसके घर के साथ ही वह अमूल्य पांडुलिपि भी जल गयी। शंकरदेव को इतना दुःख हुआ कि उन्होंने स्वयं 'बरगीत' लिखने से हाथ खींच लिया और अपने शिष्य माधवदेव को गीत लिखने की प्रेरणा दी। माधवदेव ने जो गीत लिखे उसमें स्वभावतः स्थानीय शब्दावली, लय–अधिक आ गये। माधवदेव ने शंकरदेव के बचे छत्तीस पदों को संकलित किया।

शंकरदेव की ब्रजावली उस सर्व भारतीय–भाषा से अभिन्न है, जिसमें कबीर के पद रचित हैं। अगर कबीर के पदों को 'हिन्दी का पद' कहा जाये तो शंकरदेव के पदों को भी उसी वर्ग में रखा जा सकता है, हालाँकि उसमें कुछ स्थानीय प्रभाव है।

इसी दृष्टि से शंकरदेव इस अंचल में हिन्दी के प्रथम साहित्यकार और प्रयोक्ता रहे। उनके परवर्ती शिष्यों ने उन्हीं के अनुकरण पर उसी शैली में पद एवं नाटक लिखे पर उनमें स्थानीय रंग अधिक चढ़ गया। शंकरदेव के 'बरगीत' गायन और नाटकों के मंचन से जनता में हिन्दी शब्दावली, शैली आदि का ऐसा व्यापक प्रभाव रहा कि असम की जनता को हिन्दी बोलने में थोड़ी कठिनाई होने पर भी समझने में कोई कठिनाई नहीं होती। शंकरदेव की उन कृतियों ने पूर्वोत्तर में हिन्दी की उर्वर पृष्ठभूमि बनाने में भी महान योग दिया है। उसके बाद के युग में हिन्दी के सूफी काव्यों मधुमालती, मृगावती आदि कई काव्यों का अनुवाद असमिया में हुआ, जिसके अनुवादक पीताम्बर द्विज जैसे विद्वान थे। सोलहवीं सदी में आहोम राजा कन्दर्पेश्वर सिंह के पृष्ठपोषण में श्रीकान्त सूर्यविप्र ने तुलसीदास के 'रामचरितमानस' के लंकाकाण्ड का असमिया में पद्यानुवाद किया जो किसी भी भारतीय भाषा में 'रामचरितमानस' का पहला अनुवाद है। उन दिनों हिन्दी समूचे असम में कैसे फैल गयी थी, ये उसी के चन्द उदाहरण हैं। शंकरदेव ने अपनी कृतियों में पुण्य भूमि भारतवर्ष का मुक्तकंठ से जयगान किया, जिससे कृष्ण भक्ति के प्रसार के साथ–साथ सर्वभारतीय भाषा प्रचार में व्यापकता आयी। अंग्रेजों के अधिकार में आने पर असम में हिन्दी भाषी अंचल से चाय बागान के श्रमिकों के रूप में नमक, वस्त्र आदि के व्यापरियों के रूप में तथा अन्य औद्योगिक कामों के लिए अनेक लोगों का प्रव्रजन व्यापक रूप से हुआ। हाट–बाजारों में एक तरह से बोलचाल की हिन्दी आदान–प्रदान का जरिया बनी। पर प्रारम्भ में आये

उन विविध भाषा–भाषी लोग असम में बसकर पूरी तरह असमिया बन गये। उनमें से तेजपुर के हरिबिलास आगरवाला का परिवार मुख्य रहा है। चन्द्रप्रसाद आगरवाला और ज्योति प्रसाद आगरवाला असमिया साहित्य के महान उन्नायक हुए। ज्योति प्रसाद ने बोलचाल की हिन्दी में दो–एक गीत भी लिखे हैं। धीरे–धीरे हिन्दी में शिक्षा देने–दिलाने की व्यवस्था भी होने लगी। स्वतन्त्रता आन्दोलन की लहर असम में भी फैली। यहाँ के नेता सर्वभारतीय मंचों पर भी जाने लगे। हिन्दी की महत्ता भी यहाँ के लोग समझने लगे। कई जगह हिन्दी शिक्षण की व्यवस्था भी होने लगी। जिनमें शिवसागर के 'पालिटेकनिक विद्यालय' का नाम प्रसिद्ध है। उसके प्रतिष्ठाता भुवनचन्द्र गोगोई ने उस विद्यालय में हिन्दी का भी एक वर्ग खोला था और विद्यालय के विषय के रूप में भी हिन्दी शिक्षण का श्रीगणेश किया था। उसके पहले महात्मा गाँधी ने हिन्दी को राष्ट्रभाषा घोषित करते हुए समूचे भारत में उसके प्रचार–प्रसार की आवाज उठायी थी और अपने चौदह सूत्री कार्यक्रम में राष्ट्रभाषा हिन्दी को मुख्य स्थान देने के साथ ही दक्षिण भारत में इसके प्रचार–प्रसार हेतु अपने पुत्र देवदास गाँधी को मद्रास भेजा था। कई अन्य प्रचारक भी उधर गये और वहाँ राष्ट्रभाषा हिन्दी की जड़ें जमने के साथ भारत के अन्य अहिन्दी प्रदेशों में हिन्दी प्रचार का दायित्व गाँधी जी ने विभिन्न व्यक्तियों पर सौंपा, जिनमें काका साहब कालेलकर, श्रीमन नारायण आदि मुख्य थे। अहिन्दी अंचल पूर्वोत्तर भारत में प्रारम्भ में हिन्दी प्रचार का दायित्व बाबा राघवदास को सौंपा गया, जो अपने बरहज आश्रम से ही इधर राष्ट्रभाषा प्रचार में जुटे थे। सन 1926 ई. में पूर्वांचल में राष्ट्रभाषा तथा अन्य विशिष्ट नेताओं ने इस अंचल का दौरा किया। मणिपुर तथा असम में हिन्दी का प्रचार होने लगा।

उन्हीं दिनों असम में सुचारू रूप से हिन्दी प्रचार–प्रसार हेतु एक संस्था बनाने का उद्योग भी होने लगा। असम के नवयुवकों को हिन्दी शिक्षण के लिए नवीनचन्द्र कलिता, हेमकान्त भट्टाचार्य ने प्रयास किये। असम के प्रख्यात जननेता, गाँधी जी के आदशों के अनुगामी गोपीनाथ बरदलै हिन्दी के बड़े पृष्ठपोषक थे। काका कालेलकर की उपस्थिति में सन् 1936 ई. में गुवाहाटी में गोपीनाथ बरदलै की अध्यक्षता में हिन्दी प्रचार समिति बनी। शुरू में हिन्दी प्रचार समिति का संचालन राष्ट्रभाषा प्रचार समिति, वर्धा की देख–रेख में होता था। इसके प्रथम संचालक के रूप में वर्धा से यमुना प्रसाद श्रीवास्तव को भेजा गया था। यमुना

प्रसाद कुशल संगठक थे। असम के डिब्रूगढ़, जोरहाट, शिवसागर, बरपेटा आदि अंचलों में हिन्दी शिक्षण होने लगा। कई हिन्दी प्रचारक बाहर से आये और उन सबके उद्योग से राष्ट्रभाषा परीक्षा केन्द्र खोले जाने लगे। गुवाहाटी में राष्ट्रभाषा हिन्दी का प्रशिक्षण देने के लिए राष्ट्रभाषा शिक्षण मन्दिर खोला गया, जिसके प्रधानाचार्य के रूप में एक बहुत ही सुयोग्य व्यक्ति यहाँ आये, जिनका नाम था कमल नारायण। यहाँ आकर असम की भाषा–असमिया के साहित्यिक समन्वय का कदम भी उन्होंने उठाया था। यमुना प्रसाद श्रीवास्तव के आकस्मिक देहान्त के पश्चात् उन्हें समिति का संचालक भी बनाया गया। कमल नारायण ने स्वयं असमिया से हिन्दी में कई कहानियों, निबन्धों एवं पुस्तकों का अनुवाद कर जहाँ तत्कालीन हिन्दी विद्वानों का ध्यान आकर्षित किया वहीं स्वयं असमिया 'जयन्ती' पत्रिका का सम्पादन कर असमिया साहित्य में प्रगतिवादी धारा के प्रवर्तक के रूप में अमूल्य बरुवा, हेम बरुवा आदि जैसे कवियों, भूपेन हजारिका जैसे गायकों को प्रोत्साहित किया। आगे चलकर हिन्दी–हिन्दुस्तानी की दो लिपियों के विषय को लेकर जब खींचतान हुई तो कमल नारायण देवनागरी लिपि के पक्ष में रह गये, गोपीनाथ बदरलै की प्रेरणा से 'असम राष्ट्रभाषा प्रचार समिति' ने गाँधी जी के आदर्श के अनुसार 'हिन्दुस्तानी प्रचार सभा' वर्धा से अपना सम्पर्क जोड़ा तथा अपनी ओर से परीक्षाएँ चलाने और पाठ्य–पुस्तक निर्माण करने का निर्णय लिया। उन दिनों रजनीकान्त चक्रवर्ती समिति के संचालक बने थे। नवीनचन्द्र कलिता परीक्षा मंत्री के रूप में उनके सहयोगी थे। रजनीकान्त चक्रवर्ती भी अच्छे संगठक थे। गोपीनाथ बरदलै की प्रेरणा उनकी अखंड शक्ति थी। उन्होंने असम के साथ ही मणिपुर तथा त्रिपुरा में भी समिति के कार्य क्षेत्र का विस्तार किया, अनेक परीक्षा केन्द्र खोले। दूसरी ओर वर्धा समिति का प्रचार कार्य भी चलता रहा। कमल नारायण का आकस्मिक देहान्त हो जाने पर छगन लाल जैन संचालक बने थे। छगनलाल जैन को सही मायने में 'समन्वय–सेतु' कहा जाता है। उन्होंने असमिया और हिन्दी दोनों भाषाओं में कलम चलायी थी और 'पूर्व ज्योति' नामक साप्ताहिक पत्र निकाला। निबन्ध, नाटक, कहानी आदि विधाओं के लेखक के रूप में छगनलाल जैन पूर्वोत्तर के हिन्दी प्रचार के क्षेत्र में विशिष्ट स्थान के अधिकारी थे। सर्वप्रथम 'हिन्दी–असमिया कोश' निर्माता के रूप में उनका नाम आता है।

उधर रजनीकान्त चक्रवर्ती के कुशल निर्देशन में असम राष्ट्रभाषा प्रचार समिति के प्रचार–प्रसार में अभूतपूर्व तेजी आयी। समिति का भवन निर्मित हुआ, मुद्रणालय खुला, विद्यालय खुले। पाठ्य–पुस्तक निर्माण के अलावा समिति का मुखपत्र 'राष्ट्र सेवक' भी उनके सम्पादन में प्रकाशित हुआ। असम के विद्यालयों में हिन्दी अनिवार्य रूप से पढ़ाई जाने लगी। असम राष्ट्रभाषा प्रचार समिति की बुनियाद सुदृढ़ हुई। व्यक्तिगत रूप से भी कई सज्जन राष्ट्रभाषा हिन्दी की सेवा में जुटे थे, जिनमें रजनीकान्त चक्रवर्ती के घनिष्ठ सहयोगी दत्तात्रेय मिश्र, जननेता विश्वनाथ उपाध्याय के अलावा डिब्रूगढ़ के विश्वनाथ गुप्त का नाम उल्लेखनीय है। भारत के उस पूर्वी कोने से विश्वनाथ गुप्त ने लम्बे अरसे तक 'अकेला' साप्ताहिक निकाला था। असम की हिन्दी पत्रकारिता में 'पूर्व ज्योति' एवं 'अकेला' का महत्वपूर्ण स्थान रहा है।

असम और हिन्दी : ऐतिहासिक सम्बन्ध

प्रो. धर्मदेव तिवारी 'शास्त्री'

क) प्राचीन काल

जब हम प्राचीन असम प्राग्ज्योतिषपुर और शेष भारत के सम्बन्धों पर विचार करते हैं, तब स्पष्ट होता है कि दोनों अंचलों के लोगों के बीच अति मधुर सम्बन्ध था। दन्तकथा या लोकश्रुति के आधार पर अरुणाचल की इदु मिशमी जनजाति की कन्या रुक्मिणी का विवाह श्रीकृष्ण के साथ, मणिपुरी कन्या चित्रांगदा और नाग कन्या उलुपी के साथ अर्जुन का विवाह, हेरम्ब राजा की पुत्री हिडिम्बा का विवाह भीम के साथ, शोणितपुर के राजा वाण की पुत्री का विवाह अनिरुद्ध के साथ होना इस कथन को सिद्ध करते हैं। इस सामाजिक दृष्टि के अतिरिक्त धार्मिक–सांस्कृतिक दृष्टि से भी हमारे सम्बन्ध अट्ट रहे हैं। सदिया के पास परशुराम कुंड का होना तथा गुवाहाटी में कामाख्या नामक सिद्धपीठ का होना भी यही प्रमाणित करते हैं। इसके अतिरिक्त मीनपा, लुइपा जैसे सिद्धों का यहाँ से सम्बन्ध रहना तथा सिद्धपीठों में नाथ पंथियों का रहना साहित्यिक सम्बन्ध को उजागर करते हैं। चर्यापदों में हिन्दी, असमिया, बांग्ला, उड़िया का उत्स खोजा जाना भी साहित्यिक सम्बन्ध को मजबूत करता है। यानी प्राचीन काल से ही असम का विभिन्न क्षेत्रों में अभिन्न सम्बन्ध रहा है।

ख) मध्य काल

भारतीय साहित्य का मध्य काल भक्ति काल के उदय से माना जाता है। भारतीय जनमानस का प्रवाह जितना असम की ओर प्रवाहित हुआ, सम्भवतः उतना अन्य क्षेत्रों में नहीं। असम में अनुमानतः ग्यारहवीं–बारहवीं शताब्दी से हिन्दी प्रान्तों का जन–समूह आता रहा है। इसी क्रम में श्री शंकरदेव के पूर्वज भी कन्नौज से असम आये और वे लोग कालान्तर

में भुइयाँ की उपाधि से विभूषित हो गये। शंकरदेव का काल पन्द्रहवीं शताब्दी है। वे असम में हिन्दी के प्रथम प्रयोक्ता के रूप में याद किये जाते हैं। उन्होंने असमिया, ब्रजावली (ब्रजबुलि) और संस्कृति में रचनाएँ की हैं। उनके छह नाटक उपलब्ध हैं, जिनकी भाषा ब्रजावली है। इसके अतिरिक्त बरगीत (श्रेष्ठ गीत/भजन) की रचना भी इसी भाषा में है। ब्रजावली तत्कालीन हिन्दी है। उसमें असमिया के उत्स जितने अधिक विद्यमान हैं, उससे कम हिन्दी के नहीं। यदि ब्रजावली को देवनागरी लिपि में लिख दिया जाय, तो हिन्दी के विद्वानों के लिए वह अधिक बोधगम्य होगा। केवल असमिया लिपि में रहने के कारण हिन्दी के अधिकतर विद्वान उस साहित्य से अपरिचित हैं। इस कथन को पुष्ट करने के लिए कुछ पंक्तियाँ द्रष्टव्य हैं–

जय जय यदव देव। आदि अन्त न पावन्त केव।
जाकेरि चरण सरोरुह ब्रह्मा। शंकर करु नित्य सेव।
जोहि भयो अवतार। हरलि भूमिकु भार।
धरलि नरसिंह मुरुति दारुण। हिरण्यक हृदय विदार।

रुक्मिणी के सौन्दर्य का वर्णन भी द्रष्टव्य है–

ईषत हासित मुख चान्द उजोर। दसन मोतिम जैसे नयन चकोर। माणिक मुकुट कुण्डल गण्ड डोल। कनक पुतली तनु नील निचोल। कर कंकण केयुर झंकार। माणिक कांचि रचित हेम हार। चलाइते चरण मंजीर करु रोल। रूपे भुवन भूले शंकर बोल।

उपर्युक्त पंक्तियों को देखते ही विद्यापति की सहज ही याद आ जाती है। ब्रजावली साहित्य का विपुल भण्डार असम में विद्यमान है। शंकरदेव, माधवदेव के अतिरिक्त उनके अनुयायियों ने ब्रजावली में रचनाएँ की हैं, जो असमिया के साथ–साथ हिन्दी की भी अमूल्य निधि हैं। श्रीमंत शंकरदेव ने पत्नीप्रसाद, कालिबमन, केलिगोपाल, रुक्मिणी हरण, राम विजय नाटक तथा बरगीतों की रचना ब्रजावली तथा संस्कृत में की है। इनमें संस्कृत में रचित 180 श्लोक, ब्रजावली में रचित 120 गीत, 16 अन्य रचनाएँ हैं। सच पूछा जाय तो श्रीमंत शंकरदेव पहले व्यक्ति हैं जिन्होंने असम में नाटक रचना–प्रणाली का सूत्रपात किया। वे बहुमुखी प्रतिभा के धनी थे। वे एक ही साथ नाटककार, गीतकार, काव्यकार, अभिनेता, रंग निर्देशक, मंच–सज्जाकार, गायक, वादक आदि गुणों से युक्त थे। उनके अनुयायी माधवदेव ने श्रीकृष्ण के बाल रूप को नायक बनाकर नाटकों की

रचना की है, जिसकी भाषा ब्रजावली है। उन्होंने ब्रजावली में ही बरगीतों की भी रचना की है।

यदि विद्यापति की पदावली की भाषा हिन्दी है, तो शंकरदेव की ब्रजावली भाषा हिन्दी क्यों नहीं? इस दृष्टि से शंकरदेव इस अंचल के प्रथम हिन्दी साहित्यकार और प्रयोक्ता हैं, जिनका अनुकरण परवर्तियों ने किया। माधवदेव के अतिरिक्त गोपाल आता, रामचरण ठाकुर, भूपण द्विज, दैत्यारि ठाकुर, श्रीराम आता, रामानन्द द्विज, हरिकान्त, दीन गोपाल, कैवल्यानन्द, महेन्द्र द्विज, लक्ष्मीदास, विश्वम्भर द्विज के नाम स्मरणीय हैं। इनके अतिरिक्त भी ब्रजावली साहित्य, अंकीयानाट और स्फुट रचनाओं के रूप में उपलब्ध है। गुवाहाटी विश्वविद्यालय में ब्रजावली साहित्य का हस्तलिखित भण्डार है। धीरे–धीरे ब्रजावली भाषा पर असमिया भाषा का प्रभाव पड़ता गया और वह लुप्त हो गयी। उस पर असमिया उच्चारण का प्रभाव पड़ने से भी वह दुर्बल हो गयी। यहाँ यह भी संकेत कर देना आवश्यक है कि असमिया कवियों ने जिस सूफी काव्य की रचना की है, उसका कथानक हिन्दी अंचल से लिया गया है।

ग) अंग्रेजी शासन काल में हिन्दी

असम में अंग्रेजों का आगमन 1826 ई. में हुआ। असम का आधिपत्य होने पर बांग्ला यहाँ की शिक्षा तथा कार्यालय की भाषा बन गयी। राम खारघरिया फूकन बांग्ला की अपेक्षा हिन्दी सीखने पर अधिक जोर देते थे। हिन्दी पुस्तकों का अभाव में उनकी योजना सफल नहीं हो पा रही थी। इसलिए उन्होंने हिन्दी पुस्तकें तैयार करने की योजना बनायी। उन्होंने अपनी योजना के प्रारूप कलकत्ता से प्रकाशित होने वाले 'समाचार दर्पण' के 19 मई, 1832 के अंक में प्रकाशित किया, जिसमें हिन्दी व्याकरण और अभिदान के सम्बन्ध में सूचना दी गयी थी। उन्होंने पहले उस पुस्तक को बांग्ला लिपि में लिखने की सोची थी, पर बाद में उसे नागर अक्षरों में लिखना आरम्भ किया। खेद का विषय है कि उक्त पुस्तक के पूरी होने के पूर्व ही अत्यन्त अल्प आयु में उनकी मृत्यु हो गयी, जिससे हिन्दी प्रचार को गहरा धक्का लगा। इतना तो इससे बोध होता ही है कि 1832 ई. में असम में हिन्दी सीखने की प्रवृत्ति जागृत हो गयी थी और शेष भारत के साथ उसके माध्यम से सम्बन्ध स्थापित करने की लालसा भी।

1832 के बाद 1918 असम की हिन्दी के लिए महत्वपूर्ण वर्ष है।

उन्हीं दिनों देशभक्त भुवनचन्द्र गोगोई ने शिवसागर के समीप बकता नामक गाँव में असम पोलिटेकनिकल इन्टीटयूट नामक शिक्षा संस्थान की स्थापना की, जिसमें सिलाई, बुनाई, कढ़ाई, कृषि–कर्म, लौह–कर्म, काष्ठ–कर्म, काँसा–पीतल–कर्म आदि की विधिवत शिक्षा दी जाती थी। इसके साथ ही 1926 ई. से हिन्दी शिक्षा की व्यवस्था भी आरम्भ कर दी गयी थी, जिसके तहत तीसरे वर्ग से आठवें वर्ग तक हिन्दी शिक्षा अनिवार्य रूप से और नौवें तथा दसवें वर्ग में ऐच्छिक रूप में हिन्दी पढ़ाई जाती थी, जिसकी मान्यता काशी हिन्दू विश्वविद्यालय, वाराणसी से प्राप्त थी। अंग्रेजों को हिन्दी पठन–पाठन का काम अच्छा नहीं लगा। यह ध्यान देने बात है कि 1926 में देश के किसी अहिन्दी प्रान्त में हिन्दी पठन–पाठन की व्यवस्था नहीं थी किन्तु असम में केवल भुवनचन्द्र गोगोई के कारण इसकी व्यवस्था हुई थी। इसके लिए काशी आदि जगहों से हिन्दी शिक्षक बुलाये गये और उन्हें नियुक्त किया गया। यहाँ हिन्दी प्रचार सभा, वर्धा की परीक्षाओं के केन्द्र भी उक्त विद्यालय में थे। हिन्दी का समुचित ज्ञान देने के लिए हिन्दी पुस्तकालय की भी स्थापना की गयी थी। उन दिनों शिवसागर में हिन्दी का वातावरण बन गया था। इस तरह के वातावरण से विद्यालय के छात्र तो प्रभावित हुए ही, साथ ही वयस्क तथा बूढ़े भी इसके प्रभाव से वंचित नहीं रह सके। विभिन्न प्रतियोगिताओं–कभी आशु भाषण प्रतियोगिता, कभी कविता पाठ प्रतियोगिता, कभी नाटक प्रतियोगिता, कभी हिन्दी गीत प्रतियोगिता का आयोजन होता था। भुवनचन्द्र गोगोई आपादमष्टक भारतीय एवं सच्चे अर्थ में देशोद्धारक थे क्योंकि उन्होंने आवश्यकतानुसार रोजगारोन्मुख शिक्षा का सूत्रपात किया था। यदि आज उनके आदर्श को हम ग्रहण कर रोजगारोन्मुख शिक्षा की व्यवस्था करें, तो देश से बेकारी की समस्या समाप्त हो जायेगी। श्री गोगोई ने ब्वायज स्काउट के स्थान पर हिन्दुस्तानी स्काउटिंग की शिक्षा को अनिवार्य बनाया। हिन्दी में ही कमांड दिया जाता था और हिन्दी गीत से ही उसे आरम्भ किया जाता था। जब प्रतिदिन छात्र प्रातः काल हिन्दी गीत के साथ प्रभातफेरी किया करते थे तब देखने–सुननेवाले जन समुदाय का हृदय देश–प्रेम और हिन्दी–प्रेम से ओत–प्रोत हो जाता था।

घ) असम में गाँधी जी का आगमन

सन् 1921 में गाँधीजी असम आये। उनका वह आगमन हिन्दी प्रचार कार्य

के लिए महवपूर्ण साबित हुआ। गाँधी जी राष्ट्र–प्रेम और हिन्दी–प्रेम को एक मानते थे। 1922 के अप्रैल माह में गाँधीजी के आह्वान पर लोकप्रिय गोपीनाथ बरदलै ने वकालत छोड़ दी, जिसका अनुसरण अनेक लोगों ने किया। बरदलैजी ने राष्ट्र हित को सर्वोपरि माना और देशोद्धार को पुनीत कर्त्तव्य। महात्मा गाँधी के आग्रह पर काका साहब कालेलकर ने हिन्दी–प्रचार का कार्य अपने हाथों में लिया। फिर असम में बाबा राघवदास को सन् 1934 में भेजा गया। उन्होंने हिन्दी–प्रचार कार्य के उद्देश्य से जोरहाट, डिब्रूगढ़, शिवसागर, नगाँव, गुवाहाटी, गोलाघाट इत्यादि स्थानों का भ्रमण अनेक लोगों के साथ किया और उन्हें हिन्दी प्रचार का कार्य–भार सौंप दिया। इस प्रकार सन् 1934 से 1937 तक अम्बिका प्रसाद त्रिपाठी, शिव सिंहासन मिश्र, सूर्यवंशी मिश्र, देवेन्द्रदत्त शर्मा, धनेश्वर शर्मा, बैकुण्ठनाथ सिंह आदि को क्रमशः जोरहाट, डिब्रूगढ़, शिवसागर, नगाँव, गुवाहाटी और गोलाघाट आदि स्थानों पर हिन्दी प्रचारक नियुक्त किया गया। देशहित की दृष्टि से राष्ट्रभाषा हिन्दी के समुचित प्रचार–प्रसार के कार्य को अधिक महत्व दिया गया। देश के नेता इसे अपना पुनीत कर्त्तव्य समझते थे। महात्मा गाँधी ने स्वतन्त्रता आन्दोलन के साथ–साथ हिन्दी के प्रचार–प्रसार के कार्य को अपने हाथ में ले लिया, जिसके कारण उनके अनुयायियों ने इस दिशा में दिल खोल कर साथ दिया। असम के देशभक्त तरुण राम फुकन, कर्मवीर नवीनचन्द्र बरदलै, लोकप्रिय गोपीनाथ बरदलै, देशप्रेमी कृष्णनाथ शर्मा, राष्ट्रभक्त भुवनचन्द्र गोगोई, कर्मयोगी हरिकृष्ण दास, ऋषिकल्प पीताम्बर देव गोस्वामी, हितकारी नाथूराम साहू, कर्मठ बी.के. भंडारी, राष्ट्रनेता कुलधर चालिहा, त्यागी हेमचन्द्र बरुवा, शिक्षाशास्त्री शरतचन्द्र गोस्वामी, हिन्दी–प्रेमी अमलप्रभा दास, कवि देवकान्त बरुवा, बाग्मी नीलमणि फुकन, देशभक्त अमिय कुमार दास, इतिहासविद् डॉ. सूर्यकुमार भुइंया, लोकनेता विष्णुराम मेधि, सफल साहित्यिक डॉ. बिरिंचि कुमार बरुवा, भाषाविद् डॉ. वाणीकान्त काकति, शिक्षाविद् डॉ. कालीनाथ शर्मा, महापण्डित तीर्थनाथ शर्मा इत्यादि के नाम आदर के साथ हमेशा लिए जाते रहेंगे। यदि स्वतन्त्रता–पूर्व हिन्दी–प्रचार में इन लोगों का सहयोग नहीं मिलता, तो हिन्दी की जो आज दशा है, वह नहीं रहती।

हिन्दी प्रचार–कार्य को सुव्यवस्थित रूप से चलाने के लिए पहले किसी समिति का गठन नहीं किया गया। बाबा राघवदास ने अपने

देवरिया जिले के बरहज आश्रम से पूर्वोत्तर में हिन्दी–प्रचार कार्य चलाया था। 1937 ई. अहिन्दी–भाषियों को हिन्दी का उत्तम ज्ञान प्राप्त कराने के उद्देश्य से शिविर चलाया गया। उसमें असम से नवीनचन्द्र कलिता, रजनीकान्त चक्रवर्ती और हेमकान्त भट्टाचार्य को भेजा गया। सन् 1937 के अन्त में काका साहब कालेलकर, बाबा राघव दास, दादा धर्माधिकारी, मोटरी सत्य नारायण, श्रीमन्नारायण आदि लोगों ने असम का दौरा किया। इनके आगमन से असम के सर्वप्रिय नेता बरदलै गाँधीजी के इस महत् कार्य के प्रति अधिक आकृष्ट हुए। श्री बरदलै उन दिनों असम प्रान्त की विधान सभा के नेता थे। इसलिए भी हिन्दी–प्रचार का मार्ग अधिक प्रशस्त हो गया।

1938 ई. के अन्त में मद्रास के सुयोग्य एवं अनुभवी हिन्दी–प्रचारक जमुना प्रसाद श्रीवास्तव असम में हिन्दी संचालक बनकर आये। बाबा राघव दास ने उन्हें साथ लेकर समूचे असम का दौरा किया और उसके बाद यहाँ के नेता लोकप्रिय गोपीनाथ बरदलै के आग्रह पर असम हिन्दी प्रचार समिति का गठन किया गया। इस प्रकार, 3 नवम्बर, 1938 को विधिवत उक्त संस्था की स्थापना हो गयी, जिसकी पहली बैठक 11.12.1938 को कॉटन कॉलेज, गुवाहाटी में गोपीनाथ बरदलै की अध्यक्षता में हुई, जिसमें बाबा राघव दास, रमेशचन्द, बी.के. भण्डारी, नीलमणि फुकन, आर.डी. साही, जे. एन. उपाध्याय, देवकान्त बरुवा, शिक्षा निदेशक ति. जो. स्माल, जमुना प्रसाद श्रीवास्तव आदि उपस्थित थे। डॉ. हरेकृष्ण दास और देवकान्त बरुवा क्रमशः अध्यक्ष एवं मंत्री बनाये गये। गोपीनाथ बरदलै ने वित्तीय अनुदान के साथ–साथ पाँचवीं कक्षा से हिन्दी को अनिवार्य विषय बनाने की घोषणा की। श्रीवास्तव जी के आकस्मिक निधनोपरान्त कमल नारायण देव संचालक बने। अपनी दूरदृष्टि, साहित्यिक प्रतिभा और समन्वयात्मक नीति के कारण हिन्दी प्रचार का कार्य द्रुत गति से उन्होंने बढ़ाया। उन दिनों असम के प्रसिद्ध साहित्यिक एवं नेता भी राष्ट्रभाषा हिन्दी के प्रचार कार्य से जुड़ गये। कमलनारायण देव ने न केवल राष्ट्रभाषा हिन्दी का प्रचार किया, बल्कि असमिया की उन्नति, समृद्धि का कार्य भी किया। उन्होंने 'जयन्ती' पत्रिका का सम्पादन कर असमिया के प्रगतिवादी साहित्यकारों को आगे बढ़ाया।

स्वतन्त्रता के बाद : सन् 1948 के पूर्व असम राष्ट्रभाषा प्रचार समिति की परीक्षाएँ राष्ट्रभाषा प्रचार समिति, वर्धा से संचालित होती थीं, किन्तु

1948 से इसकी अपनी पाठ्य–पुस्तकें तैयार हुईं और अपनी परीक्षाओं का स्वतन्त्र रूप से संचालन असम राष्ट्रभाषा प्रचार समिति ने आरम्भ कर दिया। इस तरह समिति तथा सरकार के सहयोग से समूचे असम प्रान्त में हिन्दी का कार्य जोरों से चलने लगा। समिति ने पहले तीन परीक्षाएँ संचालित कीं, किन्तु लोगों की बराबर बढ़ती माँग के कारण सन् 1950 के नवम्बर माह से उसने चार परीक्षाओं को संचालित करना आरम्भ कर दिया।

सरकारी अनुदान के सहयोग से सन् 1950–1951 में समिति ने हिन्दी शिक्षक प्रशिक्षण केन्द्र चलाने का निर्णय लिया, जिसे सरकार ने अपने अधीन ले लिया। 1951 में यह पहले दुधनै, फिर मिसामारी और अन्त में कार्बी आंग्लांग के मुख्यालय डिफु में स्थानान्तरित किया गया। आज भी यह केन्द्र वहीं स्थित है। इसमें 125 शिक्षार्थी लिए जाते हैं। समिति के प्रयास के असम सरकार ने शिक्षा सम्मेलन का आयोजन किया जिसमें भाग लेने वाले विद्वानों ने हिन्दी शिक्षा की आवश्यकता पर बल दिया और सर्वसम्मिति से हाई स्कूलों में हिन्दी विषय को अनिर्वाय बना दिया। इसके अतिरिक्त सरकार ने असम के नार्मल स्कूलों में हिन्दी अध्यापन–कार्य पहले ही आरम्भ कर दिया था। समिति अपने प्रचारकों द्वारा हिन्दी का अध्यापन–कार्य बड़ी तत्परता के साथ करती रही। बाद में सरकार ने उन प्रचारकों को सरकारी माध्यमिक विद्यालयों में औपचारिक रूप से हिन्दी पढ़ाने का आदेश दिया, जिसका निरीक्षण समिति के पदाधिकारी करते थे। जब सरकार को अधिक हिन्दी शिक्षकों की आवश्यकता महसूस हुई, तब वह वर्धा आदि समितियों से उत्तीर्ण लोगों को भी नियुक्त करने लगी। हिन्दी शिक्षकों की योग्यता में अभिवृद्धि लाने के लिए सरकार ने उन्हें प्रशिक्षण के लिए आगरा भी भेजा।

हिन्दी शिक्षकों को शिक्षा–विधि और शुद्ध उच्चारण कार्य को देखते हुए 1961 में शिक्षा मंत्रालय, भारत सरकार के अधीनस्थ हिन्दी निदेशालय ने अखिल भारतीय हिन्दी शिक्षक संगोष्ठी के आयोजन का भार समिति को दिया। 1965 में समिति ने रजत जयन्ती समारोह का सफलतापूर्वक आयोजन किया। यद्यपि असम के विद्यालयों में हिन्दी अध्यापन का कार्य 1952 से ही आरम्भ हो गया, जिसका निरीक्षण समिति के पदाधिकारी करते थे, तथापि सरकारी स्तर पर निरीक्षण की आवश्यकता महसूस होती रही। इसीलिए सरकार ने 1958 में हिन्दी–निरीक्षक का पद सृजित किया।

लोकनाथ भराली असम के पहले व्यक्ति हैं, जिन्होंने 1952 में काशी विद्यापीठ से हिन्दी में एम.ए. पास किया, उन्हें ही हिन्दी निरीक्षक बनाया गया। उक्त पद को आज हिन्दी अधिकारी के रूप में जाना जाता है। राज्य में हिन्दी के प्रचार–प्रसार हेतु राज्य सरकार ने सलाह देने के लिए हिन्दी सलाहकार समिति का गठन 1961 में किया। इस प्रकार, समिति और सरकार दोनों के प्रयास से हिन्दी पूर्वोत्तर में फलती–फूलती गयी।

सन् 1973 में असम सरकार ने सभी पाठ्य–पुस्तकों के राष्ट्रीयकरण का विचार किया। असम सरकार के साथ समिति के पदाधिकारियों ने भेंट की और हिन्दी पाठ्य–पुस्तकों का गठन एवं प्रकाशन का कार्य समिति को देने के लिए अनुरोध किया और तत्कालीन मुख्यमंत्री शरतचन्द्र सिन्हा, जो समिति के अध्यक्ष भी थे, ने छानबीन कर समिति को हिन्दी प्रकाशन का भार सौंप दिया। इससे समिति की आर्थिक स्थिति में बहुत सुधार आया। आज समिति की परीक्षाओं में लगभग दो लाख छात्र बैठे हैं।

असम के महाविद्यालयों में हिन्दी : 1960 ई. तक असम के महाविद्यालयों में हिन्दी अध्यापन कार्य नहीं होता था। सर्वप्रथम प्राग्ज्योतिष कॉलेज, गुवाहाटी और कोनोई कॉलेज, डिब्रूगढ़ में 1961 में हिन्दी अध्यापन–कार्य आरम्भ हुआ। 1963 में असम के सरकारी कॉलेज, कॉटन कॉलेज में हिन्दी का पठन–पाठन होने लगा। हिन्दी के प्रति एकनिष्ठ प्रेम के कारण प्राग्ज्योतिष कॉलेज के पण्डित तीर्थराज शर्मा ने हिन्दी को बढ़ावा देने के लिए सन् 1964 से हिन्दी ऑनर्स की पढ़ाई की व्यवस्था की। डॉ. परेशचन्द्र देव शर्मा ने हिन्दी व्याख्याता के रूप में हिन्दी शिक्षण का कार्य किया और 1969 में हिन्दी शिक्षक प्रशिक्षण महाविद्यालय के प्राचार्य होकर चले गये। उनके स्थान पर डॉ. धर्मदेव तिवारी शास्त्री को नियुक्त किया गया। डॉ. तिवारी के अथक परिश्रम से 1978 में चार अध्यापकों की नियुक्ति हो गयी। उन्होंने कॉटन कॉलेज में 1972 से हिन्दी ऑनर्स का अध्यापन प्रारम्भ कर दिया था। वे 1981 में गुवाहाटी विश्वविद्यालय में रीडर बनकर चले गये। कॉटन कॉलेज की समिति निष्क्रिय हो गयी किन्तु डॉ. अमूल्य बर्मन, जो हिन्दी विभाग के अध्यक्ष थे, ने उक्त समिति को पुनः जीवित किया और अंकुर नामक वार्षिक पत्रिका का प्रकाशन आरम्भ किया। उसके बाद धीरे–धीरे आज लगभग पचास महाविद्यालयों में हिन्दी की पढ़ाई होती है और हिन्दी ऑनर्स उत्तीर्ण छात्रों की संख्या लगभग सौ होती है। गुवाहाटी विश्वविद्यालय में चालीस और कॉटन कॉलेज में दस

छात्रों का ही नामांकन होता है। इसलिए हिन्दी ऑनर्स के पचासों छात्रों को एम.ए. में हिन्दी पढ़ने के लिए बाहर जाना पड़ता है।

कॉटन कॉलेज, गुवाहाटी, प्राग्ज्योतिष कॉलेज, गुवाहाटी और नगाँव कॉलेज, नगाँव में क्रमशः चार–चार, पाँच–पाँच अध्यापक हैं, पर शेष महाविद्यालयों में हिन्दी अध्यापकों की कमी है। अधिकतर महाविद्यालयों में एक और कुछ में दो प्राध्यापक हैं, जिसके कारण हिन्दी ऑनर्स पढ़ने वाले छात्रों को अनेकानेक असुविधाएँ होती हैं। यहाँ स्पष्ट कर देना उचित होगा कि महाविद्यालयों में हिन्दी तीन स्तरों पर पढ़ाई जाती है। वे हैं : (क) आधुनिक भारतीय भाषा (एम.आई. एल), (ख) प्रधान हिन्दी (ऐच्छिक विषय), (ग) ऑनर्स। विश्वविद्यालय का नियम है कि सामान्य स्तर के लिए दो और ऑनर्स के लिए चार अध्यापक अवश्य रहने चाहिए। कॉटन कॉलेज में स्नातकोत्तर का अध्यापन हो रहा है, फिर भी वहाँ पाँच ही अध्यापक हैं।

विश्वविद्यालय स्तर पर हिन्दी : गुवाहाटी विश्वविद्यालय में हिन्दी विभाग 1970 में खोला गया। प्रारम्भिक अवस्था में हिन्दी में एम.ए. करने वालों की संख्या बहुत ही कम रहती थी। धीरे–धीरे उस संख्या में बढ़ोत्तरी होने लगी। ध्यातव्य है कि हिन्दी पढ़ने वालों में 95 प्रतिशत असमिया भाषी छात्र हैं। असम विश्वविद्यालय, सिलचर की स्थापना केन्द्रीय विश्वविद्यालय के रूप हुई है, जहाँ स्नातकोत्तर वर्ग में पढ़ने वाले छात्रों तथा शोध करने वालों को कुछ सुविधा हुई है अवश्य, पर खेद का विषय है कि बराक घाटी में अब तक मेजर की पढ़ाई प्रारम्भ नहीं हुई।

हिन्दी की सृजनात्मक स्थिति : स्वतन्त्रता पूर्व हिन्दी की सृजनात्मक स्थिति पर विचार करें, तो प्रथम नाम मीनपा का आता है। उसके बाद शंकरदेव, माधव देव, दैत्यारि ठाकुर, गोपाल आता आदि के सम्पूर्ण ब्रजावली साहित्य को रखा जा सकता है। उस साहित्य को हम पूर्वोत्तर की मध्यकालीन हिन्दी कह सकते हैं। इसके बाद यज्ञराम घरघरिया फुकन की 1832 की योजना की ओर ध्यान जाता है, जिन्होंने हिन्दी व्याकरण और अभिधान लिखने की योजना बनायी थी पर मात्र बत्तीस वर्ष की अवस्था में अकाल मृत्यु हो जाने के कारण उक्त योजना पूरी नहीं हो सकी। उसके बाद भुवनचन्द्र का प्रयास भी श्लाध्य है। वस्तुतः स्वतन्त्रता प्राप्ति के बाद असम राष्ट्रभाषा प्रचार समिति द्वारा 1948 में पाठ्य–पुस्तक तैयार करने से नया युग आरम्भ होता है। हिन्दी लेखन को स्वस्थ दिशा

देनेवाले लेखकों–विचारकों में कमलदेव नारायण एवं डॉ. कृष्ण नारायण प्रसाद मागध का नाम सर्वाधिक महत्वपूर्ण है। इनके अतिरिक्त लोकनाथ भराली, डॉ. परेशचन्द्र देव शर्मा, छगनलाल जैन, हीरालाल तिवारी, चित्र महन्त, ओंकार शर्मा, पीताम्बर मिश्र, दामोदर जोधानी, अनुपम कुमार, महेन्द्रनाथ चतुर्वेदी, चिरंजीव जैन, डॉ. धर्मदेव तिवारी, डॉ. भूपेन्द्रनाथ राय चौधुरी, रामविलास महतो, दिनकर कुमार, डॉ. कृष्ण कुमार प्रसाद (कुमार अक्षयप्राण), राधाकिशुन सेवटिया, डॉ. ताराकान्त झा, डॉ. विश्वनाथ प्रसाद आदि नाम भी स्मरणीय हैं।

उपन्यास के क्षेत्र में : तत्काल दो उपन्यासों के नाम याद आ रहे हैं। एक छगनलाल जैन कृत राह और रोड़े, दूसरा, नवारूण वर्मा कृत जय आइ असम। 'राह और रोड़े' असम में उस समय लिखा जाने वाला पहला हिन्दी उपन्यास है। इसमें जीवन और रेणु दो मुख्य पात्र हैं, जो राष्ट्रभाषा प्रचार में संलग्न हैं। उन्हें अनेकानेक बाधाओं का सामना करना पड़ता है। पर उनके हिन्दी प्रेम प्रचार के प्रति एक निष्ठता में कमी नहीं आती है। इससे हिन्दी प्रचारकों के मन में उत्साह उत्पन्न होना स्वाभाविक है। इसकी कथा में कसावट है और यह औपन्यासिक तत्वों से पूर्ण है। 'जय आइ असम' में असम के घुसपैठ–विदेशी नागरिक समस्या को लेकर किये गये आन्दोलन का सजीव तथा चित्रात्ममक वर्णन है। इसमें तीन स्तर के पात्र हैं : वे पात्र, जो आन्दोलन का समर्थन करते हैं, दूसरे, जो आन्दोलन का विरोध करते हैं और तीसरे वे, जो तटस्थ हैं। हर पात्र अपने–अपने पक्ष का तर्क रखता है, जिससे समस्या की परतें खुलती जाती हैं और पाठक आसानी से उन्हें समझता जाता है। उपन्यास के क्षेत्र में मौलिक रचना की अपेक्षा असमिया से हिन्दी में अनुवाद अधिक हुए हैं। इस दृष्टि से लोकनाथ भराली द्वारा अनूदित रजनीकान्त बरदलै कृत मनोमती, उन्हीं के द्वारा अनूदित वीरेन्द्र कुमार भट्टाचार्य कृत आई (माँ), सीता देवी द्वारा अनूदित प्रेमनारायण दक्ष कृत पोहरर बाटत (रोशनी की राह में), चित्र महन्त द्वारा अनूदित रजनीकान्त बरदलै कृत निर्मल भक्त आदि उपन्यासों का उल्लेख आवश्यक है। अब तक दर्जनों उपन्यासों का अनुवाद हो चुका है जिसमें वीरेन्द्र कुमार भट्टाचार्य का ज्ञानपीठ पुरस्कार से सम्मानित उपन्यास मृत्युंजय भी शामिल है। मृत्युंजय का अनुवाद डॉ. कृष्णनारायण प्रसाद मागध ने और स्वयं नवकान्त बरुवा कृत ककादे ओतार हाड़ का अनुवाद बन्धन नाम से नवारुण वर्मा ने किया। ककादे ओतार हाड़ का

अनुवाद बन्धन न होकर पुरखों की हड्डी होना अधिक सटीक होता। ये दोनों उपन्यास हर दृष्टि से श्रेष्ठ हैं। नाटक के क्षेत्र में तरुण आजाद डेका कृत कवच नाटक का नाम लिया जायेगा, जिसका प्रसारण गुवाहाटी आकाशवाणी से हुआ था। इस पर इस नाटककार को पुरस्कृत भी किया गया था। उमेशचन्द्र मधुकर कृत भत–माण्डवी चरित्र–प्रधान काव्य–नाटक है–जिसमें रामायण के भरत–मण्डवी के चरित्र की नवीन व्याख्या की गयी है। इसके बाद नाटकों का असमिया से हिन्दी में अनुवाद किया गया।

काव्य के क्षेत्र में : मध्यकाल में ब्रजावली में रचित विपुल साहित्य मिलता है। स्वतन्त्रता के पश्चात् असम में हिन्दी कविताएँ प्रचुर मात्रा में लिखी गयीं, उनमें से अधिकांश पत्र–पत्रिकाओं तथा मंच तक सिमट कर रह गयीं। कुछ पुस्तकाकार तथा कुछ प्रबन्धात्मक भी हैं। शराइघाट नामक काव्य की रचना हरिहर द्विवेदी की है। उसमें मुगल सेनापति मानसिंह एवं अहोम सेनापति लचित बरफुकन के बीच हुए युद्ध का वर्णन है। तपोव्रती काव्य रामस्वरूप की रचना है जिसमें अर्जुन द्वारा शिव से पशुपातास्त्र प्राप्त करने के लिए किये गये व्रत की घटना का वर्णन है। चन्द्रभूषण शर्मा भूषण कृत प्रेयसी खण्डकाव्य है। नवारुण वर्मा कृत युगदेवता शंकरदेव अपूर्ण काव्य है, जिसका धारावाहिक प्रकाशन राष्ट्र–सेवक में हुआ था। नवारुण वर्मा कृत सिन्धु–मन्थन भी काव्य–ग्रन्थ है। दिनकर के कुरुक्षेत्र और धर्मवीर भारती के अन्धा युग की परम्परा में यह जोड़ा जाता है। मुट्ठी–मुट्ठी अक्षत में आठ कवियों की 57 कविताएँ हैं, जो बहुरंगी होने पर भी एक हैं। इसका सम्पादन महेन्द्रनाथ चतुर्वेदी ने किया था। देश की पुकार बापचन्द्र महन्त की काव्यकृति है, जिसे कवि ने प्रबन्ध–काव्य कहा है पर डॉ. कृष्णनारायण प्रसाद मागध ने इसे विचार–काव्य माना है। वस्तुतः इसमें देश–प्रेम की भावना प्रबल है। नवारुण वर्मा ने मनोमती नामक महाकाव्य की रचना की है। दिनकर कुमार के कई कविता संकलन प्रकाशित हुए हैं। शुभदा पाण्डेय के कई काव्य संग्रह और गीति काव्य प्रकाशित हुए हैं। उन्होंने बाल साहित्य को भी समृद्ध किया है। डॉ. कृष्ण कुमार प्रसाद (कुमार अक्षयप्राण) द्वारा सम्पादित आवर्तन में सात कवियों की कविताएँ संकलित हैं। इन कविताओं में आधुनिकता–बोध विद्यमान है। सुरेन्द्र सिंह द्वारा रचित कल्पना की रेत पर मुक्तक काव्य–संकलन है। इसमें आधुनिक बोध से परिपूर्ण 47 कविताएँ संकलित हैं। डॉ. धर्मदेव तिवारी की दो काव्य–कृतियाँ

अभाव देवता और विषम रेखा हैं जिनमें बहुरंगी भाव बोध है। इनके अतिरिक्त अनेकानेक असमिया कविताओं का भी हिन्दी में अनुवाद हुआ है। इनमें चित्र भागवत तथा नामघोषा का अनुवाद मुख्य है।

कहानी के क्षेत्र में : छागनलाल जैन द्वारा हँसते–हँसते जीना कहानी संग्रह इस क्षेत्र का प्रथम कहानी संग्रह है। मोती मदरासी, शारदा शंकर कोचक, ओमप्रकाश दुबे, धर्मदेव की कहानियाँ भी प्रकाशित होकर चर्चा में रही हैं। चन्द्रभूषण शर्मा भूषण ने कहानी की होली नामक संग्रह दिया है, जिसमें कहानी के अतिरिक्त निबन्ध भी संकलित हैं। इसके अतिरिक्त असमिया से हिन्दी में कहानियों के अनुवाद भी हुए हैं।

निबन्ध, आलोचना : ललित निबन्ध को श्रेष्ठता प्रदान करने वाले कुबेरनाथ राय के कई निबन्धों में पूर्वोत्तर है। डॉ. हीरालाल तिवारी, डॉ. कृष्णनारायण प्रसाद मागध, डॉ. धर्मदेव तिबारी, रविशंकर रवि, डॉ. नन्दकिशोर सिंह, डॉ. ताराकान्त झा, लोकनाथ भराली, डॉ. परेशचन्द्र देव शर्मा, छगनलाल जैन, डॉ. विश्वनाथ प्रसाद, शुभदा पाण्डेय, चित्र महन्त, बापचन्द्र महन्त, केशदा महन्त, नीरांजना महन्त, डॉ. भूपेन्द्रनाथ राय चौधुरी, डॉ. अमूल्य वर्मन इत्यादि के नाम निबन्धकारों–आलोचकों के रूप में लिए जा सकते हैं।

असमिया और हिन्दी के बीच सार्थक संवाद

रविशंकर रवि

असमिया और हिन्दी के सम्बन्ध की एक सुदीर्घ परम्परा है। मूलतः यह सम्बन्ध सांस्कृतिक और साहित्यिक है। दोनों भाषाओं के बीच सम्पन्न होने वाली आदान–प्रदान की प्रक्रिया दोनों के ही विकास में सहायक है। पहले असमिया से हिन्दी में अनुवाद पर ज्यादा जोर दिया जाता था, लेकिन पिछले कुछ वर्षों में हिन्दी साहित्य के अनुवाद भी प्रकाशित हो रहे हैं। असम की युवा पीढ़ी में यह प्रचलन एक शुभ संकेत है। असमिया के प्रख्यात विद्वान डॉ. सत्येन्द्रनाथ शर्मा का कथन उल्लेखनीय है कि "उत्तर प्रदेश, पश्चिम बिहार, मिथिला, पूर्व पंजाब, उत्तर राजस्थान और मध्य प्रदेश से काफी संख्या में लोग अलग–अलग समय में असम आये, जिन्होंने उत्तर भारतीय संस्कृति की स्थापना एवं प्रचार–प्रसार में उल्लेखनीय भूमिका निभाई। इस देश में समाजिक धर्म, आचार–विचार, विधि–निषेध आदि का नियंत्रण मनुस्मृति जैसे धर्मशास्त्र करते आ रहे थे। अब भी कुछ हद तक करते आ रहे हैं। हमारे विवाह, अंत्येष्टि क्रिया, उपनयन, विभिन्न देवी–देवताओं की उपासना, दोलनोत्सव, जन्माष्टमी, शिव चतुर्दशी, रासयात्रा आदि धार्मिक उत्सव, पोशाक, यक्ष, वैष्णव, शक्ति, शैव और तन्त्र–मंत्र साधना का काफी हिस्सा उत्तर भारतीय हिन्दू संस्कृति का रूपांतर है।" डॉ. शर्मा का कहना है, "सबसे बडा प्रभाव असमिया संस्कृति के वाहक और धारक असमिया भाषा के उद्गम ओर विकास के मामले में दिखाई देता है। असमिया भाषा का उद्गम और विकास उसी प्राचीन आर्य भाषा से हुआ है, जिसका विकास सिंधु–गंगा सभ्यता के तहत हुआ है। आर्य भाषा–भाषी लोगों ने जैसे–जैसे पूरब की दिशा में प्रवेश किया, उनकी शक्तिशाली भाषा भी विभिन्न अंचलों में प्रभाव विस्तार करती हुई यहाँ–वहाँ प्रमुख भाषा के रूप में प्रतिष्ठित होती गयी। तत्सम, तद्भव

और संस्कृत मूल के शब्द, स्त्री प्रत्यय, बहुवचन सूचित करने वाले प्रत्यय संस्कृत प्राकृत के मूल हैं।''

किसी भाषा–संस्कृति का विकास विभिन्न भाषा–संस्कृतियों के सीधे आदान–प्रदान से होता है। आदान–प्रदान रुक जाये तो विकास ठहर जाता है। असमिया को हिन्दी से और हिन्दी को असमिया से काफी मिला है और इसके फलस्वरूप दोनों भाषाओं की श्रीवृद्धि हुई है। भारत राजनीतिक दृष्टि से कभी एक शासक के अधीन नहीं रहा, पर सांस्कृतिक दृष्टि से वह कभी खंडित भी नहीं रहा। भाषा–भेद की दीवार कभी सांस्कृतिक आदान–प्रदान की परम्परा को अवरुद्ध नहीं कर पाई। गोस्वामी तुलसीदास की कृति 'रामचरितमानस' के लंकाकाण्ड का श्रीकान्त विप्र ने असमिया में अनुवाद किया था। तब हिन्दी को 'पश्चिमी भाषा' कहा जाता था। कबीर उसे 'भाखा' कहते थे। महापुरुष शंकरदेव की ब्रजावली में रचित बरगीत की भाषा–शैली और गम्भीर आध्यात्मिक भाव पर विचार किया जाये तो स्पष्ट प्रतीत होता है कि यह समन्वय चेतना का शाब्दिक–सांकेतिक प्रकाश है। हिन्दी–असमिया के समन्वय का विस्मयजनक रूप ब्रजावली रचनाओं में मिलता है। कछारी नरेश महामाणिक्य के अनुग्रह पर भजन कवि माधव कंदलि ने वाल्मीकि रामायण के आधार पर असमिया रामायण की रचना की थी। इसी तरह हिन्दी के सूफी कवियों का भी काफी मात्रा में अनुवाद किया गया। आधुनिक युग में स्वतन्त्रता आन्दोलन के दौरान हिन्दी और असमिया के बीच आदान–प्रदान की परम्परा और विकसित होती गयी जब गाँधीजी ने हिन्दी प्रचार को राष्ट्रीय कार्यक्रम बनाया। तब असम के कई स्वतन्त्रता सेनानियों ने हिन्दी सीखी और हिन्दी ग्रन्थों का असमिया में अनुवाद किया। प्रख्यात स्वतन्त्रता सेनानी कृष्णनाथ शर्मा ने जेल में रहते हुए 'रामचरित मानस' का असमिया में अनुवाद किया। डॉ. विरिंचि कुमार बरुवा ने लक्ष्मीनारायण सुधांशु के प्रसिद्ध ग्रन्थ 'काव्य में अभिव्यंजनावाद' का असमिया में अनुवाद किया। 'जयन्ती' पत्रिका का सम्पादन करते हुए उन्होंने असमिया के प्रगतिशील रचनाओं का अनुवाद किया। हिन्दी रचनाओं का असमिया में और असमिया की रचनाओं का हिन्दी में उन्होंने अनुवाद किया। कमल नारायण ने विरिंचि कुमार बरुवा की पुस्तक 'असमिया साहित्य की रूपरेखा' का हिन्दी में अनुवाद किया था। हरि नारायण दत्त बरुवा ने चित्र भागवत और बरगीतों का हिन्दी में अनुवाद किया। असम साहित्य सभा ने अनुवाद साहित्य माला के नाम

से कुछ पुस्तकें प्रकाशित कीं, जिनमें माधवदेव की 'नामघोषा', नीलमणि फुकन की 'साहित्यकला', सुमित्रानन्दन पंत की कविताओं का अनुवाद संकलन 'पंत अरिहना' और प्रवीण फुफन के नाटक 'लाचित बरफुकन' का अनुवाद प्रमुख है। तरुण आजाद डेका के हिन्दी नाटक 'कवच' का प्रकाशन भी समिति ने किया है। इसके अलावा नेशनल बुक ट्रस्ट एवं साहित्य अकादेमी ने कई पुस्तकों के अनुवाद प्रकाशित किये हैं। साहित्य अकादेमी की पत्रिका 'समकालीन भारतीय साहित्य' एवं केन्द्रीय हिन्दी निदेशालय की पत्रिका 'भाषा' में नियमित रूप से असमिया साहित्य का अनुवाद प्रकाशित हो रहा है। 'उलुपी' पत्रिका पूरी तरह से पूर्वोत्तर के क्षेत्रीय, साहित्य, खासकर असमिया साहित्य के प्रति समर्पित है, जो अनुवाद के जरिए असमिया साहित्य को देशभर में प्रचारित करने का काम कर रही है। यही बात समन्वय पूर्वोत्तर के लिए भी सही है।

असमिया से हिन्दी अनुवाद के क्षेत्र में नवारुण वर्मा का नाम उल्लेखनीय है। उन्होंने शंकरदेव की 'कीर्तन घोषा', माधव कंदलि के रामायण, लुम्मेदार की पुस्तक 'कइनार मूल्य', योगेश दास की पुस्तक 'डावरमारुनाई', वीरेन बरकटकी की पुस्तक 'मृत्यु गचकि आना जय जिनि', महिम बोरा की 'काअनिवारी घाट', नवकान्त बरुवा की 'कंका देवतार हाड़' आदि का अनुवाद कर समन्वय के मार्ग को प्रशस्त किया है। इसके साथ ही चित्र महन्त ने रजनीकान्त बरदलै की पुस्तक 'निर्मल भगत', वीरेंद्र कुमार भट्टाचार्य के उपन्यास 'इयारुंगम' का हिन्दी अनुवाद किया। लोकनाथ भराली ने रजनीकान्त भराली की पुस्तक 'मनोदती' और वीरेंद्र कुमार भट्टाचार्य की 'आई' का हिन्दी अनुवाद किया है। छगनलाल जैन ने प्रवीण फुकन के नाटक 'लाचित बरफुकन' का हिन्दी अनुवाद किया है। गोपाल दास ने वीरेंद्र कुमार भट्टाचार्य की पुस्तक 'शतघ्नी' का हिन्दी अनुवाद किया। सीता देवी ने प्रेमनारायण की 'वेहरर बठात' का हिन्दी अनुवाद किया। कृष्णनारायण प्रसाद मागध ने वीरेंद्र कुमार भट्टाचार्य के ज्ञानपीठ पुरस्कार प्राप्त उपन्यास मृत्युंजय और प्रतिपद का अनुवाद किया। चन्द्रमुखी जैन ने तिलोत्तमा मिश्र के उपन्यास 'स्वर्णलता' का हिन्दी में अनुवाद किया।

दिनकर कुमार ने होमेन बरगोहाईं के उपन्यास 'पिता–पुत्र', सौरभ कुमार चालिका की प्रतिनिधि कहानियाँ, समीर ताँती की प्रतिनिधि कविताएँ, भूपेंद्र नारायण भट्टाचार्य के उपन्यास अनुभव, पंकज ठाकुर के व्यंग्य

संकलन, दिनेश डेका की प्रतिनिधि कविताएँ, रीता चौधरी के कविता संग्रह 'जंगली हवा की आहट' आदि पुस्तकों का हिन्दी में अनुवाद किया। इसी तरह हिन्दी से असमिया में अनुवाद का सिलसिला जारी है। चित्र महन्त ने भगवती चरण वर्मा के उपन्यास 'चित्रलेखा', जैनेंद्र कुमार के उपन्यास 'त्यागपत्र', फणीश्वरनाथ रेणु के उपन्यास 'मैला आँचल', 'प्रेमचन्द की कहानियाँ' आदि का असमिया में अनुवाद किया है। सुमति तालुकदार ने धर्मवीर भारती के उपन्यास 'गुनाहों का देवता' का असमिया में अनुवाद किया। निरुपमा फुकन ने प्रेमचन्द की रचना 'प्रतीक्षा' का असमिया में अनुवाद किया है। मायादेवी ने प्रेमचन्द की कहानियों का अनुवाद किया है। पुलिन बिहारी बरठाकुर ने भगवतीचरण वर्मा के उपन्यास 'भूले बिसरे चित्र' का अनुवाद किया। चक्रेश्वर भट्टाचार्य ने हजारी प्रसाद द्विवेदी के उपन्यास 'बाणभट्ठ की आत्मकथा' का असमियों में अनुवाद किया है। निर्मल प्रभा बरदलै ने अमृतलाल नागर के उपन्यास 'बूँद और समुद्र' का असमियों में अनुवाद किया। आवंती बोरा ने दिनकर कुमार के उपन्यास 'नीहारिका' का हिन्दी से असमिया में अनुवाद किया है।

मणिपुर का हिन्दी साहित्य

राधागोविन्द थोङाम

18वीं सदी में मणिपुरी भाषियों द्वारा ब्रजबुलि का लेखन हुआ, इसके प्रमाण मिलते हैं। जैसे–राजर्षि भाग्यचन्द्र उर्फ महाराज जय सिंह (1757–1798) द्वारा रचित श्री राधा गोविन्द देव की प्रार्थना–

प्राणनाथ गोविन्द गुनेर सागर
अधम पतित जाति ना छाड़ि किंकर
कोटि जन्मु निज भृत्य ना कर विछेद
चरन विरह ज्वाले मरन विवाद।

भाग्य चन्द्र की पुत्री बिम्बावती मंजुरी की प्रार्थना के शब्द जो श्री गोविन्द तथा नवदीप प्रभु की वन्दना के हैं–

श्री चरन भरसा करिया
यदि कृपा नाहिं करिले
नव दिये पद तले
मरि वेहि गरल भूखिया।

श्री वृन्दावन चन्द्र की प्रार्थना में लावण्यचन्द्र (1798–1801) द्वारा लिखे गये ये पद–

जय जय वृन्दावन चन्द
ब्रजेन्द नन्दन कृष्ण
भक्त चकर रस तृष्ण
लोक नाथ गोपी प्रेमानन्द

उक्त महाराजाओं के अतिरिक्त मारजीत (1813–1819), गम्भीर (1825–34), नरसिंह (1844–50), चन्द्र कीर्ति (1834–1844 एवं 1850–1886), चुड़ाचाँद (1891–1941) तथा बोधचन्द्र (1941–1955) के प्रार्थना गीतों की भाषा ब्रजबुलि है। चन्द्र कीर्ति के समय से ब्रजबुलि में गोष्ठ

लीला (बाल कृष्ण की सखाओं के साथ की गयी लीला) की जाती है। चुड़ाचाँद के समय में तो ब्रजमाई लट्ठ होली मणिपुरी होली का अंग बनी। चुड़ाचाँद और बोध चन्द्र ने तो काफी समय श्री धाम राधाकुण्ड वास में बिताया था। 1891 के मणिपुर एंग्लो युद्ध के 250 वीरों ने ब्रज के श्री धाम राधाकुण्ड में आजीवन देश निकाले की सजा सहर्ष काटते हुए इहलीला समाप्त की। द्वितीय विश्वयुद्ध के समय तो लगभग पाँच हजार मणिपुरी ब्रजवास में रहे।

मणिपुरी भाषी लाइमयुम ललिता माधव शर्मा तथा गुरु मयुम बंक बिहारी शर्मा ने सन् 1927–28 से मणिपुर में हिन्दी प्रचार शुरू किया। सन् 1922–24 से जननेता इरावत, कविचा ओबा, कवि अंगाहल आदि ने बांग्ला भाषा–साहित्य के स्थान पर स्वभाषा मणिपुरी भाषा साहित्य लेखन–व्यवहार तथा विलायती कपड़ों की होली जलाकर 'मीतै लं' (मणिपुरी सूत) वस्त्रों के व्यवहार का आन्दोलन चलाया। 1928–29 में मणिपुरी भाषा द्वारा हिन्दी सीखने की पुस्तक का लेखन प्रदर्शन तोलपिश्क जी ने किया जो बंगलागरी में छपी। हिन्दी साहित्य सम्मेलन की राष्ट्रभाषा परीक्षा 1929 में शुरू हुई। 1933 में भैरोदान मस्तो ने हिन्दी स्कूल खोला। ही. बी. शास्त्री 1935–36 में मणिपुर के हिन्दी स्कूल में आये। 1952 में उनका इसी स्कूल के प्रधानाध्यापक पद पर रहते स्वर्गवास हुआ। उन्होंने हिन्दी शिक्षण की पुस्तकों के लेखन में मदद की। 1940–44 में कैशंम कुंज बिहारी सिंह ने 'हिन्दी मणिपुरी अहानवा' हिन्दी–बंग लिपि में लिखी व प्रकाशित की। 'ड.सि' दैनिक पत्र का प्रकाशन भी किया। इस तरह मणिपुरी भाषी हिन्दी लेखन पाठ्य पुस्तकों के रूप में शुरू हुआ।

1950–52 से मणिपुर में कक्षा तीन से कक्षा आठ तक अनिवार्य रूप में हिन्दी शिक्षण प्रांरभ हुआ। 1955 में हिन्दी शिक्षक प्रशिक्षण संस्थान की स्थापना हुई। 1936 में भी मध्यमा (विशारद) परीक्षा हुई। इसी वर्ष से राष्ट्रभाषा प्रचार समिति, वर्धा की प्राथमिक से प्रवेश, तदुपरांत 1940 से परिचय कोविद और 1946 से राष्ट्रभाषा रत्न की परीक्षा शुरू हुई। इन पाठ्यक्रमों की पद्य की व्याख्या लिखने–लिखाने, निबन्ध–लिखाने के रूप में भी हिन्दी लेखन शुरू हुआ। हिन्दी पाठ्य–पुस्तकों के द्वारा मणिपुरी भाषियों तथा मणिपुर में बसे हिन्दी जानने वालों की हिन्दी रचना 1953 में स्थापित 'मणिपुर हिन्दी परिषद' के सदस्यों द्वारा पुष्ट हुई। उस समय

के हिन्दी लेखकगण हैं—एल. भागवत देवशर्मा, नील वीर शास्त्री, मणिसेना शर्मा शास्त्री, पूर्णानन्द शर्मा और राधा मोहन शर्मा अरिबम। कालाचाँद शास्त्री ने उसी समय 'बभ्रुवाहन' नाटक हिन्दी में लिखा था। हिन्दी लेखन की वह परम्परा सन् 1958 से और भी पुष्ट हुई जब मणिपुर की हिन्दी पुस्तकों के लेखन का दायित्व मणिपुर सरकार ने मणिपुर हिन्दी परिषद को दिया। सन् 1972 से तो हिन्दी पाठ्य–पुस्तकों तथा सहायक पुस्तकों, निबन्ध पुस्तकों के द्वारा हिन्दी लेखन को और भी अधिक बल मिला है। ऐसे मणिपुरी भाषी हिन्दी लेखकों में नोंगथोम्बम नीलमणि सिंह, वाई. नित्याइ, एल. नारायण शर्मा, के. वाई. शर्मा, एल. अचौ सिंह, अरिबम कृष्णचन्द्र शर्मा, पी. कोंकला सिंह, धनंजय सिंह, इबोहल सिंह काङ्जम, डॉ. ही. कुंज किशोर सिंह, एच. गौरचन्द शर्मा, डॉ. सापम तोम्बा सिंह, डॉ. ए. दीनमणि सिंह, कृष्ण मोहन शर्मा, एच. हिमाचार्य आदि प्रमुख हैं।

मणिपुरी भाषी हिन्दी साहित्यकार

हिन्दी पुस्तक 'मणिपुर का सनातन धर्म' सन् 1951 में पं. अतोम बापू शर्मा ने लिखी व प्रकाशित की। उन्हीं दिनों 'आर्यन थियेटर' के लिए हिन्दी में 'बभ्रुवाहन' नाटक काला चाँद शास्त्री ने लिखा व मंचन किया। मणिपुर में हिन्दी लेखन कार्य को प्रोत्साहित करने का श्रेय राष्ट्रभाषा प्रचार समिति, वर्धा को जाता है। अपनी रजत जयन्ती पर सन 1962 में छत्रध्वज शर्मा अरिबम एवं इबोमचा शर्मा कोंड ग्राइलात्पम द्वारा कविश्री माला शृंखला के अन्तर्गत मणिपुरी कमल लामाबम की लै परेंग (पुष्पमाला) की 10 कविताओं को नागरी लिपि में तथा उसके सामने के पृष्ठ पर हिन्दी गद्यानुवाद दिया गया। कुछ पुस्तकें वर्धा समिति ने प्रकाशित की। मणिपुर में हिन्दी–लेखन–प्रकाशन का दूसरा दौर सन् 1976 से शुरू होता है। तीसरा दौर मणिपुर विश्वविद्यालय में हिन्दी विभाग के खुलने से शुरू हुआ। एम.ए., एम. फिल, पीएच.डी. के लिए सन् 1980 से शोध कार्य शुरू हुए।

तोल पिशक : वे 1927–28 से हिन्दी प्रचार आन्दोलन से जुड़े। उन्होंने स्वयं हिन्दी सीखी और लाइमयुग ललित माधव शर्मा एवं बंक बिहारी शर्मा के द्वारा हिन्दी साहित्य सम्मेलन की राष्ट्रभाषा परीक्षा 1929 में दी। उन्होंने इसी वर्ष बंग नागरी लिपि में मणिपुरी भाषा माध्यम से हिन्दी सीखने की एक पुस्तक प्रकाशित की। मणिपुर के मीतै लं (मणिपुरी

खादी) आन्दोलन, लोकतन्त्र आन्दोलन, निखिल मणिपुर हिन्दू महासभा के आन्दोलन के सक्रिय सदस्य रहे।

पंडित राज अतोमबापू शर्मा : वे संस्कृत–मणिपुरी के विद्वान, महाराज चुड़ाचाँद एवं बोध चन्द्र के समय राज पुरोहित रहे। उन्होंने 'मणिपुर का सनातन धर्म' हिन्दी में सन् 1951 में प्रकाशित की। यह पुस्तेक अतोमबापू रिसर्च सेंटर, समोल बन्द, इम्फाल में है।

कालाचाँद शास्त्री : वे मणिपुर से संस्कृत में काव्य रचना 'प्रेमदूत' लिखकर बंग नागरी में सन् 1974–75 में प्रकाशित करने वाले एक मात्र संस्कृत कवि हैं। वे हिन्दी के भी अच्छे कवि–लेखक–वक्ता हैं। वे मणिपुर हिन्दी परिषद के 15 वर्ष (1970–1985) तक अध्यक्ष रहे। उनका सबसे अमूल्य योगदान है–अपने बल पर मणिपुरी भाषा में सम्पूर्ण महाभारत का अनुवाद कर प्रकाशित करना। मणिपुरी में 'वासुदेव महाकाव्य' आदि अनेक ग्रन्थों की रचना उन्होंने की। उन्होंने हिन्दी में 'बभ्रुवाहन' नाटक लिखा तथा स्वयं भी अभिनेता बने। नाटक का निर्देशन भी किया। यह नाटक 'आर्यन थियेटर' के मंच पर सन् 1952 में मंचित किया गया।

पं. अरिबम राधामोहन शर्मा : उन्होंने मणिपुरी में उपनिषदों का अनुवाद सहित प्रकाशन किया। वे मणिपुर के पहले शब्दकोशकार हैं। वे मणिपुर हिंदी परिषद के सन् 1958–1980 तक परीक्षा मंत्री रहे। उन्होंने परिषद की पाठ्यपुस्तकों में लेख लिखे। हिन्दी पुरोधा संज्ञा से सम्मानित राधामोहन जी ने सन् 1933 में भैरादान हिन्दी स्कूल की स्थापना की। हिन्दी–संस्कृत अध्यापन कार्य शुरू किया। उन्होंने गाँव–गाँव जाकर हिन्दी सिखाई। 1996 में भारत सरकार ने उन्हें 'गंगा शरण सिंह हिन्दी सेवी सम्मान' प्रदान किया।

नील वीर शास्त्री : संस्कृत–मणिपुरी–हिन्दी के विद्वान नील वीर शास्त्री मणिपुरी के सुपरिचित साहित्यकार हैं। उन्हें 'पुन्सि लैपुन' मणिपुरी कहानी संग्रह पर साहित्य अकादेमी पुरस्कार प्राप्त हुआ। आदर्श शिक्षक के रूप में राष्ट्रीय पुरस्कार, संस्कृतविद्–सेवी के रूप में बीस हजार रुपये प्रति वर्ष आजीवन राष्ट्रपति पुरस्कार, हिन्दी सेवकश्री आदि से सम्मानित श्री शास्त्री ने 'सरल हिन्दी व्याकरण' पुस्तक की रचना की। वे मणिपुर हिन्दी परिषद के संस्थापक सदस्य एवं परिषद की पाठ्यपुस्तकों के लेखकों में से एक हैं।

माइबम इबोमचा सिंह : मणिपुर के नम्बोल क्षेत्र के हिन्दी प्रचार

के अग्रदूत इबोमचा सिंह ने नम्बोल हिन्दी परिषद और मेरा जागो हिन्दी महाविद्यालय की स्थापना करवायी। अखिल मणिपुर हिन्दी शिक्षक संघ के संस्थापक सदस्यों में एक श्री सिंह के अच्छे कवि थे।

हिजम विजम सिंह : ये मणिपुर हिन्दी परिषद के कोषाध्यक्ष रहे। उन्होंने 'हिन्दी पहली पुस्तक' (प्रत्यक्ष पद्धति) लिखी। रामलाल पाल स्कूल की पत्रिका के आजीवन सम्पादक रहे।

एल. नारायण शर्मा : हिन्दी–मणिपुरी शब्दकोश, मणिपुरी हिन्दी के एकमात्र शब्दकोशकार एल. नारायण शर्मा ने हिन्दी में कई पुस्तकें लिखी हैं। मणिपुरी में गीता आदि धर्म ग्रन्थों का उन्होंने अनुवाद किया। महिप की पाठ्य पुस्तकों में हिन्दी में लेख लिखे हैं।

के. याइमा शर्मा : राजकीय हिन्दी शिक्षक प्रशिक्षण संस्थान से सेवानिवृत्त शर्माजी सन् 1952 से हिन्दी पुस्तकों का लेखन कर रहे हैं। 'वीर टीकेन्द्रजीत' नाटक पर माता कुसमुकुमारी पुरस्कार (1989) उन्हें प्राप्त हुआ। वे हिन्दी कवि–कथाकार और नाटककार हैं।

लोइतोंबम कालाचाँद सिंह : ये निशान निंतग के नाम से प्रसिद्ध हैं। हिन्दी से मणिपुरी, मणिपुरी से हिन्दी अनुवाद के लिए 1998 में साहित्य अकादेमी पुरस्कार प्राप्त लेखक हैं। उन्होंने माधवी (मणिपुरी का सर्वप्रथम उपन्यास), जहरा आदि कई मणिपुरी लोककथाओं को हिन्दी में अनुवाद प्रकाशित किया है।

सर एच. निशान : उन्होंने हिन्दी से मणिपुरी व मणिपुरी से हिन्दी में कई किताबों का अनुवाद किया। उन्हें साहित्य अकादेमी का अनुवाद पुरस्कार भी मिला।

गोपेन्द्र शर्मा : उनकी पुस्तक 'मणिपुर संस्कृति की झलक' 1972 में प्रकाशित हुई। उन्होंने मणिपुरी शास्त्रीय नृत्य की एक पुस्तक भी हिन्दी में लिखी है।

अरिबग कृष्ण मोहन शर्मा : पिता गौर हरि शर्मा, चाचा कृष्ण चन्द्र, छत्रध्वज, दादा राधा मोहन शर्मा, चाचा अरिबम घनश्याम आदि के हिन्दी प्रचार से प्रभावित कृष्ण मोहन हिन्दी के कथाकार, नाटककार, अनुवादक थे। 'थम्बांलनु' पर केन्द्रीय हिन्दी निदेशालय का 1996 का हिन्दीतर भाषी हिन्दी लेखक पुरस्कार तथा 1997 में साहित्य अकादेमी अनुवाद पुरस्कार उन्हें प्राप्त हुआ। हिन्दी में 'वह भी तो माँ है' स्वलिखित मणिपुरी कहानियों का स्वयं ही अनुवाद कर प्रकाशित किया।

डॉ. एस. तोम्बा सिंह : वे मणिपुर विश्वविद्यालय के हिन्दी विभाग की स्थापना करवाने वालों में से एक हैं। हिन्दी विभाग के प्रथम विभागाध्यक्ष तोम्बा जी 'श्रेष्ठ मणिपुरी लोककथाएँ', 'हिन्दी–मणिपुरी की व्याकरणिक कोटियों का अध्ययन' के लेखक हैं।

हजारीमयुम गोकुलानन्द शर्मा : हिन्दी सेवा के लिए वे गंगाशरण सिंह पुरस्कार से सम्मानित पहले मणिपुरी भाषी हैं। उन्होंने 1960 में वाखै–राष्ट्रभाषा महाविद्यालय की स्थापना की।

डॉ. ह. सुवदनी देवी : उन्हें कवि कमल की 'लैपरेंग' का 'पुष्पमाला' नाम से हिन्दी पद्यानुवाद पर 1996 का हिन्दीतर भाषी लेखक पुरस्कार केन्द्रीय हिन्दी निदेशालय ने प्रदान किया। वे हिन्दी की कवयित्री हैं। मणिपुर वि.वि. हिन्दी विभाग में वे प्रोफेसर हैं। उन्होंने हिन्दी में कई रचनाएँ लिखी व अनूदित की हैं।

डॉ. बी. विक्टोरिया : मणिपुरी भाषी मणिपुर की महादेवी के नाम से प्रसिद्ध विक्टोरियाजी हिन्दी की कवयित्री हैं। उनकी 50 हिन्दी कविताएँ प्रकाशित हो चुकी हैं।

इबोहल सिंह काङ्जम : मणिपुरी–हिन्दी के लेखक इबोहल सिंह कांङ्जम हिन्दी के श्रेष्ठ लेखक–आलोचक हैं। हिन्दी में उनकी शताधिक कविताएँ, लेख आदि प्रकाशित हैं। वे आधुनिक मणिपुरी कविता के हिन्दी अनुवादक हैं। फु. गोकुलानन्द शर्मा, मनोहरमयुम यमुनादेवी तथा डॉ. ई. विजय लक्ष्मी भी सुपरिचित हिन्दी रचनाकार हैं।

मणिपुर : हिन्दी के रचनात्मक सरोकार

प्रो. देवराज

मणिपुर और हिन्दी के सम्पर्क का इतिहास बहुत पुराना है। ग्यारहवीं–बारहवीं शताब्दी में भारत पर हुए मुस्लिम आक्रमण के फलस्वरूप राजनैतिक अशान्ति तथा सांस्कृतिक संघर्ष का जो वातावरण निर्मित हुआ, उसके कारण उत्तर भारत से बड़ी संख्या में सामान्य जनता ने इधर–उधर पलायन किया। उनमें धर्म की रक्षा के लिए चिन्तित ब्राह्मणों और पुरोहितों की संख्या अधिक थी। वे लोग अनेक स्थानों पर गये। उसी क्रम में मणिपुर भी आये। प्रव्रजन का वह सिलसिला बहुत समय तक चलता रहा। आज भी यह पता लगाया जा सकता है कि इनमें से कौन पहले आये थे और कौन बाद में, क्योंकि जो पहले आ आये थे, उन्होंने अपने नाम के पूर्व 'अरिबम' (अरिबा=पुराना या प्राचीन) तथा जो बाद में आये, उन्होंने 'अनौबम' (अनौबा=नया) शब्द जोड़ लिया। आगे चलकर वे वंश के नाम–प्रतीक की भाँति प्रयुक्त होने लगे। इन ब्राह्मणों ने मणिपुरी भाषा सीखी तथा स्थानीय परिवेश का अंग बन गये। साथ ही उन्होंने अपनी मूल धार्मिक आस्थाओं व कर्मकाण्ड का पालन भी अपने घरों पर जारी रखा। स्वाभाविक रूप से घरों के भीतर होने वाले पारस्परिक संवाद में वे अपनी मातृभाषा का प्रयोग ही करते होंगे। कभी–कभी आस–पड़ोस वालों के सामने भी उनके मुख से अपनी भाषा के शब्द निकलते होंगे। इस प्रकार मणिपुर का पहला परिचय हिन्दी से हुआ होगा। इसे एक नये सांस्कृतिक सम्पर्क की शुरुआत कहा जा सकता है। आगे चल कर जब इस प्रदेश में वैष्णवी धार्मिक विचारधारा का प्रवेश हुआ, तो धार्मिक कृत सम्पन्न कराने का कार्य ब्राह्मणों को सौंपा गया। इससे मन्दिरों में संस्कृत का प्रवेश हुआ। साधारण जनता के समक्ष संस्कृत के स्तोत्रों औरा मंत्रों की व्याख्या मणिपुरी भाषा में की जाने लगी, जिस कारण मणिपुरी जनता

संस्कृत तथा उसके हिन्दी के कुछ शब्द सुनने–समझने लगी। धार्मिक विकास के इतिहास के अनुसार अठारहवीं शताब्दी आते–आते मणिपुर के मन्दिरों में 'ब्रजबुलि' के नाम से पदों का गायन होने लगा था। कहा जाता है कि ये पद मैथिल–कोकिल विद्यापति के थे। इनके ब्रजबुलि नामकरण का प्रश्न तो भाषा–वैज्ञानिकों के विचार का विषय है, किन्तु इतना अनुमान अवश्य किया जा सकता है कि इसके मूल में राधा–कृष्ण की लीला भूमि 'ब्रज' और ब्रज–भाषा की भूमिका रही होगी। भले ही मणिपुर में वैष्णव विचारधारा का आगमन चैतन्य महाप्रभु और बंगाल से जुड़ा हो, किन्तु उसकी मूल भूमि ब्रज ही है। राधा–कृष्ण को केन्द्र बना कर विकसित रासलीला का सम्बन्ध भी मुख्यतः ब्रज से ही है। रास लीला के अवसर पर गाए जाने वाले पद संस्कृत और ब्रज–भाषा में ही होते थे। ब्रज–भाषा के लिए ब्रज–बोली का प्रयोग भी सामान्य रूप से किया जाता रहा है। धार्मिक प्रभाव के कारण वैष्णवी–व्यापारों में प्रयुक्त संस्कृत को छोड़कर शेष सभी के लिए ब्रजबोली का प्रयोग चल पड़ा होगा। इसीलिए विद्यापति के जो पद बंगाल होते हुए मणिपुर पहुँचे, उन्हें भी ब्रजबोली कहने के उद्देश्य से–भाषिक उच्चारणगत कारणों से, ब्रजबुलि पुकारा गया। स्मरणीय है कि राधा–कृष्ण सम्बन्धी कीर्तन पदों को 'ब्रजबुली', 'ब्रजाली' आदि भी कहा जाता रहा है। इस बात की पूरी सम्भावना है कि इन पदों में विद्यापति के अतिरिक्त भी कुछ अन्य कवियों के पद रहे होंगे। कालांतर में तो मणिपुर के कृष्ण–भक्त, कवियों ने भी भक्ति काव्य की रचना की। इनमें से मणिपुरी–मीरा कही जाने वाली बिंबावती मंजुरों द्वारा सुधक्कड़ी में कुछ पदों की रचना करने का उल्लेख प्राप्त होता है। स्वाभाविक है कि इस सबसे मणिपुरी लोगों का परिचय हिन्दी से कुछ अधिक बढ़ा होगा।

धार्मिक उद्देश्य से नवद्वीप, पुरी, ब्रज आदि की यात्राओं ने भी भाषा–सम्पर्क की प्रक्रिया को तीव्र किया। विशेषकर जो लोग मथुरा–वृन्दावन की यात्रा करते थे, वे कामचलाऊ हिन्दी सीख कर वापस लौटते थे और वहाँ आकर अन्य लोगों को बताते थे कि यदि वे अपनी यात्रा को सुखद व सहज बनाना चाहते हैं तो उन्हें सामान्य वार्तालाप की हिन्दी सीख लेनी चाहिए। इससे हिन्दी के प्रति आकर्षण बढ़ता था। आगे चलकर यही कार्य शिक्षा के लिए काशी जैसे स्थानों पर जाने वाले मणिपुरी विद्यार्थी भी करने लगे। इसके अतिरिक्त अंग्रेजों के साथ आये व्यापारियों व सैनिकों के साथ भी हिन्दी की शब्दावली मणिपुर पहुँची। इसी के बाद गाँधीजी की प्रेरणा

से विकसित हिन्दी–प्रचार आन्दोलन की हवा इस राज्य में बही, जिसने हिन्दी और मणिपुरी भाषा के सम्बन्ध का एक नया अध्याय लिखना प्रारम्भ किया। इस अध्याय में हिन्दी भाषा का विधिवत प्रचार और साहित्यिक स्तर पर विकसित सम्बन्धों का महत्व है।

'मणिपुर का सनातन धर्म', मणिपुर राज्य से प्रकाशित प्रथम हिन्दी पुस्तक है। आधुनिक ऋषि कहे जाने वाले पंडित अतोम्बापू शर्मा द्वारा लिखित यह पुस्तक, स्वयं उन्हीं के द्वारा 6 मार्च सन् 1951 को चुराचाँद प्रिटिंग वर्क्स, इम्फाल में मुद्रित करा कर प्रकाशित की गयी थी। इसमें धर्म और उसके कर्मकाण्ड से जुड़ी परम्पराओं तथा विधि–विधानों का परिचय दिया गया है। लेखक ने सृष्टि सम्बन्धी मिथकीय चिन्तन तथा इसी प्रकार की अन्य अभिकल्पनाओं की व्याख्या भी की है। इस पुस्तक के पृष्ठ दो पर कहा गया है, "इस जगत की सृष्टि के पहले जल ही जल था। इस समय लाइ पूङ थौ नामक नौदेवगण ने सुर्ग से मत्ति दी थी। तब लाइनुरा सात देवताओं के ऊपर नर्तन करती हुई जा रही थी। उन्होंने उस मत्ति को लेकर जल में डाल दिया था। यह एक दंड में एक तापू हुआ। इस तरह आठ दंड में आठ तापू हुए पर उन देवताओं ने उन आठ तापुओं पर विश्राम कर सुरापान किया। इस तरह आठ बार सुरापान करके विश्राम किया था। इससे चौंसठ दंडों में चौंसठ तापू हो गये। उन चौंसठ तापुओं से मिलकर यह विशाल पृथ्वी हो गयी। इससे एक पार्थव दिन में चौंसठ दंड होते हैं। और एक दंड का नाम मणिपुरी भाषा पूङ् अर्थात् तापू होता है और आठ दंडों का नाम युथक अर्थात् सुरापान का समय कहते हैं। पृथ्वी की सृष्टि के बाद मणिपुर अर्थात् पृथ्वी के नाभि–स्थल में आकर सदाशिव ने देखा कि उदरावर्त की तरह घिरे हुए पर्वतों के बीच समुद्र की तरह जल समूह रहते हैं। तब शिवजी ने उस पर्वत को त्रिशूल से भेद निकाला। उस मणिपुर में शिवजी ने पार्वती के साथ नर्तन किया था, उस समय देवगण ने भी अपनी–अपनी देवीगण के साथ शिव जी के नर्तन में भाग लिया था। पर उमा–महेशुर ने उनके साथ सर्ब्बरत कदंबमय रासक्रीड़ा की थी। उसको मणिपुरी भाषा में लाइहराउबा कहते हैं। मणिपुरी लोग देवता की प्रीति के लिए उस लाइहराउबा अर्थात् उमा–महेशुर की रासक्रीड़ा का अभिनय करते हैं।"

पं. अतोम्बापू शर्मा मूलतः संस्कृत और अंग्रेजी के विद्वान थे। हिन्दी का उनका ज्ञान सामान्य ही था। हाँ, तत्कालीन परिवेश में बांग्ला से

वे काफी परिचित थे। इस कारण उन्होंने जो हिन्दी लिखी है, उस पर बांग्ला का स्पष्ट प्रभाव है। ऊपर उद्धृत अंशों में एकाधिक स्थान पर विराम के पश्चात् 'पर' का प्रयोग हुआ है। यह बांग्ला का प्रयोग है, जिसका अर्थ है–'बाद में', या 'अनंतर'। लिपि लेखन में उन्होंने राष्ट्र–भाषा प्रचार समिति, वर्धा की तत्कालीन लिपि–नीति का अनुसरण किया है। मणिपुर में हिन्दी प्रचार आन्दोलन का प्रारम्भिक वास्तविक व्यापक कार्य इस समिति की वर्तमान प्रान्तीय शाखा (उन दिनों यह केवल शाखा कहलाती थी) ने ही किया था, अतः शर्मा जी द्वारा इस लिपि का प्रयोग स्वाभाविक था। भाषा सम्बन्धी सन्दर्भ से हटकर दो अन्य बातें हमारा ध्यान आकर्षित करती हैं। इनमें एक यह कि पुस्तक से पता चलता है कि सृष्टि से उत्पत्ति आदि के सम्बन्ध में जिस प्रकार विश्व के अन्य समाजों में पौराणिक कथाएँ प्रचलित हैं, उसी प्रकार मणिपुरी पौराणिक साहित्य में भी इनका उल्लेख है। इससे यह भी पता चलता है कि दुनिया भर में फैली इन कथाओं की मूल प्रकृति समान ही है और इनमें प्रतीकात्मक शैली के प्रयोग द्वारा सृष्टि–विकास या फिर पृथ्वी–निर्माण की प्रक्रिया समझायी गयी है। दूसरी बात यह कि पं. अतोम्बापू शर्मा ने इन पुस्तक में मीतै समाज के धार्मिक–पौराणिक विधि–विधानों को विचार का विषय बनाया है, उन सभी की व्याख्या हिन्दू धर्म (जिसे रूढ़ अर्थ में हिन्दूवादी व्याख्या कहा जाता है) के आधार पर की है। पहले उदाहरण में दी गयी कथा इसी ओर संकेत करती है। इस पुस्तक के पृष्ठ 12–13 पर 'नोंपोकनिंथौ और पानथोइबी' शीर्षक के अन्तर्गत कहा गया है–''मणिपुर के पूर्व तरफ एक पर्वत है, उसके ऊपर जब सूर्य आता, उस समय सूर्य को सब भारतवासी लोग देखते हैं। इसलिए उस पर्वत को वेद, रामायण और महाभारतादि सर्व शास्त्रों में पर्वत कहते हैं। महाभारत में कहा कि इस गिरि के ऊपर देवतागणों की उत्पत्ति होती थी। और इन्द्र का जन्म, वृद्धि और देवराज होने की राज्याभिषेक भी इसी पर्वत पर हुए थे। इसी पर्वत पर विराजमान होकर भगवान ब्रह्माजी ने अपने चतुर्मुखों से चतुब्वेद निकाला, इस पर्वत की एक शाखा मणिपुर इम्फाल नगरी के पूर्व तरफ में है। इस शाखा गिरि का नाम मणिपुरी भाषा में नोंमाइचीङ है। उसके ऊपर एक महापुरुष थे। उसको मणिपुरी भाषा में नोंपोकनिंथौ अर्थात् प्राचीशूर कहते हैं। वह साक्षात सदाशिव का अवतार है। परमेश्वर ने परकीया भाव से पार्वती के साथ शृंगार रस आस्वादन करने के लिए अवतार लिया था।

"मणिपुर की पश्चिम दिशा में एक पर्ब्बतमाला है, जब सूर्य उस पर्बतमाला के ऊपर आता है, तब पूर्व उपद्वीप निवासी लोग सूर्य को नहीं देख पाते हैं। उस पर्वतमाला को मणिपुरी लोग लोइचीङ अर्थात् अस्ताचल कहते हैं। उस पर्वत पर एक परम सुन्दरी स्त्री थी, उस स्त्री को पानथोइबी कहते हैं। वही पर्वत कन्या साक्षात पार्वती है। उसने परकीया भाव से परमेश्वर को सन्तुष्ट करने के लिए सर्वदेवताओं के उत्पत्ति स्थान मणिपुर पर्वत पर अवतार लिया था।"

इससे आगे की कथा नोंपाकनिंथै और पानथोइबी के प्रेम तथा उससे जुड़ी घटनाओं से सम्बन्धित है तथा निष्कर्ष में बताया गया है कि देवलीला में सदाशिव को चिव, शिव, महादेव इत्यादि नाम से पुकारते हैं। पार्वती को तम्बा अर्थात् अम्बा लाइरेमा इत्यादि नामों से पुकारते हैं। नरलीला में सदाशिव को नोंपोकनिंथै अर्थात् पूर्वेश्वर नाम से और पार्वती कों नोंपोक पानथोइबी अर्थात् पूर्वेशूरी कहते हैं।" (पृ., 14–15)

इस प्रकार की प्रतीक व्याख्या तथा महाभारत आदि के विविध प्रमाणों के आधार पर मणिपुरी संस्कृति को विशाल हिन्दू संस्कृति की धारा का एक अंग सिद्ध किये जाने की परम्परा रही है। जब राष्ट्रीय एकता जैसी शब्दावली का बहुतायत से प्रयोग शुरू हुआ तो ऐतिहासिक से अधिक इन्हीं पौराणिक आधारों की छाया में भारत और मणिपुर में बीच एकत्व की खोज भी की जाने लगी। एक समय वह भी आया, जब यह प्रयास अतिवाद की सीमाएँ छूने लगा और प्राचीन मीतै संस्कृति को एक स्वतन्त्र इकाई मानने वालों में इसकी उतनी ही घोर प्रतिक्रिया भी हुई। उस समय पं. अतोम्बापू शर्मा वाली प्रतीक व्याख्या को ब्राह्मणवाद के आक्रमण के रूप में देखा गया। संस्कृति की नवीन प्रतीकात्मक व्याख्या और उसके विरोध के मूल में कौन से कारण वास्तविक आधारभूमि वाले थे–यह निर्णय करना या इस रहस्य को खोलना यहाँ अभीष्ट नहीं है। यहाँ केवल इस ओर संकेत करना लक्ष्य है कि मणिपुर में प्रकाशित पहली हिन्दी पुस्तक भाषाई के साथ ही सास्कृतिक संसार की जानकारी देने वाली थी। इससे हिन्दी के ज्ञान–भंडार में निश्चय ही वृद्धि हुई। इसके बाद भी मणिपुरी संस्कृति तथा इस क्षेत्र की धार्मिक स्थिति की जानकारी देने वाली पुस्तकों का प्रकाशन जारी रहा। सन् 1972 में 'मणिपुरी संस्कृति : एक झाँकी' (एस. गोपेंद्र शर्मा) का प्रकाशन हुआ। इसकी भाषा यद्यपि बहुत उलझी हुई है, किन्तु इससे सामान्य सांस्कृतिक जानकारी अवश्य मिल

जाती है। सन् 1988 में 'मणिपुर : विविध सन्दर्भ', तथा 'मणिपुर : भाषा और संस्कृति' पुस्तकों का प्रकाशन हुआ। इनमें मणिपुरी भाषा, संस्कृति, जन–जीवन, कला और धर्म के सम्बन्ध में पर्याप्त सामग्री प्रस्तुत की गयी। ये दोनों ही सम्पादित पुस्तकें हैं। मणिपुरी संस्कृति के सम्बन्ध में कुछ ऐसे लेखकों की पुस्तकें भी छपीं, जो मूलतः मणिपुरी भाषी नहीं हैं। इनमें डॉ. रमाशंकर नागर (मणिपुर की सांस्कृतिक झलक), डॉ. जगमल सिंह (मणिपुरी संस्कृति) और डा. जवाहर सिंह (मणिपुर : साहित्य और संस्कृति) के नाम उल्लेखनीय हैं। इन लोगों के अतिरिक्त सिलचर (असम) में जन्मे और भातखंडे हिन्दुस्तानी संगीत महाविद्यालय, लखनऊ के मणिपुरी नृत्य विभाग के प्राध्यापक डॉ. गुरु वनमाली सिन्हा ने भी 'मणिपुरी नर्तन कला' पुस्तक लिखी है। इन सभी के माध्यम से मणिपुरी जीवन का परिचय हिन्दी व उसके द्वारा अन्य भाषाओं तक पहुँचा, इसलिए इन्हें सांस्कृतिक सम्बन्ध के विकास की समर्थ कड़ी के रूप में जोड़कर देखा जा सकता है। सन् 1994 में आचार्य राधागोविन्द थोङाम 'कविराज' द्वारा रचित तीन पुस्तकें–हिन्दू धर्म के मूल तत्व' भाग–1 एवं भाग–2 तथा 'भारतीय संस्कृति की आधारशिला' शीर्षक से प्रकाशित हुई हैं। सन् 1995 में शिवगोविन्द दास (यह थोङाम जी का ही नाम है) द्वारा रचित सिद्धेश्वर चालीसा भी छपा है। इनके प्रकाशन का मुख्य उद्देश्य उन मणिपुरी भाषा–भाषी लोगों को हिन्दू धर्म की जानकारी देना है, जो हिन्दी पढ़ने और समझने लगे हैं। हिन्दी भाषा का यह सौभाग्य है कि उसे अनेक मणिपुरी भाषी लेखकों ने अभिव्यक्ति का माध्यम बनाया है। 'क्षितिज–सा ध्येय' (कविता–1976, आचार्य राधागोविन्द थोङाम), 'हृदय सुमनः राष्ट्रीय चेतना चिन्तन' (कविता–1996, हजारीमयुम गोकुलानन्द शर्मा), 'खम्बा–थोइबी' (नाटक–1963, सी–एच. निशान सिंह,) 'वीर टिकेन्द्रजीत' (नाटक–1987, के. याइमा शर्मा), 'खम्बा–थोइबी' (उपन्यास–1963, एल. कालाचाँद), 'मणिपुर के वीर नर–नारियों की जीवनगाथाएँ (जीवनी–1985, सम्पा. फुराइलातपम गोकुलानन्द शर्मा), 'मणिपुर में अमर दीप' (जीवनी–1988, आचार्य राधागोविन्द थोङाम) आदि कृतियाँ हिन्दी साहित्य की सम्पत्ति बन चुकी हैं। इनमें से अधिकांश पुस्तकों की विषयवस्तु मणिपुरी इतिहास, संस्कृति, लोक–जीवन और विचार दर्शन का परिचय देने वाली हैं। कविता की पुस्तकें मुक्त कल्पना, राष्ट्रीय भावना, सौन्दर्य–बोध, मानवतावाद आदि की अभिव्यक्ति करती हैं। यदि इस सूची में 'श्रेष्ठ मणिपुरी लोककथाएँ (डॉ.

एस. तोम्बा सिंह,) 'मणिपुरी लोककथाएँ' (सी–एस. निशान सिंह एवं डॉ. जगमल सिंह), 'मणिपुर की लोककथाएँ (वही), 'नोंदोननु' (सी–एच. निशान सिंह एवं एक अन्य लेखक) आदि ग्रन्थों तथा डॉ. हीरालाल गुप्त (मणिपुर की लोककथाएँ) और डॉ. जगमल सिंह (तलाश, मणिपुर की विभूतियाँ) जैसे हिन्दी भाषियों द्वारा लिखी पुस्तकों को भी सम्मिलित कर लिया जाये तो पता चलेगा कि मणिपुर का व्यापक परिचय देने वाली सामग्री हिन्दी में पहुँच चुकी है। मणिपुर में हिन्दी प्रचार और राजभाषा के रूप में हिन्दी की स्थिति का विस्तृत परिचय देने वाली दो पुस्तकें उल्लेखनीय हैं, 'मणिपुर में राजभाषा की प्रगति' (डॉ. जगमल सिंह) और मणिपुर हिन्दी परिषद, इम्फाल द्वारा प्रकाशित 'संकल्प और साधना'। इनमें, मणिपुर और हिन्दी के सम्बन्धों का इतिहास, हिन्दी की वर्तमान स्थिति, हिन्दी प्रचारकों के महत्वपूर्ण योगदान, हिन्दी साहित्य, हिन्दी पत्रकारिता आदि पक्षों पर पर्याप्त जानकारी उपलब्ध है। मणिपुरी और हिन्दी के मध्य अनुवाद कार्य का इतिहास बहुत पुराना है। 1962 में श्री अ. छत्रध्वज शर्मा ने मणिपुरी भाषा के महान कवि लमाबम डॉ. कमल के काव्य संग्रह 'लै–परेंङ्' की नौ कविताओं का गद्यानुवाद किया था, जिसका प्रकाशन 'कविश्रीमाला' शीर्षक योजना के अन्तर्गत पुस्तक रूप में किया गया। यह प्रकाशन राष्ट्रभाषा प्रचार समिति, वर्धा ने किया था। सन् 1978 में कमल के ही उपन्यास 'माधवी' का अनुवाद सी. एच. निशान सिंह द्वारा सम्पन्न होकर प्रकाशित हुआ। सन् 1989 में पाचा मीतै के उपन्यास इम्फाल अमसुङ मागी इशिङ्–नुङ् शितकी फी भम' का हिन्दी अनुवाद 'इम्फाल और उसकी आबोहवा' शीर्षक से छपा। यह अनुवाद युमनाम इबोतोम्बी' द्वारा किया गया था। सन् 1989 में ही डॉ. इबोहल सिंह काङ्जम द्वारा अनूदित कविताओं की महत्वपूर्ण पुस्तक 'आधुनिक मणिपुरी कविताएँ' शीर्षक से छपी। इस पुस्तक में 34 मणिपुरी कवियों की 78 कविताएँ संकलित हैं। सन् 1991 में डॉ. सापम तोम्बा सिंह के सम्पादन में 'आधुनिक मणिपुरी कहानियाँ' पुस्तक छपी। मणिपुरी हिन्दी अकादमी, इम्फाल की इस पुस्तक में विभिन्न व्यक्तियों द्वारा हिन्दी में अनूदित दस मणिपुरी कहानियाँ हैं। सन् 1994 में अठारह मणिपुरी कहानियों का अनुवाद 'प्रतिनिधि मणिपुरी कहानियाँ' नाम से पुस्तकाकार छपा। इस पुस्तक के अनुवादक डॉ. इबोहल सिंह काङ्जम हैं। सन् 1993 में डॉ. कमल के काव्य–संग्रह 'लै–परेङ्' की सम्पूर्ण कविताओं का अनुवाद 'पुष्प माला' शीर्षक से प्रकाशित हुआ।

यह अनुवाद डॉ. हजारीमयुम सुवदनी देवी द्वारा किया गया। सन् 1994 में अरिबम कृष्ण मोहन शर्मा 'निष्णात' द्वारा बी. जयंतकुमार शर्मा के नाटक 'थम्बा लनु' का हिन्दी अनुवाद प्रकाशित हुआ। सन् 1997 में सुप्रसिद्ध कवि डॉ. नीलकान्त सिंह की काव्य–पुस्तक तीर्थ–यात्रा' का हिन्दी अनुवाद इसी नाम से 'बिड़ला–फाउंडेशन' के सहयोग से हिन्दी बुक सेंटर, नयी दिल्ली द्वारा प्रकाशित किया गया। इस ग्रन्थ का अनुवाद डॉ. इबोहल सिंह काङ्जम ने किया है। उसी वर्ष कमलेश्वर के सम्पादन में 'भारतीय शिखर कथा कोश' का 'मणिपुरी खंड', पुस्तकायन, दिल्ली द्वारा प्रकाशित किया गया। उसमें डॉ. इबोहल सिंह काङजम, अरिबम कृष्ण मोहन शर्मा और डॉ. ए. दीनमणि सिंह द्वारा मणिपुरी से हिन्दी में अनूदित सत्ताइस कहानियाँ हैं। सन् 1997 में महाकवि अङाङहल के सामाजिक उपन्यास 'जहेरा' का हिन्दी अनुवाद इसी नाम से प्रकाशित हुआ। यह अनुवाद श्री सी. एच. निशान सिंह ने किया। सन् 1998 में खुमनथेम प्रकाश के कहानी–संग्रह, 'मङगीइशै' का हिन्दी अनुवाद 'सपने का गीत' शीर्षक से प्रकाशित हुआ। यह अनुवाद–कार्य हाओबम आनन्दी देवी ने किया और इसका प्रकाशन अरिबम कृष्ण मोहन शर्मा की स्मृति में हुआ। काव्यानुवाद के क्षेत्र में हिन्दी भाषी सिद्धनाथ प्रसाद का उल्लेख अति आवश्यक है। उन्होंने मणिपुरी भाषा के आठ नवजागरणकालीन कवियों की चुनी हुई कविताओं का अनुवाद किया, जिन्हें सन् 1995 में सुजाता प्रकाशन, मेरठ द्वारा' 'नवजागरणकालीन मणिपुरी कविताएँ, शीर्षक से छापा गया। सन् 1998 में उनके द्वारा अनूदित दो पुस्तकें प्रकाशित हुईं, 'माँ की आराधना' (जननेता हिजम इरावत की काव्य–पुस्तक 'इमागी पूजा' का अनुवाद) और 'जित देखूँ' (युवा कवि लनचेनवा मीतै की काव्य–पुस्तक 'येङ लु बदा' का अनुवाद)। इनमें से 'माँ की आराधाना' का प्रकाशन भी सिद्धनाथ प्रसाद जी ने अपने धन से ही कराया। साहित्य और राष्ट्र–सेवा के प्रति समर्पण के ऐसे उदाहरण बहुत कम मिलते हैं।

हिन्दी से मणिपुरी भाषा में भी पर्याप्त अनुवाद कार्य किया गया है। प्रेमचन्द, बच्चन, प्रसाद, भगवतीचरण वर्मा, मोहन राकेश, भीष्म साहनी, धर्मवीर भारती, शिवानी, शिवप्रसाद सिंह, विष्णु प्रभाकर, राजेन्द्र सिंह बेदी, जय प्रकाश भारती, जवाहर सिंह, वेदप्रताप वैदिक आदि की रचनाएँ मणिपुरी में उपलब्ध हैं। प्रेमचन्द की रचनाएँ तो उच्च स्तरीय मणिपुरी पाठ्यक्रम में भी स्थान पा चुकी हैं। जयशंकर प्रसाद की 'कामायनी'

का अनुवाद हो चुका है। मणिपुर विश्वविद्यालय के हिन्दी विभाग के द्वारा 'रामचरितमानस' के अतिरिक्त नागार्जुन के कहानी संग्रह (आसमान में चन्दा तैरे) और बालशौरि रेड्डी के उपन्यास (जिन्दगी की राहें) का अनुवाद कराया गया है। अनुवाद के क्षेत्र में दो पुस्तकें, 'मीतै चनु' और 'फागुन की धूल' भी प्रकाशित हुई हैं। इनकी विशेषता यह है कि ये एक साथ मौलिक और अनूदित सामग्री प्रदान करती हैं। इम्फाल की एक साहित्यिक संस्था 'पूर्वा' द्वारा सन् 1987 में प्रकाशित 'मीतै चनु' में मणिपुरी भाषा के बारह कवि संकलित हैं, जिन्होंने मूलतः हिन्दी में कविताएँ रची हैं और डॉ. इबोहल सिंह काङ्जम द्वारा उन्हें रचनाकारों की मातृभाषा में अनूदित किया गया है। इसी प्रकार सन् 1990 में काङ्जम एंटरप्राईजेज, इम्फाल द्वारा प्रकाशित 'फागुन की धूल' में मणिपुरी खंड और हिन्दी खंड को मिलाकर कुल पच्चीस कवि संकलित हैं और मूल रचनाओं का प्रकाशन अनुवाद के साथ किया गया है। इस कार्य ने सिद्ध किया कि भाषाओं के पारम्परिक सम्पर्क और साहित्यिक माध्यम से जिस सांस्कृतिक समन्वय तथा वैचारिक विकास की कल्पना की जाती है, वह अनुवाद कार्य से सुलभ होता है। मणिपुरी साहित्य के हिन्दी अनुवाद की जो जानकारी दी गयी है, उसका अध्ययन करने से स्पष्ट होता है कि अनुवाद के रूप में केवल कुछ पुस्तकें हिन्दी में नहीं पहुँची हैं, बल्कि उनके माध्यम से एक पूरा समाज और उसका जीवन हिन्दी में पहुँचा है। हिन्दी भाषी समाज की भाँति मणिपुरी समाज भी दासता का शिकार रहा है। भले ही कम वर्षों तक, किन्तु इस समाज ने भी अंग्रेजी साम्राज्यवाद के लम्बे नाखूनों की पीड़ादायक चुभन अनुभव की है। इससे पहले राजतन्त्र की कठोरता का अनुभव भी इस समाज को हुआ है। सामाजिक–धार्मिक दृष्टि से इस समाज ने बड़ी उथल–पुथल का सामना किया है। जिस समाज में जाति की अवधारणा नहीं थी और जहाँ श्रम के प्रति ऊँच–नीच का भाव नहीं थीं, वही समाज ब्राह्मणवादी व्यवस्था आने पर अनेक सामाजिक–धार्मिक रूढ़ियों का शिकार बनकर कष्ट सहने को भी बाध्य हुआ। पिछड़ापन, बेरोजगारी, भ्रष्टाचार, भाई–भतीजावाद अवसरवाद आदि को भी इस समाज ने भोगा है। अपनी युवा–पीढ़ी को बन्दूकें लेकर जंगलों की ओर जाते तथा प्रति–आतंकवाद का शिकार होते भी यही समाज देखने को अभिशप्त है। इसी के साथ आधुनिकता और उत्तर–आधुनिकता के प्रभाव भी इस समाज के जीवन पर पड़ रहे हैं। इस पूरे अन्तर्बाह्य जीवन तथा

परिवेश का चित्रण मणिपुरी साहित्य में विद्यमान है और उस साहित्य का एक बड़ा प्रतिनिधि भाग अनुवाद के माध्यम से हिन्दी में पहुँच चुका है। अब यदि कोई मणिपुर को जानना व उसके यथार्थ का अनुभव करना चाहता है, तो वह इस साहित्य का उपयोग कर सकता है। अरिबम कृष्णमोहन शर्मा द्वारा अनूदित नाटक 'थम्बालनु' के माध्यम से तत्कालीन राजतन्त्रात्मक व्यवस्था के वास्तविक रूप और इसकी नायिका थम्बालनु में निरीह जनता की दशा के दर्शन किये जा सकते हैं। कमल और उनके समकालीन कवियों की कविताओं में नवजागरण की राजनैतिक, सामाजिक व सांस्कृतिक चेतना को पहचाना जा सकता है। आधुनिक कविता में वर्तमान युग की समस्याओं, विचारों और अन्तर्विरोधों को देखा जा सकता है और कहानियाँ पढ़कर दिन–रात तनाव में जीते समाज के हृदय की धड़कनें अनुभव की जा सकती हैं। ठीक यही बात अनूदित होकर मणिपुरी भाषा में आ चुके हिन्दी साहित्य के विषय में भी है। किसी भाषा में प्रेमचन्द या प्रसाद की रचनाओं का अनुवाद हो जाना उस भाषा में सम्पूर्ण–हिन्दी–समाज तथा वृहत्तर रूप में भारतीय संस्कृति व समाज का उपस्थित हो जाना है। यह जानकर आश्चर्य हो सकता है कि मणिपुरी साहित्यकार मुक्तिबोध और अज्ञेय से खासे परिचित हैं। आधुनिक मणिपुरी कविता आन्दोलन के प्रारम्भकर्ताओं में से एक एलाङ्‌बम नीलकान्त सिंह तो अज्ञेय को अपना 'काव्य–चेतना गुरु' स्वीकार करने में नहीं हिचकते। दूसरी और कामायनी समझने के लिए वे मुक्तिबोध को पढ़ना आवश्यक मानते हैं। यह अकेला उदाहरण ही मणिपुरी और हिन्दी के सांस्कृतिक सम्बन्ध की अनेक पर्तें खोलने वाला है। यह सम्बन्ध साहित्य–रचना की परिपाटियों और भाषा की दृष्टि से भी ध्यान देने योग्य है। मणिपुरी भाषा के लेखक युम्लेम्बो इबोमचा ने सन् 1969 में पहली लुघ–कथा लिखी थी, किन्तु वह नहीं जानते थे कि उनकी रचना कहानी है या लघु–कथा। नौंवे दशक में लघु–कथा आन्दोलन की आँच हिन्दी से मणिपुरी में पहुँची, तो लोगों का ध्यान इबोमचा की रचना की ओर गया। थोड़े समय बाद ही कई कथाकारों के लघु–कथा–संकलन प्रकाशित हो गये। प्रो. इबोहल सिंह काङ्‌जम ने लघुकथा के लिए वारिपिक्‌त्रु शब्द का चयन किया और इसी नाम से अपना लघु–कथा संग्रह भी प्रकाशित किया। वह उदाहरण भाषाओं के साहित्यिक रिश्तों की पड़ताल करता है और भाषाई संस्कृति की खोज में लगे लोगों का मार्गदर्शन करता है। एक अन्य उदाहरण

इससे भी विस्म यजनक है। तेलुगु–हिन्दी विद्वान प्रो. भीमसेन निर्मल ने प्रख्यात तेलुगु कवि सी. नारायण रेड्डी की कृति 'विश्वम्भरा' का हिन्दी अनुवाद किया है। हिन्दी के माध्यम से वह कृति मणिपुर पहुँची। युवा मणिपुरी लेखक डॉ. ललचेनबा मीतै ने 'विश्वम्भरा' का अध्ययन किया और मणिपुरी भाषा में पंचपदी शैली की अनेक कविताएँ रच डालीं। ये पंचपदियाँ 'येङ लुमेङ लुबदा' शीर्षक से पुस्तकाकार छपीं। बाद में सिद्धनाथ प्रसाद द्वारा इनका हिन्दी अनुवाद किया गया। भाषाओं के सम्पर्क और प्रभाव का यह उदाहरण रोमांचित कर देनेवाला है। इस सम्पर्क से मणिपुरी और हिन्दी भाषा को जो प्रतीक, मुहावरे, कहावतें, विशिष्ट ध्वन्यात्मक शब्द, आलोचना सम्बन्धी पारिभाषिक शब्द, सांस्कृतिक शब्द, ललित और उपयोगी कलाओं से जुड़े शब्द मिले हैं, वे संख्या में कम भले ही हों, किन्तु महत्व की दृष्टि से कम नहीं हैं। इसी प्रकार पौराणिक सन्दर्भों के प्रयोग के क्रम में जो सामग्री दोनों भाषाओं में आ–जा रही है, वह अभिव्यक्ति के अभिनव माध्यम भी उपलब्ध करा रही है। भविष्य में इसके सुखद परिणाम सामने आयेंगे। मणिपुरी से हिन्दी में अनुवाद करने वाले साहित्यकार इस दिशा में बड़ा सावधानी भरा कदम उठा रहे हैं। वे ऐसे शब्दों और मुहावरों को ज्यों का त्यों अनूदित सामग्री में खपाते हैं, जिनके समानार्थक शब्द हिन्दी में नहीं हैं और जो आसानी से हिन्दी में खपाए जा सकते हैं। इनमें केवल पौराणिक शब्दावली ही नहीं आती, बल्कि अन्य अनेक क्षेत्रों से जुड़े शब्द भी आते हैं। उदाहरण के लिए शरीर के अंग, उपांग और प्रत्यंग सम्बन्धी जितने शब्द मणिपुरी में हैं, उतने हिन्दी में नहीं हैं। कालावधि की दृष्टि से हिन्दी और मणिपुरी महीनों के नाम पूर्ण साम्य नहीं रखते। दोनों भाषाओं में वर्णित राज–परम्पराओं में कुछ भिन्नताएँ हैं, आदि। अनुवाद करते समय इनसे सम्बन्धित शब्दों को मूल रूप में प्रयोग करके पाद–टिप्पणी में उनका अर्थ दे दिया जाता है। इस विधि का उपयोग हिन्दी से मणिपुरी में अनुवाद करते समय भी किया जाता है। परिणामस्वरूप दोनों भाषाएँ साहित्य–सम्पदा पाती हैं और दोनों समाज एक दूसरे की सांस्कृतिक गरिमा से परिचित होते हैं। 'मणिपुरी और हिन्दी की व्याकरणिक कोटियों का तुलनात्मक अध्ययन' (डॉ. एस. तोम्बा सिंह), 'हिन्दी और मणिपुरी परसर्गों का तुलनात्मक अध्ययन' (कृष्ण मोहन शर्मा), 'हिन्दी–मणिपुरी क्रिया संरचना' (डॉ. इबोहल सिंह काङ्जम) आदि ग्रन्थ इसी परिचयोत्पन्न प्रेरणा के परिणाम हैं। इनमें,

दो भिन्न भाषा–परिवारों की सदस्य भाषाओं के समान और व्यतिरेकी सम्बन्धों को जाँचा–परखा गया है, जिससे भाषाई समझ और वैचारिक विकास में सहायता मिली है। भारत की वर्तमान भाषा–समस्या को हल करने के सन्दर्भ में ऐसे अध्ययनों की उपादेयता असंदिग्ध है। भाषा और साहित्य, पारस्परिक संवाद और समझ पर आधारित सांस्कृतिक दृष्टि के विकास में जुटे हैं, हम चाहें तो इनसे प्रेरणा लेकर अपनी भूमिका का निर्धारण कर सकते हैं।

नगा पहाड़ पर हिन्दी की यात्रा

के. फ्योखामो लोथा*

नगालैंड की जनसम्पर्क भाषा नगामीज है। इसके अतिरिक्त नगालैंड की 16 जनजातियाँ हैं जिनकी बोलियाँ भिन्न–भिन्न हैं। इन बोलियों में अंगामी, आओ, सेमा और लोथा प्रमुख हैं। नगामीज भाषा में 75 प्रतिशत शब्द हिन्दी के हैं। नगामीज वस्तुतः असमिया भाषा का बिखरा हुआ रूप है। सन् 1834 में ब्रिटिश इंडिया के सैनिकों ने नगा जाति पर अधिकार करने के लिए सैनिक छावनियों की स्थापना की। उन सैनिकों में अधिकांश गोरखा थे जो हिन्दी बोलते थे। जो लोग उनके सम्पर्क में आये, वे हिन्दी जानने लगे परन्तु अधिकांश जनता हिन्दी भाषा से बिलकुल अपरिचित थी। सन् 1951–52 में असम राष्ट्रभाषा प्रचार समिति, गुवाहाटी द्वारा यहाँ हिन्दी प्रचार का श्रीगणेश हुआ। उस समय नगालैंड असम राज्य का अभिन्न अंग था और नगाहिल्स के नाम से जाना जाता था। नगाहिल्स के स्कूलों में द्वितीय भाषा के रूप में असमिया भाषा पढ़ाई जाती थी। स्वतन्त्रता प्राप्ति के पश्चात् असमिया के साथ–साथ द्वितीय भाषा के रूप में स्कूलों में हिन्दी का विषय अनिवार्य कर दिया गया। जब नगालैंड राज्य बना तब असमिया भाषा हटा दी गयी। असमिया भाषा और बिखरे हुए रूप के प्रभाव के कारण हिन्दी नगालैंड की लोकप्रिय भाषा बनती जा रही है। प्रारम्भ में यहाँ हिन्दी शिक्षकों का अभाव था। उस समय फौज से सेवानिवृत्त नगा लोग हिन्दी शिक्षक के पद पर नियुक्त होते थे। उन शिक्षकों को हिन्दी की अच्छी जानकारी नहीं थी। इसलिए वे छात्रों को सही ढंग से हिन्दी नहीं पढ़ा पाते थे। प्रशिक्षित हिन्दी शिक्षकों में पी. तमजन आओ और राबेमो लोथा सबसे वरिष्ठ हैं। राबेमो लोथा को उल्लेखनीय

लेखक 'हिन्दी–अंग्रेजी लोथा शब्दकोश तथा शब्दावली' (1995–96) तथा 'लोथा नगा लोकगीत' के प्रणेता हैं।

हिन्दी सेवा के लिए राष्ट्रीय पुरस्कार मिला था। नगालैंड सरकार के विशेष आग्रह पर भारत सरकार की ओर से सन् 1969–70 में हिन्दी शिक्षक प्रशिक्षण संस्थान, दीमापुर की स्थापना हुई तथा केन्द्रीय हिन्दी संस्थान, आगरा से सम्बद्ध रहकर हिन्दी शिक्षकों के प्रशिक्षण महाविद्यालय के नाम से वह विख्यात हुआ। आजकल प्रशिक्षित हिन्दी शिक्षकों की यहाँ कोई कमी नहीं है। यहाँ के विभिन्न स्कूलों में लगभग 1000 प्रशिक्षित हिन्दी अध्यापक और अध्यापिकाएँ कार्यरत हैं जिनमें 20 प्रतिशत गैर–नगा हैं जो अधिकतर हिन्दी प्रदेशों के हैं। आजकल नगा समुदाय से भी सुयोग्य हिन्दी शिक्षकों और हिन्दी के विद्वानों का आविर्भाव हुआ है। अनेक नगाभाषी साहित्यकार, लेखक एवं प्रचारक हिन्दी की अच्छी सेवा कर रहे हैं। लुन्हे कुकी और लुलेन जामीर आदि नगाभाषी 'निष्णात' तक कर चुके हैं। शान्ता गुरुंग ने हिन्दी में एम. ए. करने के बाद आगरा विश्वविद्यालय से पीएच.डी. की है। हिन्दी नगाओं की प्रिय भाषा बन गयी है। नगालैंड की सम्पर्क भाषा 'नगामीज' के बाद हिन्दी नगालैंड की बोलचाल की भाषा है। हिन्दी को समृद्ध बनाने में यहाँ के सैनिक, नगालैंड पुलिस तथा यहाँ नौकरी और व्यवसाय के लिए रहने वाले हिन्दी भाषी और अन्य प्रदेशों के लोगों की भूमिका उल्लेखनीय रही है। नगालैंड के प्रमुख शहरों में रहने वाले सभी नगा हिन्दी से परिचित हैं। उपर्युक्त तथ्यों के अतिरिक्त अनौपचारिक साधनों जैसे–चलचित्र, दूरदर्शन और रेडियो आदि का हिन्दी के विकास में महत्वपूर्ण योगदान रहा है। इतना होने पर भी हमारी हिन्दी काम–चलाऊ और बाजारू रूप तक सीमित है। मानक और साहित्यिक हिन्दी को व्यवहार में लाना नगाओं के लिए बड़ा कठिन है। जहाँ तक विद्यालयों में हिन्दी की पढ़ाई का प्रश्न है, यहाँ के विद्यालयों में कक्षा 5 से कक्षा 8 तक हिन्दी विषय अनिवार्य है लेकिन हिन्दी को स्कूलों में गौण विषय समझा जाता है। अखिल नगालैंड हिन्दी शिक्षक संघ के प्रयास से नगालैंड सरकार ने सन् 1998 से कक्षा 8 के लिए बोर्ड परीक्षा में अनिवार्य रूप से हिन्दी विषय को शामिल कर दिया है।

नगा भाषी हिन्दी साहित्यकार

एम.पी. तमजन आओ : वे वरिष्ठ हिन्दी सेवी, प्रचारक और लेखक हैं। वे हिन्दी प्रशिक्षण महाविद्यालय, दीमापुर के प्राध्यापक के पद से सेवानिवृत्त होने के बाद राष्ट्रभाषा हिन्दी प्रशिक्षण संस्थान, दीमापुर में प्रान्तीय

संचालक के पद पर कार्यरत हैं। उन्होंने 'हमारी हिन्दी' नामक पुस्तक लिखी है। इस पुस्तक में आओ–हिन्दी–अंग्रेजी की व्याकरणिक कोटियाँ, शब्दावली तथा सरल हिन्दी वाक्यों का आओ–अंग्रेजी अनुवाद है।

टी. मोआ कमजक : वे आओ–हिन्दी के अध्यापक हैं। उन्होंने हिन्दी–अंग्रेजी–आओ व्याकरण और शब्दावली से सम्बन्धित पुस्तक लिखी है।

जकिएनी अंगामी : वे हिन्दी शिक्षक हैं। उन्होंने अंगामी–हिन्दी–अंग्रेजी शब्दकोश तैयार किया है। सम्प्रति, वे पारंगत के छात्र तथा अखिल नगालैंड हिन्दी शिक्षक संघ के अध्यक्ष हैं।

किनजाकिए अंगामी : वे ज्योत्सोम हाई स्कूल, कोहिमा में हिन्दी शिक्षक के पद पर कार्यरत हैं। उन्होंने 'अंगामी–अंग्रेजी–शब्दावली तथा व्याकरण' नामक पुस्तक लिखी है। उनकी यह पुस्तक न केवल हिन्दी सीखने वाले विद्यार्थियों के लिए अपितु तीनों भाषाओं के पाठकों एवं शोधकर्ताओं के लिए भी लाभदायक है। हिन्दी के प्रचार–प्रसार और विकास में हेजेता सेमा और अलेम्बला आओ का योगदान भी उल्लेखनीय है। नगालैंड के ए. जी. ऑफिस से हिन्दी की एक पत्रिका निकलती है। नगा छात्र–छात्राएँ हर साल 'समन्वय' पत्रिका में अपनी रचनाएँ तथा लोकगीत, कविताएँ, कहानियाँ आदि प्रकाशित करवाते रहते हैं।

बराक उपत्यका में हिन्दी

प्रो. जगमल सिंह

असम के दक्षिणी अंचल को बराक या कछार कहा जाता है। ईस्ट इंडिया कम्पनी ने सन् 1830 में इस भू–भाग पर आधिपत्य स्थापित कर लिया। उसके बाद 1856 ई. में यहाँ प्रथम चाय बागान की स्थापना की गयी। चाय के अंग्रेज व्यापारी देश के विभिन्न भागों से बागानों में काम करने के लिए हिन्दीभाषी मजदूर ले आये। उनके साथ ही इस अंचल में हिन्दी भाषा का आगमन हुआ। रामचरितमानस, महाभारत की कथा और रामलीला के मंचन के माध्यम से बराक उपत्यका में हिन्दी भाषा का प्रसार हुआ। उनके साथ राजस्थान के व्यापारी भी आये, जिन्होंने हिन्दी वातावरण के निर्माण में महत्वपूर्ण योगदान दिया। बर्मन राजाओं के शासनकाल से इस अंचल में बांग्ला भाषा का वर्चस्व रहा है, किन्तु हिन्दीभाषी मजदूरों एवं व्यापारियों के माध्यम से हिन्दी का वातावरण बना। स्वतन्त्रता संग्राम की भाषा हिन्दी थी। अहिन्दीभाषी नेताओं ने हिन्दी को अपनाया व राष्ट्रहित में उसे अपनाने के तर्क दिये। महात्मा गाँधी, जवाहरलाल नेहरू, काका साहब कालेलकर, जमुना प्रसाद श्रीवास्तव एवं हिरण्यमय बोरा सिलचर पधारे। उससे हिन्दी प्रचार–प्रचार को गति मिली। गाँधीजी एवं नेहरूजी के सिलचर में दिये गये भाषणों से इस अंचल की जनता के मन में हिन्दी के प्रति प्रेम जागृत हुआ। सिलहट क्षेत्र के लिए चारूशिला देव को प्रचारक नियुक्त किया गया। सेठ छोटेलाल खंडेलवाल ने सन् 1928 में सेठ छोटेलाल हिन्दी पाठशाला, सिलचर की स्थापना की, जो आज भी विद्यमान है। 1938 ई. में गोपीनाथ बरदलै ने असम हिन्दी प्रचार समिति (सम्प्रति असम राष्ट्रभाषा प्रचार समिति) की स्थापना की और उसके केन्द्र बराक में खोले। राष्ट्रभाषा प्रचार समिति, वर्धा के प्रचारक भी बराक में उसी समय से कार्यरत हैं। कलकत्ता में पूर्व भारत राष्ट्रभाषा प्रचार सभा

का मुख्यालय था। उसके सचिव थे–विश्वनाथ उपाध्याय। वे हिन्दी के प्रचार हेतु बराक भी आते रहे। सन् 1952 में दत्तात्रेय मिश्र ने राष्ट्रभाषा विद्यापीठ, सिलचर की स्थापना की और उपाध्याय जी भी यहाँ आ गये। श्री मिश्र एवं उपाध्याय जी का इस अंचल में हिन्दी प्रचार में महत्वपूर्ण अवदान है। सतीश मोहन देव की अध्यक्षता में बराक एवं मिजोरम में हिन्दी प्रचार हेतु काछारलुशाई आंचलिक राष्ट्रभाषा प्रचार समिति की स्थापना की गयी। बाद में उसका असम राष्ट्रभाषा प्रचार समिति में विलय हो गया। गोपीनाथ बरदलै के मुख्यमंत्री बनने पर 1948 में उच्च माध्यमिक विद्यालयों में हिन्दी अध्यापकों की नियुक्ति की गयी और बराक उपत्यका के तीनों जिलों–सिलचर, करीमगंज एवं हैलाकांदी में उच्च माध्यमिक विद्यालयों में हिन्दी शिक्षण प्रारम्भ हुआ। सन् 1952 से कक्षा चार से आठवीं तक हिन्दी को अनिवार्य किया गया। इससे हिन्दी का वातावरण बना। 1961 में सिलचर में हिन्दी प्रचार–प्रसार हेतु हिन्दी विद्यालय संगठन समिति का गठन हुआ। बाद में इसका नाम हिन्दी विद्यालय संगठन कर दिया गया। यह संगठन आज भी सक्रिय है। संगठन ने 28 फरवरी 1987 को राजभाषा रजत जयन्ती और 18–19 सितम्बर 2000 को स्वर्ण जयन्ती वर्ष के उपलक्ष्य में अखिल भारतीय स्तर के हिन्दी सम्मेलनों का आयोजन किया और उस अवसर पर स्मारिका प्रकाशित की गयी। इन आयोजनों में विश्वनाथ उपाध्याय की महत्वपूर्ण भूमिका रही। स्वर्ण जयन्ती समारोह में दिनेश प्रसाद ग्वाला का सराहनीय सहयोग रहा। डॉ. श्याम नारायण सिंह राजनीति शास्त्र के प्राध्यापक हैं, किन्तु उन्होंने 1964 में कछार कॉलेज, सिलचर में हिन्दी विभाग की स्थापना की। उनके प्रयास से वहाँ अब हिन्दी का विधिवत शिक्षण हो रहा है। दिनेश प्रसाद ग्वाला के प्रयत्न से नेहरू कॉलेज, पैलापुल में हिन्दी का अध्यापन का आरम्भ हुआ। सम्प्रति जी. सी. कॉलेज, सिलचर, एस.एम. देव कॉलेज, लखीमपुर और उमरांगसू कॉलेज में बी.ए. तक की हिन्दी की पढ़ाई हो रही है। लखीमपुर में प्रिया सखी देवी, शंकर लोहार सलगोई में हिन्दी प्रचार–प्रसार का महत्वपूर्ण कार्य कर रहे हैं। जुलाई 1998 में असम विश्वविद्यालय में हिन्दी का स्नातकोत्तर विभाग आरम्भ हुआ। जब विश्वनाथ उपाध्याय विधायक बने तो उन्होंने बराक उपत्यका में एक सौ प्राथमिक विद्यालय खुलवाए। नगर के प्रतिष्ठित व्यापारी महावीर जैन, छेदीलाल दुबे तथा गौरीशंकर राय आदि ने हिन्दी शिक्षण हेतु आर्थिक सहयोग देकर हिन्दी प्रचार कार्य को

गति प्रदान की। पर अब उन सब विद्यालयों में हिन्दी के बजाय अन्य भाषा माध्यम बना दी गयी है।

बराक उपत्यका में बसने वाली एक तिहाई हिन्दीभाषी जनता के लिए आकाशवाणी और दूरदर्शन के सिलचर केन्द्र से हिन्दी के कुछ कार्यक्रम प्रसारित किये जाते हैं।

डॉ. श्याम नारायण सिंह ने रामचन्द्र शारदा के आर्थिक सहयोग से तुलसी–मानस प्रचार समिति का गठन किया था। उसमें प्रोफेसर अमरनाथ शर्मा, केशव प्रसाद आदि ने भी सहयोग किया था। कई वर्षों से वह समिति तुलसी जयन्ती, रामनवमी आदि असवरों पर भव्य समारोह एवं प्रतियोगिताएँ आयोजित कर पुरस्कार प्रदान कर रही है। उसके प्रयासों से भी हिन्दी का वातावरण तैयार हुआ है। असम विश्वविद्यालय, सिलचर के हिन्दी–विभाग ने हिन्दी प्रचार–प्रसार के कार्य को गति प्रदान की है। सलगोई, लखीमपुर, दरगाकोना आदि अनेक स्थानों पर हिन्दी सम्मेलन आयोजित किये गये हैं। इससे बराक उपत्यका में हिन्दी का सुखद वातावरण तैयार हुआ है।

बराकघाटी के हिन्दी सेवियों की बात करें तो सबसे पहले अशोक वर्मा का ध्यान आता है। बराक में अशोक वर्मा कोई व्यक्ति नहीं संस्था हैं। उन्होंने बालार्क प्रकाशन के माध्यम से हिन्दी की महत्वपूर्ण सेवा की है। सन् 1969 में उन्होंने 'बसन्त' नामक त्रैमासिक पत्रिका का प्रकाशन आरम्भ किया और 1970 से 'बालार्क' पत्रिका का प्रकाशन शुरू किया, जो आज भी निकलती है। वे इस पत्रिका को अपने खर्च से प्रकाशित करते रहे हैं। श्री वर्मा ने स्थानीय हिन्दी रचनाकारों के बारह संकलन प्रकाशित करके तथा मासिक संगोष्ठियों का आयोजन करके हिन्दी के प्रचार–प्रसार करने में महत्वपूर्ण भूमिका निभाई है। 1996 ई. में उन्होंने बराक हिन्दी साहित्य समिति, सिलचर का गठन किया। समिति की ओर से 'प्रेरणा भारती' नामक त्रैमासिक पत्रिका का प्रकाशन भी किया जाता है। दत्तात्रेय मिश्र ने 'पूर्वोदय' नामक पत्रिका का प्रकाशन आरम्भ किया था, जो काल कवलित हो चुकी है।

नलबाड़ी अंचल में हिन्दी

दीनमणि शर्मा

असम राष्ट्रभाषा प्रचार समिति ने 1939 में ही असम में हिन्दी का प्रचार प्रारम्भ कर दिया था। गुलाम देश में एकता और देशप्रेम का भाव जगाने में पूर्वोत्तर भारत में हिन्दी ने प्रेरणा का काम किया था। स्वतन्त्रता सेनानी हिन्दी में भाषण देते थे, देशभक्ति के गीत हिन्दी में गाए जाते थे, जिससे लोगों में स्वाधीनता पाने की लालसा बढ़ती थी। साथ ही हिन्दी सीखने की प्रेरणा भी मिलती थी। स्वाधीनता आन्दोलन के समय से ही नलबाड़ी अंचल की अहम भूमिका रही है। उस समय हिन्दी प्रचारकों को राष्ट्र सेवक जैसा आदर मिलता था। 1951 में गार्डन सरकारी विद्यालय में सर्वप्रथम हिन्दी शिक्षा केन्द्र की स्थापना असम राष्ट्रभाषा प्रचार समिति के तत्वावधान में हुई। इस केन्द्र के प्रथम अध्यक्ष नित्यानन्द मेधी थे। नलबाड़ी जिले में हिन्दी प्रचार शुरू करने वाले वे प्रथम व्यक्ति थे। बाद में इस विद्यालय को नलबाड़ी कन्या हाईस्कूल में स्थानांतरित किया गया। इसके अध्यक्ष प्रफुल्ल शर्मा थे। उनके कार्यकाल में विद्यालय का विकास हुआ। पचास के दशक में ही शिक्षक वसन्त कुमार भट्टाचार्य ने हिन्दी शिक्षा के प्रचार–प्रसार को जीवन का व्रत बना लिया था। उन्होंने वनगाँव हाईस्कूल में राष्ट्रभाषा प्रचार समिति के अन्तर्गत हिन्दी विद्यालय की स्थापना की और तब से आज तक इलाके में हिन्दी का प्रचार करते आ रहे हैं। बरबरिया हाईस्कूल के शिक्षक लोकेश्वर शर्मा पचास के दशक से ही इलाके में हिन्दी शिक्षा का प्रचार करते आ रहे हैं। इसी तरह मुकालमुवा अंचल में राष्ट्रभाषा प्रचार समिति के तत्वावधान में माधव दास, अब्दुल हाफिज, अकबर अली मस्तान हिन्दी प्रचार का काम कर रहे हैं। माखीबाहा हाईस्कूल के शिक्षक बिहूराम ठाकुरिया जीवन भर माखीबाहा और टिहू इलाकों में हिन्दी का प्रचार करते रहे। चामता हाईस्कूल के

जतीन भट्टाचार्य, आमनि हाईस्कूल के विनय कुमार भट्टाचार्य हिन्दी प्रचार कार्य में लगातार जुटे हुए हैं। साठ के दशक से ही धमधमा हाईस्कूल के हेमकान्त शर्मा इलाके में हिन्दी का प्रचार कर रहे हैं। नाग्रीजुली इलाके में नरोत्तम शर्मा हिन्दी का प्रचार का रहे हैं। आनन्दीराम दास पिछले चार दशकों से तामुलपुर इलाके में हिन्दी का प्रचार रहे हैं। नलबाड़ी में 1991 में मंच भारती नामक संस्था योगेन कलिता ने बनाई। 1992 से 'मंच भारती' नामक द्विभाषिक पत्रिका का प्रकाशन भी हो रहा है।

त्रिपुरा में हिन्दी और कॉकबरक का इतिहास

डॉ. मिलन रानी जमातिया

त्रिपुरा में हिन्दी प्रचार व लेखन की शुरुआत रमेन्द्रकुमार पाल ने पिछली सदी के मध्य में की। उन्होंने कुल चार महत्वपूर्ण पुस्तकों की रचना की–'श्री देवी माँ' (उपन्यास), 'जानवरों की क्रान्ति' (बाल एकांकी), 'वर्षा वन्दना', एवं 'प्राथमिक कॉकबरक भारती'। दिनेश कण्डवाल की 'त्रिपुरा की आदिवासी जनजातीय लोककथाएँ' भी प्रकाशित हो चुका है। इसके अलावा हिन्दी में 'त्रिपुरा की लोककथाएँ' (2008) और 'कॉकबरक की प्रतिनिधि कविताएँ' (2014) भी प्रकाशित हैं। श्रीमती सुमिता धर की 'आजाद कविता' (मौलिक), डॉ बीना देवबर्मा की 'राजस्थानी एवं कॉकबरक लोकगीतों का तुलनात्मक अध्ययन' और 'चन्द्रकान्त मूड़ासिंह की श्रेष्ठ कविताएँ' भी उपलब्ध हैं।

देश के अन्य अहिन्दी प्रदेशों की भाँति त्रिपुरा में भी राष्ट्रभाषा प्रचार समितियाँ स्थापित हैं, जैसे धर्मनगर, उत्तर त्रिपुरा में रमेन्द्र पालजी के नेतृत्व में और कमलपुर, उत्तर त्रिपुरा में, त्रिपुरा राष्ट्रभाषा प्रचार समिति अपना कार्य सेवा–भाव से चुपचाप कर रही है। इसके अतिरिक्त आकाशवाणी एवं दूरदर्शन, अगरतला, द्वारा अहिन्दी भाषी कर्मचारियों के लिए समय–समय पर प्रबोध एवं प्रवीण के सर्टिफिकेट कोर्स भी चलाये जाते हैं। त्रिपुरा के सभी सरकारी विद्यालयों एवं महाविद्यालयों में शिक्षा का माध्यम बांग्ला है। इनमें यहाँ की बहुसंख्यक जनजातियों की मातृभाषा कॉकबरक भी ऐच्छिक विषय के रूप में ही पढ़ाई जाती है। अर्थात् सरकारी विद्यालयों एवं महाविद्यालयों में शिक्षा का माध्यम पहली भाषा बांग्ला, दूसरी भाषा अंग्रेजी और तीसरी भाषा कॉकबरक है किन्तु यहाँ की पहली जनसम्पर्क भाषा बांग्ला और दूसरी कॉकबरक भाषा है। 1952 में त्रिपुरा के प्रत्येक हाईस्कूल में सांध्यकालीन हिन्दी प्रचार केन्द्र खोले गये। राज्य के सभी

एकलव्य स्कूलों में कक्षा एक से दस तक हिन्दी पढ़ना अनिवार्य है। राज्य के सात कॉलेजों में हिन्दी ऑनर्स पढ़ने की सुविधा है। 2006 से त्रिपुरा विश्वविद्यालय में हिन्दी में एम.ए., पी–एच.डी. शुरू हुई है।

भारत के उत्तर–पूर्वी सीमांत पर स्थित त्रिपुरा की प्रमुख जनजातीय भाषा कॉकबरक है। 1979 ई. में इसे राज्य की दूसरी आधिकारिक भाषा के रूप में मान्यता मिली। यह मुख्य रूप से त्रिपुरी (देबबंर्मा), रियांग, जमातिया, नुवातिया, मूरासिंह, कलई, उचई एवं रुपिनी जनजातियों द्वारा बोली जाती है। प्रमुख भाषाविद् सुनीति कुमार चट्टोपाध्याय, सर जॉर्ज ग्रियर्सन एवं कुछ भाषाविदों के अनुसार यह तिब्बती–बर्मी शाखा से विकसित बोडो प्रशाखा की भाषा है। उसका मूल स्रोत तिब्बती–चीनी भाषा परिवार है। बोडो प्रशाखा की अन्य बोलियाँ हैं–गारो, दिमासा, कोच, मेच, राभा, कछारी आदि। कॉकबरक ने अपनी इन निकटतम सहोदरा भाषाओं से विच्छिन्न होकर ही अपनी स्वतन्त्र पहचान बनायी है। इस सम्बन्ध में भाषाचार्य सुनीति कुमार चट्टोपाध्याय का यह कथन महत्वपूर्ण है कि पूर्व और पूर्वोत्तर में बांग्ला भाषा, बोडो समूह की बोलियों, बोडो (बरो) अथवा कछारी (कॉक, मेच, राभा नाम से भी परिचित), गारो, दिमासा के अलावा म्रुंग अथवा तिप्रा) से मिल जाती है (ओ. डी. बी. एल, Vol-1, पृ. 3)।

सर जॉर्ज ग्रियर्सन ने बोडो, राभा, लालुंग, दिमासा, गारो, तिपरा (कॉकबरक), चेतिया आदि बोलियों को बोडो समूह की बोलियों के रूप में स्वीकार किया है। उनके अनुसार बॉरा ग्रुप उन भाषाओं से बना जिन्हें बॉरा फिसा (मेच तथा काछारी) बोलते थे। अन्य जनजातियों द्वारा बोली गयी ज्ञात बोलियाँ हैं–

वास्तविक बॉरा
राभा
लालुंग
दिमासा
पहाड़ी कछारी
गारो
चेतिया

इस सूची में एक और नाम जोड़ना आवश्यक है, जो है मोरान, यह जनजातियों की भाषा थी, जो अब पूरी तरह इतिहास बन चुकी है और केवल शिवसागर और लखीमपुर के इलाकों में जीवित है।

'कॉकबरक' भाषा की उत्पत्ति के सम्बन्ध में विद्वानगण में एक मत है कि इसकी उत्पत्ति वृहत तिब्बती–चीनी भाषा परिवार से हुई है।

विद्वानों के अनुसार ईसामसीह के जन्म से पूर्व तिब्बती–बर्मी भाषागोष्ठी के बोडो, दिमासा, गारो, कॉकबरक, राभा, मेच भाषा–भाषी असम आकर बस गये थे। यहाँ आकर वे कई वर्षों तक एक साथ रहे। परवर्ती काल में ये जनजातियाँ ही असम के विभिन्न क्षेत्रों में फैल गयीं। इसी उपक्रम में बोडो शाखा की उपशाखाएँ यानी बोडो एवं दिमासा भाषा–भाषी भी आरम्भ में एक साथ ही रहे। उसके बाद बोडो से अलग होकर दिमासा भाषा–भाषी कछार में जाकर स्थायी रूप से बस गये। इसी दिमासा भाषा से विच्छिन्न होकर कॉकबरक भाषा–भाषी त्रिपुरा आये। यह भाषा त्रिपुरा के अतिरिक्त चट्टग्राम, सिलेट, फरीदपुर, ढाका एवं आराकान (म्यानमार) में बोली जाती है।

बोडो एवं दिमासा, इन दोनों भाषाओं से 'कॉकबरक' की व्याकरणिक एवं प्रवृत्तिगत समानता देखी जा सकती है। इसलिए कभी–कभी यह सवाल किया जाता है कि विवेच्य भाषा का विकास बोडो से हुआ है या दिमासा से? ऐतिहासिक तथ्यों के अनुसार इस भाषा का विकास 'दिमासा' से माना जाता है। 'राजमाला' (त्रिपुरा का इतिहास ग्रन्थ) के सुप्रसिद्ध लेखक कैलाशचन्द्र सिंह के अनुसार कछार के दिमासा राजपुत्र ने त्रिपुरा आकर स्वतन्त्र राज्य की स्थापना की। ग्रन्थ के तृतीय भाग के प्रथम अध्याय में कछार के विलुप्त राजवंश के सम्बन्ध में उन्होंने लिखा है कि कछार के निर्वाण प्राप्त राजवंश एवं त्रिपुरा के राजवंश मूलतः एक हैं। महाराजा त्रिलोचन के ज्येष्ठ पुत्र दृकपति को उत्तराधिकार के संघर्ष में कामरूप के 'फा' वंशीय शासकों से राजदण्ड मिला था। पर्वतवासियों द्वारा बाद में वे राज्य नष्ट कर दिये गये। विनष्ट राज्य के राजा के ज्येष्ठ पुत्र जो कछार राज्य का संस्थापक थे, उनके कनिष्ठ पुत्र त्रिपुरा राजवंश के आदि पिता हैं। दिमासा राजपुत्र ने यहाँ आकर हालाम राजाओं से राज्य को छीनकर स्वतन्त्र शासन की स्थापना की। ठाकुर सोमेन्द्रचन्द्र देवबर्मा ने इसी तथ्य का उल्लेख करते हुए कहा है कि 'वर्तमान राजवंश के अधीन होने से पूर्व त्रिपुरा राज्य पर बाछालगण का आधिपत्य था। यह कथन निराधार है। हालामगण से हस्तांतरित होकर यह राज्य चन्द्रवंशीय वर्तमान राजवंश के पास आया। यही ऐतिहासिक सत्य है। ('सेन्सास बिबरनी')

दिमासा राजा के कनिष्ठ पुत्र कब त्रिपुरा आये, यहाँ के हालाम राजाओं को परास्त कर कब स्वतन्त्र शासन स्थापित किया, कहना मुश्किल है। किन्तु विद्वानगण यही मानते हैं कि हालाम राजाओं को परास्त करने के बाद दिमासा राजपुत्र दुबारा कछार नहीं गये। बल्कि अपने परिजन, सेना और सामन्तों के साथ स्थायी रूप से यहीं बस गये थे। परवर्ती काल में अपनी दिमासा भाषा का नामकरण उन्होंने 'त्रिपुरी' किया। वर्तमान में यही भाषा 'कॉकबरक' के नाम से जानी जाती है।

आधुनिक युग में भाषा वैज्ञानिक ग्लोटोक्रौनोलौजी की मदद से भाषाओं के उत्पत्ति–काल, उनके पारस्परिक सम्बन्ध एवं विच्छिन्नता की काल–सीमा आदि निर्धारित करते हैं। इस सन्दर्भ में अमेरिकन विद्वान एच. ए. ग्लेसन जूनियर का यह कथन उल्लेखनीय है कि यदि दो भाषाओं के शब्द परस्पर सौ में से 66% समान या समरूप हों तो यह समझना चाहिए कि लगभग एक हजार साल पूर्व वे विच्छिन्न हुए होंगे और यदि यह समानता सौ में से 44% हो तो समझना चाहिए कि वे लगभग दो हजार वर्ष पूर्व विच्छिन्न हुए होंगे। ('In introduction of Descriptive Linguistics', p. 450)

कॉकबरक एवं दिमासा भाषाओं के शब्दों में प्रायः 55% से 60% समानता पायी जाती है। अतः इस सिद्धांत के अनुसार कॉकबरक भाषा ने लगभग 1200 से 1400 वर्ष पूर्व दिमासा भाषा से अलग होकर अपनी स्वतन्त्र पहचान बनायी होगी।

विद्वानों द्वारा 'कॉकबरक' भाषा की उम्र लगभग 1200 से 1400 वर्ष की निर्धारित की गयी है। किन्तु विवेच्य भाषा का लिखित रूप हमें पाँच सौ वर्ष पूर्व से ही मिलता है। कैलाशचन्द्र सिंह द्वारा रचित 'राजमाला' में कहा गया है कि–

> 'पूर्ब्ब राजमाला छिलॉ त्रिपुर भाषाते।
> पयार गाथिल सब सकले बूझिते।।
> सु–भाषाते धर्मराजे राजमाला कैल।
> राजमाला बलिया लोकेते नाम है।।

(राजमाला, दूसरा लहर, धर्ममाणिक्य खण्ड, पृ. 6, धर्ममाणिक्य का शासन काल : 1431–1462 ई.) यहाँ 'सुभाषा' से तात्पर्य बांग्ला भाषा है। 'राजमाला' सभी जाति के लिए बोधगम्य हो, इस उद्देश्य से धर्ममाणिक्य के शासन काल में इसे त्रिपुर भाषा से बांग्ला भाषा में अनूदित किया गया

था अथवा पुनः लिखा गया था। किन्तु दुर्भाग्य से त्रिपुर भाषा में लिखित 'राजमाला' आज उपलब्ध नहीं है।

'राजमाला' और 'श्री राजमाला' और कुछेक प्राचीन लेखों से इस बात की सूचना अवश्य मिलती है कि 'राजमाला ग्रन्थ' सर्वप्रथम त्रिपुर भाषा में लिखा गया था जिसका संस्कृत भाषा में अनुवाद शुक्रेश्वर और वार्णेश्वर नामक पंडितों ने किया। परवर्ती काल में इसका बांग्लानुवाद कैलाशचन्द्र सिंह एवं कालीप्रसन्न सेन ने क्रमशः 'राजमाला' और 'श्री राजमाला' नाम से किया।

चौदह देवताओं की पूजा–अर्चना सम्बन्धी मंत्रादि की पाण्डुलिपि 'कॉकबरक' भाषा में थी। ऐसी प्रायः कॉकबरक भाषा–भाषी मौखिक चर्चा करते हैं। लेकिन उसकी भी पाण्डुलिपि आज उपलब्ध नहीं है। इस प्रसंग में शान्तिमय चक्रवर्ती का कहना है कि त्रिपुरा सरकार के संग्रहालय में संरक्षित चालीस श्लोकों की पाण्डुलिपि सम्भवतः कॉकबरक एवं बॉरा भाषा की एकमात्र प्रामाणिक प्राचीनतम पाण्डुलिपि है। साधारणतः प्रत्येक श्लोक आठ पंक्तियों का है। शीर्षक है–'सूर्ज पूजा खेलाइमानि' (सूर्य पूजा की विधि)। ('कॉकबरकेर उत्स संधाने', शान्तिमय चक्रवर्ती)

दुर्गाप्रसाद नारायण द्वारा लिखित 'महाराजा महेन्द्र माणिक्य की जीवनी' (1703 ई.) कॉकबरक भाषा की अन्यत महत्वपूर्ण कृति मानी जा सकती है। मोहन चौधुरी ने 'त्रिपुरी भाषार लिखित रूपेर उत्स संधान उ लिपि वितर्क' पुस्तक के 'कॉकबरकेर प्रथम लिखित रूपेर संधान' अध्याय में इसी कृति को कॉकबरक की प्रथम लिखित रचना माना है। उनके अनुसार कॉकबरक भाषा चर्चा के क्षेत्र में यह एक अमूल्य निधि है जिसका पाठोद्धार एवं अनुवाद होना अति आवश्यक है।

इसके बाद लगभग पौने दो सौ वर्ष बाद 1876–77 ई. में त्रिपुरा राज्य के ब्रिटिश पॉलिटिकल एजेंटों की वार्षिक रिपोर्ट में युवराज राधाकिशोर माणिक्य द्वारा कॉकबरक भाषा का उल्लेख मिलता है। इस प्रकार राजमाला, श्री राजमाला, चौदह देवताओं के मंत्रादि, राजाओं की जीवनी मूलक रचनाएँ, ब्रिटिश पॉलिटिकल एजेन्टों की वार्षिक रिपोर्ट आदि में कॉकबरक भाषा की चर्चा एवं रचनाओं का उल्लेख तो अवश्य मिलता है, किन्तु इनका आज तक पुनर्लेखन, अनुवाद या पाठोद्धार नहीं किया गया है।

दौलत अहमद एवं अहमद उमर द्वारा लिखित कॉगबरमा अंग

त्रिपुरा–व्याकरण (कॉकबरक व्याकरण) इस भाषा की प्रथम प्रकाशित रचना मानी जाती है। यह 1897–98 ई. में कुमिल्ला (वर्तमान बांग्लादेश) से प्रकाशित हुई थी। पुस्तक की भूमिका दो भाषाओं (कॉकबरक और बांग्ला) में लिखी गयी थी। पुस्तक की भूमिका लिखने के बाद दौलत अहमद ने बांग्ला पया छन्द में खातुंग सानो (कृपा–प्रार्थना) नाम से एक कॉकबरक कविता लिखी। अट्ठावन पंक्तियों की उस रचना में राजा त्रिलोचन और उसके बाद के राजाओं का नाम स्मरण किया गया था। कुछ विद्वान इसे ही कॉकबरक की प्रथम प्रकाशित रचना मानते हैं। कॉगबरमा अंग त्रिपुरा–व्याकरण (कॉकबरक व्याकरण) का पुनः प्रकाशन 2000 ई. में हाचुकनि खॉरांग पब्लिकेशन द्वारा किया गया। 2007 ई. में इसका पाठोद्धार कर उसे पुस्तकाकार छापा गया।

दौलत अहमद की दूसरी रचना 'कॉकमा कालाई' (सरल व्याकरण) 1901 ई. में प्रकाशित हुई। कॉकबरक भाषा के नियमानुसार इसकी रचना की गयी थी। इसके सप्तम अध्याय में तीन कॉकबरक कविताएँ हाति (बाजार), बलंग (वन) और नखा (आकाश) मिलती हैं जिसमें से प्रथम दो कविताओं का बांग्लानुवाद स्वयं लेखक ने किया।

दौलत अहमद की व्याकरण पुस्तकों की खास बात यह है कि सबसे पहले उन्होंने ही लोकमुख में प्रचलित इस भाषा का लिखित रूप में 'कॉकबरक' नामकरण किया था जबकि सुनीति कुमार चटर्जी, डॉ. सुकुमार सेन, अंग्रेजी गवेषक सर जॉर्ज ग्रियर्सन, सर डब्ल्यू.डब्ल्यू. हंटर आदि ने इसे तिपुरा, म्रुंग, मुरुंग, तिप्रा एवं तिपेरा नाम से सम्बोधित किया था।

दौलत अहमद के कॉगबरमा अंग त्रिपुरा–व्याकरण (कॉकबरक व्याकरण) पुस्तक के प्रकाशन के दो वर्ष बाद 1900 ई. में राधामोहन ठाकुर की कॉक–बरक–मा प्रकाशित हुई। इसकी रचना बांग्ला व्याकरण के अनुसार हुई थी। उनकी दूसरी रचना त्रेपुर कथामाला 1906 ई. में प्रकाशित हुई। इसके तेरह अनुच्छेदों में कॉकबरक वाक्यों का बांग्ला एवं अंग्रेजी अनुवाद, स्वरचित पाँच कॉकबरक कविताएँ, दस लोकगीत और उनकी पत्नी मनमोहिनी देवी द्वारा लिखित एक लम्बी कॉकबरक कविता संकलित है।

त्रिपुरार स्मृति–समरेन्द्रचन्द्र देववर्मा (महाराजा बीरचन्द्र माणिक्य के दूसरे बेटे) द्वारा रचित और 1927 में प्रकाशित किताब में कॉकबरक लोकगीत संग्रहित हैं।

त्रिपुरा राचामुंग खाकचांग खुमबार बई साधुखुशीकृष्ण (बॉलंगराय

साधु) द्वारा लिखित है जो 1942–43 ई. में प्रकाशित हुई। यह मूलतः उपदेशात्मक गीतों का संकलन है। उनकी दूसरी पुस्तक प्रान–काचांगमा चट्टग्राम, बांग्लादेश से प्रकाशित हुई। पचास के दशक तक कॉकबरक में कुल छह रचनाएँ प्रकाशित हुईं।

सही मायने में कॉकबरक साहित्य के सृजन का प्रयास, चालीस के दशक के आरम्भ में ही शुरू हो सका। इस सन्दर्भ में 27 दिसम्बर, 1945 ई. में गठित त्रिपुरा जनशिक्षा समिति की भूमिका महत्वपूर्ण रही है। उसने कॉकबरक भाषा–भाषियों में नयी चेतना को जन्म दिया। इस संगठन के सदस्यों ने गाँव–गाँव जाकर कॉकबरक भाषा का प्रचार–प्रसार किया। उनके प्रयासों के फलस्वरूप ही सदियों से उपेक्षित, अन्धविश्वासों एवं रूढ़ियों से ग्रस्त, प्राचीन जीवन–जीविका पर निर्भर, शिक्षा और सामाजिक–राजनैतिक अधिकारों से वंचित कॉकबरक–भाषी मुक्ति पथ की ओर अग्रसर हुए। इस संगठन की मूल माँगें थीं–

(1) त्रिपुरा के प्रत्येक गाँव में स्कूल की स्थापना हो, (2) आदिवासी समाज में शिक्षा का प्रचार–प्रसार हो और (3) आदिवासी बच्चों को उन्हीं की मातृ भाषा में शिक्षा दी जाये। इस आन्दोलन के फलस्वरूप गणमुक्ति परिषद के नाम से एक नये राजनीतिक दल का गठन हुआ। राजनीतिक गतिविधि एवं कॉकबरक भाषा–साहित्य के प्रचार–प्रसार के लिए 1954 में एक पत्रिका निकाली गयी–कताल कथमा (नयी कहानी)। उसे कॉकबरक की प्रथम राजनैतिक और साहित्यिक पत्रिका होने का गौरव प्राप्त है। उसके प्रधान सम्पादक सुधन्य त्रिपुरा थे। वे 'त्रिपुरा जनशिक्षा समिति' के सभापति भी थे। उस पत्रिका के माध्यम से विभिन्न कॉकबरक गीत, कथा एवं अन्य आधुनिक रचनाएँ धारावाहिक रूप से प्रकाशित की गयीं। उनमें सुधन्य त्रिपुरा के चेथुवांग (उपन्यास), रूबिरुंग देवी की फुमुकमुंग (धाँ–धाँ), नवलक्ष्मी देवबर्मा की सिक्ला बाई सिक्लि रुचाबलाइमानि रुचाबमुंग (युवक–युवतियों के प्रतियोगितामूलक गान), दशरथ देवबर्मा की गाँधीजीनि कॉकलाम (गाँधीजी के विचार), रबीन्द्र देवबर्मा की कॉक चनाय (अन्तिम निर्णय), महेन्द्र देवबर्मा की त्रिपुरा शब्दावली, सुधन्वा देवबर्मा एवं महेन्द्र देवबर्मा द्वारा किये गये रवीन्द्रनाथ टैगोर के कुछ अनूदित गीत प्रमुख हैं। लोकप्रियता के बावजूद वह पत्रिका तीन वर्ष बाद बन्द हो गयी।

कॉकबरक भाषा में बंशी ठाकुर, जितेंद्र देवबर्मा, सुधीर कृष्ण देवबर्मा, अजित बन्धु देवबर्मा, महेन्द्र देवबर्मा, अलिंद्रलाल त्रिपुरा, प्रतापचन्द्र राय,

शान्तिमय चक्रवर्ती के नाम उल्लेखनीय हैं। उन लेखकों की कॉकबरक में कई रचनाएँ प्रकाशित हुईं।

नरेशचन्द्र देवबर्मा की कॉकबरक भाषा–साहित्येर क्रम–विकास' पुस्तक के अनुसार 2009 ई. तक प्रकाशित रचनाओं की संख्या इस प्रकार है–

1) कविता संग्रह–चौहत्तर, 2) कहानी संग्रह–तेइस, 3) गीत एवं लोकगीत संग्रह–अट्ठारह, 4) उपन्यास–नौ, 5) निबन्ध, अनुवाद, व्याकरण एवं अन्य रचनाओं की संख्या–पचहत्तर।

रचनाओं की यह संख्या किसी भी जाति–सम्प्रदाय की भाषिक, साहित्यिक चेतना, साथ ही उनकी सामाजिक, सांस्कृतिक सूझ–बूझ को समझने के लिए पर्याप्त है। वस्तुतः कॉकबरक साहित्य का प्राचीन एवं मध्यकालीन रूप केवल मौखिक परम्परा में ही रहा है। लोकगीतों, कथाओं, लोकसुभाषितों, गाथाओं के माध्यम से ही कॉकबरक भाषा अपनी पारम्परिक और सांस्कृतिक उपस्थिति दर्ज कराती रही है। कॉकबरक साहित्य का परिनिष्ठित रूप पचास के दशक के बाद ही दिखाई देता है। इस दौर में काकबरक के जिन कवियों ने अपनी विशिष्ट पहचान बनाई है, उनमें चन्द्रकान्त मूड़ा सिंह, नन्दकुमार देवबर्मा, बुदुराय देवबर्मा, सुधन्य त्रिपुरा, सेफाली देवबर्मा प्रमुख हैं। कॉकबरक के इन रचनाकारों की प्रमुख रचनाओं का हिन्दी में अनुवाद हो चुका है।

सन्दर्भ

1. देवबर्मा, नरेशचन्द्र, 'कॉकबरक भाषा–साहित्येर क्रम–विकास, नवचन्दना प्रकाशन, अगरतला, 2010
2. चौधरी, कुमुदकुन्दु, 'कॉकबरक भाषा उ साहित्य', अक्षर प्रकाशन, अगरतला, 1919 ई. (प्रथम प्रकाशन)
3. देवबर्मा, नरेशचन्द्र, 'प्रसंग कॉकबरकेर मान्य भाषा', नवचन्दना प्रकाशन, अगरतला, 2010
4. चटर्जी, डॉ. सुनीति कुमार, 'बांग्ला भाषा तत्वेर भूमिका'
5. चटर्जी, डॉ. सुनीति कुमार, ओ.डी.बी.एल. (The Origin and Development of the Bengali Language), कलकत्ता, 1926 ई.
6. चक्रवर्ती, शान्तिमय –'कॉकबरकेर उत्स संधाने'
7. Goswami, Dr. S.N. 'Studies in Sino-Tibetan Languages'.
8. सिंह, कैलाशचन्द्र, 'राजमाला', उपजाति संस्कृति गवेषणा केन्द्र, त्रिपुरा सरकार, अगरतला, द्वितीय संस्करण, 2004

अरुणाचल की जनजातीय भाषाओं के साथ हिन्दी का अन्तर्सम्बन्ध

डॉ. जोराम आनिया ताना

प्रकृति की गोद में बसा अरुणाचल प्रदेश एक जनजातीय बहुल प्रदेश है। यहाँ मुख्य रूप से 26 जनजातियाँ एवं लगभग 110 उपजातियाँ हैं, जिनकी अपनी–अपनी भाषा, रीति–रिवाज, रहन–सहन है। यही कारण है, भाषाएँ भी उतनी हैं जितनी जातियाँ हैं, बल्कि जातियों से अधिक बोली, उप बोलियाँ हैं। कदम–कदम पर बदलती बोलियों का मुख्य कारण है, यहाँ की भौगोलिक संरचना। ऊँची–नीची धरातलीय बनावट, भिन्न जलवायु, सघन वनों के कारण भाषाई आदान–प्रदान में सुगमता नहीं है।

इस प्रदेश की भाषाओं को भाषा विज्ञानी तिब्बत बर्मी भाषा परिवार से जोड़ते हैं और चीनी भाषा के करीब मानते हैं। सच्चे अर्थों में अरुणाचल प्रदेश की सभ्यता, संस्कृति, लोक जीवन के प्रति समर्पित डॉ. रमण शाण्डिल्य ने अपने शोध से यह सिद्ध किया कि तानी वंशज की जो भाषाएँ हैं, वे तिब्बती बर्मी के कम हिन्दी भाषा के अधिक करीब हैं। उन्होंने अरुणाचल में बोली जाने वाली सभी भाषाओं पर गहन शोध करते हुए पाया कि अरुणाचल की जनजातियों के यहाँ ऐसे हजारों शब्द हैं जो संस्कृत एवं हिन्दी से साम्य रखते हैं। उन शब्दों का उन्होंने संग्रह भी किया। उदाहरण के रूप में–

संस्कृत	**निशी**	**गालो**
दिनकर	दोन्यी	दोन्यी
चन्द्रपूनम	पोलो	पोलो
तारकम	ताक्कर	ताकार
सुरभि	सुडाम	नाम पो

तात	आतु	आतो
युवा	यापा	याम
नूतन	निति	आलि

इस प्रदेश की मुख्य जनजातियाँ हैं–निशी, आदी, गालो, आपातानी, मोन्पा, शेरदुक्पेन मीजी, खोवा, बुगुन आका, तागिन मेम्बा, ईदू, मिशमी, खाम्ती, सिङ्फो, ताड़ुसा, नोक्ते, बांग्चू, अभियेल आदि। इन जातियों के नाम पर ही भाषाओं के नाम हैं। जैसे खाम्ती जनजाति है तो खाम्ती भाषा, तागिन है तो तागिन भाषा, नोक्ते जनजाति है तो नोक्ते भाषा, निशी है तो निशी भाषा आदि। अरुणाचल प्रदेश के पश्चिम में तवांग बोम्डीला है, जहाँ मेम्बा, मोम्पा, शेरदुक्पेन जनजातियों की संख्या अधिक है। वे बौद्ध धर्म की अनुयायी हैं। नववर्ष के आगमन पर लोसर नामक उत्सव बड़े हर्षोल्लास के साथ मनाती हैं। इसी प्रकार खाम्ती जनजाति बौद्ध धर्म को मानती है। वह जनजाति लोहित जिले में रहती है। इस प्रदेश में यही दो जनजातियाँ हैं जिनकी अपनी लिपि है। अन्य जनजातियाँ लिपि विहीन हैं। लिपिविहीन जातियों का कहना है कि लिपि ज्ञान ईश्वर ने चमड़े पर लिखकर सभी मानवों में वितरित किया। उन्होंने भूख लगने पर जलाकर चमड़े को खा लिया। जबकि अन्य जातियों ने सुरक्षित रखा और आज उनके पास लिपि ज्ञान है। तानी वंशज अर्थात् तानी के पुत्र। तानी इस ब्रह्माण्ड में अवतरित प्रथम मानव है जो मानवीय एवं दैवीय शक्ति सम्पन्न थे। आबोतानी अर्थात् पिताजी तानी का विवाह सूर्य देवी की पुत्री से हुआ था। निशी, आदी, गालो, बोरी–बोकर, पायीला, पादाम, तागिन, आमातानी आदि स्वयं को आबोतानी का पुत्र मानते हैं और स्वयं को तानी वंशज से जोड़ते हैं। इन जनजातियों की धार्मिक, सामाजिक मान्यताएँ, आस्थाएँ आदि आबोतानी पर आधारित हैं। तानी के सम्बन्ध में अनेक लौकिक–अलौकिक कथाएँ हैं। तानी वंशज भी भाषाओं में मूल शब्द एक होते हुए भी भिन्न–भिन्न भौगोलिक परिस्थितियों में रहने के कारण भाषा व्यवहार में भिन्नता है। मूल शब्द में कहीं प्रत्यय या उपसर्ग लगाकर, या कहीं वर्ण लोप करके इसे प्रयोग में लाया जाता है। उदाहरण के रूप में आपातानी जनजाति में आँख को अमी कहते हैं। उसी अमी में निशी जन जाति में वर्ण के स्थान पर न वर्ण का प्रयोग करते हुए अनी कहते हैं। इसी प्रकार गालो जनजाति में क वर्ण का प्रयोग करते हुए अनिक कहते हैं। इसी प्रकार कुरुंग कम्भ में निवास करने वाली निशी जनजाति हाथ को ला

कहते हैं। उसी ला को पापुम पारे लोअर सुकानसिरी की निशी जनजाति आला कहते हैं। तानी वंशज की गालो जनजाति आलाक कहते हैं।

निशी जनजाति की भाषाओं में हिन्दी के ङ व्यंजन वर्ण का आधिकाधिक प्रयोग किया जाता है। जैसे ड. व्यंजन वर्ण ऊ स्वर लगाने पर ङ से ङल ङूःलाम, ङूःलह आदि शब्द बनते हैं। इस तरह खाना को अचिङ, आँख को बन्द करना न्याचिङ., जाना को अङनाम, बोलना को बेङनाम कहा जाता है। सोचना, विचारना के लिए हेङनाम, मङनाम कहा जाता है। विभिन्न जातियों एवं भाषाओं वाले इस प्रदेश में सम्पर्क भाषा के रूप में हिन्दी का महत्वपूर्ण स्थान है। 1953 में गृह मंत्रालय, भारत सरकार ने हिन्दी शिक्षकों की एक टोली इस प्रदेश में भेजी। तब अरुणाचल नार्थ ईस्ट फ्रण्टियर एजेंसी था। प्रशासन गृह मंत्रालय की ओर से होता था। आजादी से पूर्व यहाँ मात्र बारह स्कूल थे। इन स्कूलों में दो भाषाएँ चलती थीं। असम से सटे इलाकों में असमिया एवं सीमावर्ती क्षेत्रों में हिन्दी, जिसकी पाठ्य पुस्तकें उत्तर प्रदेश एवं मध्य प्रदेश सरकार द्वारा प्रकाशित होती थीं। 1972 तक सभी विषयों की पुस्तकें हिन्दी भाषा में होती थीं। लेकिन केन्द्र शासित प्रदेश बनते ही शिक्षा का माध्यम अंग्रेजी कर दिया गया जिसका विरोध सीमावर्ती क्षेत्रों के लोगों ने किया। विद्यालयों में अंग्रेजी को माध्यम भले ही कर दिया हो, यहाँ के निवासी हृदय से हिन्दी को अपना चुके थे। इसलिए हिन्दी इन जनजातियों के मध्य बराबर फलती–फूलती रही और आज जितनी हिन्दी अरुणाचल प्रदेश में बोली–समझी जाती है, पूर्वोत्तर के किसी अन्य राज्य में शायद ही बोली–समझी जाती हो। इसलिए अरुणाचल की भाषाओं में हिन्दी इस प्रकार घुलमिल गयी कि अब हिन्दी के कई शब्द हैं जो सहजता से बोले जाते हैं–जैसे–बाजार, भिण्डी, चीनी, बन्दगोभी, पत्ता गोभी, खिड़की, आराम पसन्द, सुख–दुख, दाम, थाली, ताली, दोष, गलती, गोली, कलम, घोड़ा, रस्सी, धोबी, पापा, मम्मी, दिक्कत, फूल, सन्तरा, गाजर, मूली, धनिया, लहसुन, प्यास, हल्दी, मसाला, काजल, आइना, चाय, आलू, गाड़ी, करेला, बागान, चंचल, चम्मच, भेजा आदि।

अरुणाचली जनजातियों में प्रचलित रामकथा

प्रो. दिनेश कुमार चौबे

प्रत्येक राष्ट्र की विशिष्ट और स्वतन्त्र पहचान होती है। उसके अपने मान बिन्दु होते हैं, अपने राष्ट्र पुरुष होते हैं जो निराशा और आलस्य के क्षणों में जन–गण में आशा, उत्साह और स्फूर्ति का संचार करते हैं। अपने देश में राम एवं रामकथा का महत्त्व भी यही है। रामकथा भारतीयों को युगों–युगों से दिशा देती आयी है। इसलिए युग के अनुरूप निरन्तर नये–नये रामाख्यान विभिन्न साहित्यिक विधाओं में लिखे जाते रहे हैं। रामाख्यानक रचनाएँ भारतीय अस्मिता के बोधक, सांस्कृतिक धरोहर, साहित्यिक–राष्ट्रीय और शाश्वत मानव मूल्यों का उत्कृष्ट भंडार होने के साथ ही लोकमानस को आन्दोलित–आह्लादित करने में सर्व प्रकारेण समर्थ हैं। रामकथा भारतीय मानस में इतनी गहरी पैठ गयी है कि उसके लिखित रूप के अतिरिक्त मौखिक रूप किंचित अन्तर से लोककथाओं, गाथाओं आदि रूपों में भी विभिन्न क्षेत्रों में प्रचलित रहे हैं।[1]

रामकथा की लोकप्रियता को ध्यान में रखकर ही बौद्धों एवं जैनियों ने भी राम को अपने–अपने धर्म में शलाका पुरुष के रूप में मान्यता दी। रामकथा अनेक रूप धारण करते हुए धीरे–धीरे पूरे भारतीय साहित्य तथा निकटवर्ती देशों में फैलकर एशियाई संस्कृति का एक महत्वपूर्ण तत्व बन गयी। इस दृष्टि से मालयदेशीय रामायण, इंडोनेशिया या यवद्वीपीय रामायण, फिलोपिनीय रामकथा, थाईलैंड की रामायण, लाओस या लवदेशीय रामायण, कम्बोडिया की रामायण (रामकियेन), ब्रह्देशीय रामकथा, श्रीलंका या सिंहली रामायण, ईरान देश की खोटानी रामायण, तिब्बती रामकथा, चीन, जापान की रामकथा, मंगोलीय रामकथा आदि उल्लेखनीय हैं।[2]

भारत की समस्त आदर्श भावनाएँ रामकथा में विशेषकर मर्यादा

पुरुषोत्तम राम तथा पतिव्रता सीता के चित्रण में केन्द्रीभूत हो गयी हैं। परिणामस्वरूप रामकथा भारतीय संस्कृति के आदर्शवाद का उज्ज्वलतम प्रतीक बनकर भारत की समग्र जनता के लिए कल्याणकारी सिद्ध हुई है। रामकथा का प्रचलन पूरे भारत के हर वर्ग के लोगों के साथ विभिन्न जनजातियों में भी है। इस दृष्टि से बिहार के संथालियों में प्रचलित रामकथा, बिरहोर जनजाति की रामकथा, मध्यप्रदेश की बैगाभुमिया जनजाति की रामकथा, उत्तर पूर्वांचल की जनजातियों में प्रचलित रामकथाओं आदि के उल्लेख किये जा सकते हैं।[3] असम में कारबी जनजाति की कारबी रामायण (साबिन आलुन), मेघालय में सेन खासियों में प्रचलित कथा, अरुणाचल प्रदेश की खाम्ती जनजाति की रामायण (लिक चाओ, लामाङ) मिश्मी जनजाति की रामकथा आदि का अपना विशेष स्थान है।

पूर्वांचल के मैदानी एवं पहाड़ी अंचलों में बसने वाली विभिन्न जनजातियों (आदि हिन्दू–गोष्ठियों) की भिन्न–भिन्न भाषाएँ होने पर भी उनकी कोई अपनी लिपि या किसी तरह का लिखित साहित्य नहीं है। उनमें मौखिक परम्परा से चला आ रहा लोक साहित्य अवश्य मिलता है। उनमें प्रचलित मौखिक साहित्य–लोकगाथा, लोकगीत आदि उनके जातीय और सांस्कृतिक जीवन के संश्लिष्ट व्यंजक होने के साथ ही हिन्दुओं के पुराणों, प्राचीन आख्यानों, संस्कारों आदि से निकटता के सूचक हैं। उसमें रामकथा को भी निजी वैशिष्ट्य प्राप्त है। विभिन्न जनजातियों में रामकथा का समावेश कब, क्यों और किस रूप में हुआ, यह प्रश्न अद्यावधि अनुत्तरित है। इस सम्बन्ध में अनुमानतः कहा जा सकता है कि पौराणिक मत के अनुयायी अपेक्षया सुसंस्कृत पड़ोसी हिन्दुओं के सम्पर्क में आने पर ही उनमें धीरे–धीरे लोकप्रिय आख्यानों को प्रवेश मिला होगा। पारस्परिक सम्पर्क, आदान–प्रदान और सहयोग से ही यह सम्भव हुआ होगा।[4] इस दृष्टि से खासियों में प्रचलित लोककथा से यह स्पष्ट होता है कि उनमें पहले स्थानीय देवियों का महत्त्व था। एक देवी 'का इरलखाई' की चर्चा लोककथा में आती है। उसके पश्चात् उसमें राम के देवत्व को भी स्थान मिला। असम्भव नहीं कि अरुणाचल में पड़ोसी राज्य असम के हिन्दुओं से सम्पर्क के कारण वहाँ की जनजातियों की लोककथाओं में रामकथा का समावेश हुआ होगा। बहुत वर्षों तक वह प्रदेश भी असम के अन्तर्गत ही था। खाम्ती लोग अरुणाचल के लोहित अंचल में रहते हैं। वे मूलतः हीनयानी बौद्धमत मानते हैं। उनकी भाषा खाम्ती और लिपि 'टाई' है।

उनमें प्रचलित रामकथा–'खाम्ती रामायण' का वास्तविक नाम है लिक चाओ लामाङ् (श्रीराम काव्य) अथवा चाओ आलङ् लामाङ् (श्रीरामावतार कथा)। खाम्ती समाज के बौद्ध मतानुयायी होने के कारण तदनुरूप उसकी रचना हुई है। इसलिए उसके उपक्रम, उपसंहार एवं बीच–बीच में बुद्ध नीति एवं बौद्ध धर्म की बातें रखी गयी हैं। सम्भवतः इसका रचयिता कोई खाम्ती विद्वान अथवा खाम्ती बौद्ध भिक्षु रहा होगा।[5] यहाँ चाओ लामाङ् (श्रीराम) एक बोधि सत्व के रूप में ही अंकित हुए हैं।

खाम्ती रामायण का प्रारम्भ और अन्त तो बुद्धनीति और बुद्ध–वचन से हुआ ही है, विभिन्न प्रसंगों, अध्यायों के समापन एवं प्रारम्भ में इसके पात्र यथावसर बुद्ध–वचन का कथन एवं उपदेश करते दिखाई देते हैं। पूरे ग्रन्थ में वाल्मीकि का कहीं उल्लेख नहीं मिलता। किसी भाषा के रामायणकार का भी उल्लेख नहीं है। यद्यपि रचनाकार ने 'सुत्तपितक' के आधार पर इसे रचित बताया है किन्तु इसका आधार कोई बौद्ध रामकथा भी नहीं है। इसकी कथा का आधार वाल्मीकि रामायण की परम्परा की कथा ही है। इतना निश्चय है कि ग्रन्थकार को बांग्ला की कृतिवास रामायण की विशेष जानकारी रही है। इस दृष्टि से विभीषण पुत्र तरणीसेन के युद्ध का प्रसंग उल्लेखनीय है। 'लिक चाओ लामाङ्' में वाल्मीकि रामायण की भाँति सात काण्ड हैं। किन्तु इसका आरम्भ बुद्ध स्तवन–'नमो तस्स भगवतो अरहतो सम्मास बुद्धस्स' से हुआ है। स्वयं भगवान बुद्ध ने आनन्द के प्रश्न के उत्तर में बताया है कि उनके बाद एक और बोधिसत्व चाओ लामाङ् (श्रीराम) के रूप में होंगे। पूरी रामायण आनन्द एवं बुद्ध के कथनोपकथन में पूर्ण हुई है। कथा समाप्त होने पर बौद्ध धर्म के तीन उद्घोष–'बुद्ध शरणं गच्छामि, धर्म शरणं गच्छामि, संघ शरणं गच्छामि' इसमें रखे गये हैं। कथा का आरम्भ आदिकाण्ड में सर्वप्रथम लंका के राजा रावण के प्रभुत्व के उल्लेख से हुआ है। फिर राजवंश वर्णन, दशरथ चरित्र, सीता–रामादि जन्म, वनरोत्पत्ति, विश्वामित्र प्रसंग, घनुषभंग, राम–विवाह एवं परशुराम प्रसंग से यह काण्ड समाप्त हुआ है। अयोध्या काण्ड में राम के अभिषेक की तैयारी, कैकेयी द्वारा वर–याचना, राम–वन–गमन, दशरथ मृत्यु, राम–भरत भेंट की घटना वर्णित है। अरण्यकाण्ड में सूपर्णखा प्रसंग, सीता की खोज, राम–जटायु मिलन, ब्रह्मा द्वारा राम को शस्त्रदान का प्रसंग वर्णित हुआ है। किष्किन्धा काण्ड में राम–सुग्रीव मैत्री, बालि वध, सेना सह राम का लंका प्रस्थान तक का प्रसंग है। सुन्दरकाण्ड में हनुमान का

लंका– प्रवेश, अशोकवन, लंका–दहन तथा हनुमान की वापसी तक का वर्णन है। लंकाकाण्ड में विभीषण की शरणागति, सेतुबन्ध, राम–मायासिर, अंगद–दैत्य प्रसंग, रावण की मंत्रणा, कुंभकर्ण युद्ध, रावण–युद्ध, राम का प्रत्यावर्तन, सीता की अग्निपरीक्षा, अयोध्या आगमन एवं राज्याभिषेक तक का वर्णन है। उत्तरकाण्ड में राक्षस एवं लंका की उत्पत्ति, रावण का चरित्र, सीता निवार्सन, अश्वमेघ, रावणवध, राज्यदान एवं स्वर्गारोहण के साथ ही बुद्ध के उपदेश एवं त्रिरत्न के महत्व के साथ ग्रन्थ पूरा हुआ है। खाम्ती रामायण में रचना काल का न उल्लेख है और न इसके लिए बहिः साक्ष्य की उपलब्धता है। कृतिवास रामायण और माधवदेव कृत 'आदिकाण्ड' के आधार पर इसे अनुमानतः सन 1560 ई. के पश्चात् की रचना माना जा सकता है। इसमें आधिकारिक रामकथा के अलावा कई अवान्तर कथाएँ भी जोड़ी गयी हैं और अनेक लोकप्रिय अवान्तर कथाएँ छोड़ भी दी गयी हैं। उदाहरणार्थ ताड़का वध, अहल्या प्रसंग, चित्रकूट, अत्रि आदि ऋषियों के प्रसंगों का आलोच्य रामायण में वर्णन नहीं है। अयोध्या, अरण्य, किष्किन्धा और सुन्दर काण्ड की कथाएँ वाल्मीकि परम्परा की होती हुई भी थोड़ी भिन्न हैं जबकि आदि, लंका और अरण्य काण्ड की कथाएँ वाल्मीकि–रामायण के निकट हैं।

खाम्ती रामायण की कथाओं के विवरण में नवीनता है, कुछ कथाएँ ग्रन्थकार की नवीन उद्भावना जैसी लगती हैं यथा–सुमंत को राम का राज्य–सेवक–विषयक उपदेश, सुग्रीव–अभिषेक के पश्चात् बिना सीता की खोज का वर्णन किये ही राम का सेना के साथ लंका के लिए प्रस्थान, सेतुबन्ध के समय बड़े केंकड़े (कान्थाम) द्वारा लात मार–मार कर सेतु भंग करने, सीता के पाताल–प्रवेश का वर्णन न कर उन्हें राजमहल वापस लाने एवं सुख–शान्तिपूर्वक जीवन बिताने आदि की कथा का वर्णन किया गया है। खाम्ती समाज की अनेक रीति–नीतियों, लोक विश्वासों आदि की झलक इस कृति में मिलती है। श्रेष्ठ एवं आदरणीय लोगों को फल–मूल उपहार स्वरूप देने, सात दिनों तक उत्सव मनाये जाने, अलौकिक कथाओं एवं चमत्कारों को अधिक महत्त्व देने में खाम्ती समाज की आन्तरिकता स्पष्ट हुई है। पात्र–स्थान के नाम खाम्ती भाषा एवं समाज के अनुसार वर्णित हुए हैं। इस तरह यह रामायण खाम्ती समाज का दर्पण सदृश्य है। राम पक्ष के सभी पात्र और विभीषण, बौद्ध धर्म और उनकी नीति के समर्थक हैं। राम स्वयं बोधिसत्व हैं जिसका अवतार संसार में पंचशील एवं

त्रिरत्न (बुद्ध, धर्म और संघ) की स्थापना के लिए हुआ। वे इस कार्य को पूरा करके तृषित लोक लौट जाते हैं। चारित्रिक विशेषता की दृष्टि से वे स्वयं आदर्श के प्रतीक हैं। चूँकि वे बोधिसत्व हैं इसलिए अहिंसाप्रिय हैं और उनका चरित्र नवीन–सा हो गया है। कहीं–कहीं उनकी अहिंसाप्रियता दुर्बलता जैसी लगती है। सीता अवतारी नहीं हैं। इस रामायण में उनका सम्बन्ध लंका से जोड़ लिया गया है। घटनाओं के साथ चरित्र–चित्रण में ग्रन्थकार ने मौलिक दृष्टि का परिचय दिया है।

'खाम्ती रामायण' आरम्भ से अन्त तक घटनाबहुल और वर्णनात्मक है। इसमें मार्मिक प्रसंग उत्कृष्ट काव्यरूप तुलनात्मक रूप से कम हैं क्योंकि रचना उपदेशात्मक है। इसमें कथावाचक स्वयं भगवान बुद्ध हैं तथा श्रोता आनन्द एवं अन्य शिष्य। यह कृति प्रचारधर्मी कही जा सकती है।

अस्तु, यह कहना अप्रासंगिक नहीं है कि खाम्ती भाषा में रचित यह रामायण खाम्ती भाषा–साहित्य की महत्वपूर्ण कृति होने के साथ ही भारतीय राम–साहित्य और बौद्ध राम साहित्य की एक अन्यतम कृति है। 'लिक चाओ लामाङ्' विशेष महत्त्व की रामायण है।

मिश्मी में प्रचलित रामकथा

मिश्मी की विभिन्न शाखाएँ लोहित के किनारे पहाड़ियों में मिलती हैं। इस जनजाति में तीन वर्ग हैं–इदु (चुलिकाता), मिजू (कामान) और डिगारू (टारोन)। इदु मिश्मी दिवांग घाटी और सियांग जिले के पश्चिम और लोहित के पूर्व में हैं।[6] डिगारू और मिजू लोहित तथा उसकी उपनदी कामलांग की घाटी में हैं। कुछ तिब्बत और बर्मा (म्यांमार) की सीमा पार भी बसे हैं। मिश्मियों के धर्म के बाह्य रूप पर तिब्बतियों का प्रभाव परिलक्षित होता है। देव–देवी और आत्माओं पर उसका प्रगाढ़ विश्वास है।

मिश्मी समाज में एक लोककथा प्रचलित है जो रामकथा से साम्य रखती है। उस कथा के अनुसार एक राजा था। राजा ने एक बार अपना हाथ खुजलाया। खुजलाने पर हाथ से एक कन्या का जन्म हुआ। उस कन्या का अपहरण एक आठ सिरधारी राक्षस ने कर लिया। राजा ने उस राक्षस का वध कर कन्या का उद्धार किया। कुछ दिनों के पश्चात् एक अन्य राक्षस ने उस कन्या का अपहरण कर लिया। अपहरण कर वह उसे समुद्र के पार ले गया। राजा ने कन्या की खोज करवायी, पर कन्या नहीं मिली। अन्ततः उसने बन्दरों के राजा की सहायता ली। बन्दरों के

राजा ने कन्या को खोजने के लिए अपने बन्दरों को भेजा। एक बन्दर ने राक्षसों के राज्य का पता लगा लिया किन्तु वह राक्षसराज की पकड़ में आ गया। उसने बन्दर की पूँछ में आग लगवा दी। राक्षसों की पकड़ से छूटकर अपनी पूँछ में लगी आग से वह राक्षस के नगर को जलाने लगा। फलतः जान बचाने के लिए राक्षस इधर–उधर भागने लगे। इस स्थिति का लाभ उठाकर बन्दर ने राजा की कन्या का उद्धार कर लिया। इस कथा में राजा की कन्या का आठ सिरों वाले राक्षस द्वारा अपहरण, राजा द्वारा बानरों के राजा की सहायता लेना, बन्दर द्वारा कन्या की खोज, बन्दर की पूँछ में आग लगा देना, पूँछ की आग से पूरे नगर को जलाना एवं कन्या का उद्धार करना आदि प्रसंग वर्णित है। यहाँ राजा, कन्या, राक्षस, बन्दर में राम, सीता, रावण एवं हनुमान का अनुमान कर सीता–अपहरण, लंकादहन, सीता उद्धार आदि घटनाओं का साम्य रामकथा से स्थापित करना अप्रांसगिक प्रतीत नहीं होता।

अरुणाचल की खाम्ती और मिश्मी जनजाति में प्रचलित रामकथा में राष्ट्र की ऐक्य भावना का आभास मिलता है। इससे यह भी स्पष्ट होता है कि पूरे भारत के साथ इस प्रदेश में भी रामकथा का प्रभाव है भले ही लोककथा के रूप में ही क्यों न हो।

सन्दर्भ

1. फादर कामिल बुल्के, रामकथा, इलाहाबाद, 1971
2. डॉ सत्येन्द नाथ शर्मा, रामायण इतिवृत्त असमिया विभाग, डिब्रूगढ़ विश्वविद्यालय, डिब्रूगढ़, 1984
3. डॉ कृष्ण नारायण प्रसाद 'मागध', असम प्रान्तीय राम साहित्य, हिन्दी विकास पीठ, विजयनगर, मेरठ, 1985
4. वेरियर एलविन, मिथ्स ऑफ दि नार्थ ईस्ट फ्रंटियर इंडिया, प्रथम संस्करण, शिलांग, 1958
5. फणिधर बोरा, बौद्ध परम्परात लिक चाओ लामाङ, (टाई रामायण) बोरा प्रकाशन, जोरहट, 2001
6. जे. एन. चौधरी, अरुणाचल पनोरामा, डायरेक्टर ऑफ रिसर्च, अरुणाचल प्रदेश, इटानगर, 1979

खासी और हिन्दी

लिलि खरप्रान

मेघालय के जनजातीय समुदाय में खासी भाषा की मजबूत एवं समृद्ध परम्परा रही है। खासी साहित्य परम्परा एवं तथ्यों पर आधारित है। खासी के सुप्रसिद्ध लेखकों ने जो कहानियाँ लिखीं, वे सत्य कथाओं पर आधारित थीं। एक विख्यात लेखक सोसोथान ने एक सत्य कथा पर कहानी लिखी। वह जल प्रपातों के बारे में है जिसे 'खासिङ् का लिकाई' कहा जाता है अर्थात् लिकाई का जल प्रपात। खसिङ का मतलब है जल प्रपात, लिकाई का मतलब विधवा औरत है। खासिङ् नोह का लिकाई जल प्रपात है जो 'मावज्लुह' चेरा में स्थित है। खासी लोक कथाओं में कुछ त्रासदियाँ भी हैं जैसे 'का जिंग उद जौंग का सोहलींगम'। सोहलिंगम एक चिड़िया है जो अपने गुजर चुके प्रेमी, यूरिनिवास, चिड़ियों के राजकुमार की याद मे आह भरती है। नील नांगकिरिह के निर्देशन में ओपेरा के रूप में प्रस्तुत की गयी इस कहानी को उन्होंने कई देशों में प्रदर्शित किया। यू किनफांम सिंह नार्गकिरिह ने इसे इस तरह के शब्दों में पिरोया है–

> यद्यपि तुम्हारे शरीर को मैं खो चुकी हूँ
> मेरे अछूते प्यार को मौत नहीं चुरा सकती,
> जब मेरे आँसू सूख जायेंगे
> ठंडी कब्र के नीचे से
> मेरी आत्मा तुम्हें तलाशेगी
> इस संसार में जहाँ कोई बिछुड़ता नहीं

जैसा कि हम जानते हैं हिन्दी, बांग्ला, असमिया आदि भाषाएँ संस्कृत से निकली हैं, जबकि खासी मोन–ज्मेर भाषा से उपजी है जो आस्ट्रो एशियाटिक परिवार से है। खासी आस–पास की बोलियों में एकल दीप समान है। जैसा कि बांग्ला, असमिया, बिएटो, वैफे (कुकी समूह), गारो,

दिमासा औरा लालुङ् (बोडो) युगों से अपने अस्तित्व को बरकरार रखे हुए हैं। बर्मा, इंडो चाइना और मलेशिया में बोली जाने वाली है। 19वीं सदी के दौरान इस पर जे.आर. लोगान ने काम किया था जिसमें आस्ट्रो एशियाटिक परिवार को लेकर मुंडा और उसकी सहयोगी भाषाओं का जिक्र है। जैसे–संथाल, काल, हो आदि। इन भाषाओं को बिहार, उड़ीसा और अन्य पड़ोसी स्थानों में बोला जाता है। यह तथ्य कि खासी माउज्मेर और मुंडा के बीच स्थित है, दर्शाता है कि इनमें ऐतिहासिक और सांस्कृतिक रूप से कुछ समानताएँ हैं। मैंने कुछ ऐसी कहानियाँ सुनी हैं जो एक पीढ़ी से दूसरी पीढ़ी तक मौखिक रूप से पहुँचीं। जैसे हमारे पूर्वजों के सम्बन्ध में लोककथा है कि हमारे गाँव का एक युवक एक युवती से विवाह करना चाहता था। वह अपने दोस्तों के साथ शाम को उसके घर जाता। खेत से या अपने काम से लौटने के बाद उस युवक के लिए यह सुखद अहसास होता। लेकिन जब भी वह उस युवती के घर जाता, तो उनको बैठना और उनके अभिभावकों या रिश्तेदारों से ही बात करनी पड़ती। युवती को उनके साथ बैठने की इजाजत नहीं थी। कुछ समय तक युवक को उसके बारे में बात करने का साहस नहीं हुआ और वह घर लौट गया। अगली बार जब वह उनके घर गया तो उनके बीच काफी बातें हुईं। गाने गाये गये और बाँसुरी आदि बजाने का दौर चला। गानों के जरिये उन लोगों ने अपनी बात को एक–दूसरे तक पहुँचाने की कोशिश की। जैसे–जैसे समय बीतता गया युवती को बाहर आने की इजाजत मिल गयी और उस आदमी को अपनी सोच के मुताबिक चुपचाप हम देख सकते हैं कि भारतीय प्राचीन परम्परा स्वयंवर से कुछ समानताएँ हैं जिसमें अपने जीवनसाथी को बिना निर्भरता के चुनने की इजाजत होती है। इसलिए मेरे विचार से शौंगकाई खिनरा (प्यार के लिए बैठना) और स्वयंवर में कुछ समानताएँ हैं। यहाँ हम देख सकते हैं कि खासी साहित्य और अन्य भारतीय साहित्य में तुलना की जा सकती है क्योंकि साहित्य इन्हीं तथ्यों से बढ़ता है।

अब हम तुलनात्मक भाषा पर आते हैं, खासी भाषा में कुछ ऐसे क्रिया शब्द हैं जो वाक्यांश हैं। जैसे :

खासी	हिन्दी
आईति–आईजात	हाथ बँटाना
दावाई–दाशिन	दवा पानी
का बाम का दि	खाना–पीना
का काम का जाम	काम धन्धा
का शड का सा	रहन–सहन

यहाँ इस भाषा की सुन्दरता देखिए, जो शब्द पहले वाले शब्द से बिलकुल विपरीत हैं–वे दोनों शब्द मिलकर एक नया शब्द और नया अर्थ बता रहे हैं।

आईति आईजात–आईति आईजात दे हाथ दे पैर–अर्थ हाथ बँटाना। आईति और आईजात दोनों मिलकर एक शब्द बने हैं जिसका अर्थ है सहायता करना। खासी में इसे किटेन किमोह कहते हैं।

खासी और हिन्दी लिंगों के व्यतिरेकी बिन्दु :

विश्व की सभी भाषाओं में लिंग एक व्याकरणिक कोटि है। प्रायः सभी भाषाओं में संज्ञा शब्दों का कोई न कोई निश्चित लिंग होता है। इस प्रकार हिन्दी में लिंग की दृष्टि से शब्दों को दो वर्गों में विभक्त किया जाता है। हिन्दी मानववाची शब्दों में लिंग निर्धारण में कोई समस्या नहीं है। पुल्लिंग और स्त्री लिंग। हिन्दी में इसके लिए अलग–अलग शब्दों में प्रयोग भी होता है।

हिन्दी		खासी	
पुल्लिंग	स्त्रीलिंग	पुल्लिंग	स्त्रीलिंग
लड़का	लड़की	शिनराड	किनथैई

खासी भाषा में उभय लिंग भी होता है। लिंग की स्पष्टता के लिए इन उभयलिंगी शब्दों के साथ पुल्लिंग, स्त्रीलिंग प्रत्यय जोड़े जाते हैं। जैसे उ प्रत्यय जोड़कर पुल्लिंग और का प्रत्यय जोड़कर स्त्रीलिंग बनते हैं।

हिन्दी			खासी	
पुल्लिंग	स्त्रीलिंग	उभयलिंगी	पुल्लिंग	स्त्रीलिंग
बच्चा	बच्ची	खिनना	उ खिनना	का खिनना
बकरा	बकरी	ब्लाङ	उ ब्लाङ	का ब्लाङ

खासी भाषा में कुछ विशेषण शब्द हैं जिसके साथ प्रेफिक्स–उपसर्ग जोड़कर उसे हम एब्सट्रेक्ट नाउन अर्थात् भाववाचक संज्ञा में बदल सकते हैं। खासी में किसी विशेषण शब्द में उपसर्ग जोड़कर भाववाचक संज्ञा बना

सकते हैं, लेकिन हिन्दी में यह भिन्न है। जब तक केन्द्रीय अवलोकन के तौर पर सगोत्रता और विवाह को नहीं लिया जाता तब तक जनजातीय समाज को कोई नहीं समझ सकता है। यह कहने में हमें गर्व है कि खासी और पूर्वोत्तर की सगोत्रता व्यवस्थित है। प्रत्येक सम्बन्ध के लिए एक उपयुक्त नाम है। जैसे–

खासी	**हिन्दी**
किमये	माँ
कपा	पिता
कपा–नाह	सौतेला पिता
कनी	मामा
मैय–नाह	सौतेली माँ
निया	मामी
मैइसन	मौसा
मैइदुह	मौसी
मैइ खा	दादी
मैइराद	नानी
खुन शैइरंग	बेटा
खुन केन्थेई	बेटी
खुन रुएत	साली
खुन खा	भतीजा/भतीजी
खुन पराखा	चचेरा भाई/चचेरी बहन

अनुवाद : नरेन्द्र कुमार तोमर

खासी : पहचान का प्रश्न

डॉ. कोरसी डोरेन खारसी

ऐतिहासिक रूप से देखा जाये तो खासी की उत्पति दक्षिणपूर्व एशिया के मोन ख्मेर से मानी जाती है। खासी उत्तर–पूर्व भारत में मातृप्रधान जनजाति रही है। यद्यपि अंग्रेजी साम्राज्यवाद ने खासी लोगों पर इसाई धर्म स्वीकार करने के लिए काफी दबाव डाला, फिर भी उनकी रीति–रिवाज और प्रथाओं को अंग्रेज छू तक नहीं सके। खासी समाज में पैतृक सम्पति का अधिकार भी परिवार के स्त्री सदस्यों को वंशानुगत तरीके से मिल जाता है। परिवार की सबसे छोटी पुत्री को पैतृक घर तथा जमीन (सम्पति) परम्परा के तौर पर मिल जाती है। वह परम्परागत तरीके से अपने पैतृक घर में रहती है और अपने माता–पिता की देखभाल करती है। यहाँ एक ही वंश के बीच विवाह नहीं होता। खासी परिवार की स्त्री को अपना पति चुनने का अधिकार होता है। वहीं दूसरी ओर खासी समाज के पुरुष विवाह के बाद अपना पैतृक घर छोड़ देते हैं। परिवार की छोटी लड़की से जिसका विवाह होता है, वह पुरुष उस लड़की के घर चला जाता है और उसके परिवार के सदस्यों की देखभाल में मदद करता है। खासी समाज के पूर्वजों में बहुत पहले पुरुषों को विचार करने और निर्णय लेने का अधिकार था और महिला का काम केवल घर सँभालना होता था (बरोगोहेन और लेटफ्लैग, 1995)। अतः लिंगगत समानता केवल एक मिथक है। खासी समाज में महिला की जो स्थिति है ठीक उसके विपरीत स्थिति राजनैतिक और पारम्परिक जगहों पर है जैसे–'दरबार' केवल पुरुषों का गढ़ है। अतः यह दिखाना कि महिला बलशाली है और पुरुष उनके गुलाम हैं, गलत है।

खासी समाज कई बार हिंसा का शिकार भी हुआ। बाहर से बंगाली और मारवाड़ी आकर खासी समाज पर अपना अधिकार जमाने लगे। 2013

में जब आन्दोलन हुआ तब उसके बाद यहाँ आईएलपी लागू कर दिया गया जो इसके पहले उत्तर पूर्व में मिजोरम, नगालैंड पर लगाया गया था। जातीय दल ने मातृवंशीय प्रथा को स्वीकृत करते हुए इससे सहमति जतायी कि खासी समाज की स्त्री जिस गैर खासी पुरुष से विवाह करेगी, वे पुरुष खासी समाज से जुड़ जायेंगे। कदाचित इसीलिए गैर खासी पुरुष भूमि, धन, सम्पति के लिए खासी स्त्री से विवाह करना चाहते हैं।

व्यक्ति और समाज के निर्माण, बनावट और परिवर्तन में प्रिंट मीडिया की महत्वपूर्ण भूमिका है। प्रिंट मीडिया लोगों को सूचना प्रदान करने का प्रमुख मंच है। अखबारों में प्रकाशित लेख वैचारिक रूप से पाठक को सम्पन्न बनाते हैं तो ज्ञान के अनुसार पाठ को प्रभावी भी बनाते हैं। खबर विस्तृत रूप से विश्व के बारे में ज्ञान को जनता के सामने लाती है जिससे लोगों का कोई व्यक्तिगत सम्पर्क नहीं होता (वैन डिज्क 1991)। भाषाई अभिव्यक्ति, सदाचार के द्वारा एकत्रित खबर का पाठ सामाजिक सच्चाई को प्रतिबिंबित करता है। ध्यान देने की बात यह है कि भाषा वह साधन है जिससे खबर पठन का अर्थ निकलता है। इस दृष्टि से हम 'शिलांग टाइम्स', 'द इंडियन एक्सप्रेस', 'डेक्कन क्रोनिकल' और 'द हिन्दू' के कुछ लेखों व सम्पादकीय टिप्पणियों को आधार बनाकर खासी की पहचान को समझ सकते हैं। 'शिलांग टाइम्स' के 3 अप्रैल 2014 के अंक में एक लेख छपा है। उसका शीर्षक है : 'मेघालय महिला अनुकूल राज्य अधिमूल्यांकन 2014'। इसमें लेखक ने बताया है कि मेघालय उतना स्त्री अनुकूल राज्य नहीं है जितना यह दिखाई पड़ता है या अनुमान लगाया जाता है। इस लेख में लेखक ने बताया है कि वे स्वयं खासी हैं। वे लिखते हैं कि बहुत सारे लेखक इस समाज के प्रति पूर्व प्रचारित विचारों के साथ आते हैं और इसे महिलाओं के लिए स्वर्ग कहते हैं, दरअसल वे खासी के मातृवंशीय स्वभाव को नहीं समझ पाये हैं। लेखक की राय है, "वे लोग जो इस संस्कृति में रहते हैं, वे इसके अवरोध को जानते हैं।"

'शिलांग टाइम्स' में ही 22 मई 2014 को एक दूसरा लेख प्रकाशित हुआ जिसका शीर्षक था 'भूमि, विद्या और प्यार (खासी पुरुष और उसकी मातृभूमि)।' 11 दिसम्बर 2014 को इसी अंग्रेजी दैनिक अखबार में लेख प्रकाशित हुआ जिसका शीर्षक था 'स्त्री के ऊपर पुरुष वर्चस्व की माँग।' इसमें खासी समाज के लिंगगत समीकरण को देखा जा सकता है। दिलचस्प बात यह है कि दूसरे लेख में 'माँग' शब्द पर पाठकों का ध्यान

केन्द्रित रहता है। इसमें खासी पुरुष स्त्री के ऊपर अपने आधिपत्य की माँग करते हैं। इन तीनों लेखों में नकारात्मक अर्थ वाले शब्दों का बहुत उपयोग किया गया है जैसे खराब, जबरन, कुख्यात, अपंग, निषेधाज्ञा, तिरस्कार, अपहरण, महिला भेद भाव, नकार, आडम्बरपूर्ण, पाखण्डी व्यवहार, अपशब्द, अफसोस, निराशाजनक, विलाप, छेड़छाड़, घरेलू हिंसा, बलात्कार, रक्तपात, अपमानित आदि। इसी तरह के लेख तीन राष्ट्रीय दैनिक अखबारों में छपे जिनमें लिंगगत आधार पर शीर्षक दिये गये। 'द इंडियन एक्सप्रेस' में 12 अप्रैल 2015 को प्रकाशित मातृवंशीय समाज में पुरुष सम्बन्धी लेख खासी के पुरुष नजरिये से अवगत कराता है। 7 मार्च 2013 को 'डेक्कन क्रोनिकल' में एक लेख प्रकाशित हुआ जिसका शीर्षक था 'खासी जनजाति पर महिला आधिपत्य' जिसमें महिला को समुदाय के संरक्षक रूप में दिखाया गया है। यह बात ध्यान देने योग्य है कि खासी समुदाय में महिला पुरुषों से अधिक पूज्य है। उपरोक्त लेखों के विरोध में 23 फरवरी 2013 को 'द हिन्दू' में प्रकाशित 'बदलते समय का सामना करना' शीर्षक से खासी समुदाय में बदलती महिलाओं की स्थिति को दर्शाया गया है। इन राष्ट्रीय अखबारों में भी कई नकारात्मक शब्दों का प्रयोग किया गया है। जैसे खारिज, बहुत बुरा, उपेक्षा, हिंसा, गड़बड़ी आदि।

नकारात्मक अर्थ वाले शब्द यह बताते हैं कि खासी समाज में स्त्री और पुरुष के बीच कुछ समस्याएँ हैं। लेकिन यह खासी समाज की वास्तविकता को सामने लाने में महत्वपूर्ण है। 'शिलांग टाइम्स' में प्रकाशित लेख बताता है कि खासी समाज में सब ठीक नहीं है। मैं खुद खासी समुदाय का हिस्सा रही हूँ और मुझे ज्ञात है कि खासी समाज को लेकर कई पूर्व धारणाएँ हैं। यद्यपि यहाँ कई मायनों में महिलाओं की स्थिति बेहतर है।

राष्ट्रीय दैनिक अखबारों में भी नकारात्मक अर्थ वाले शब्द भंडार देखने को मिले। 'द इंडियन एक्सप्रेस' में लेखक ने बताया कि खासी पुरुष सुखी जीवन के लिए खासी स्त्री से विवाह करते हैं, लेकिन यही स्त्री बलात्कार और हिंसा की शिकार भी होती है। खासी समाज में पुरुष वर्चस्व के हिमायती कहते हैं कि महिला प्रधान होने के कारण हमारी सामाजिक स्थिति नीचे गिर रही है इसलिए वे बदलाव की माँग कर रहे हैं। इसके साथ ही वे पैत्रिक सम्पति को स्त्री और पुरुष दोनों में समान

रूप से बाँटना चाहते हैं। दूसरी ओर 'शिलांग टाइम्स' में प्रकाशित लेख बताता है कि महिलाओं की स्थिति सुखमय नहीं है। साथ ही मेघालय को महिला के लिए स्वर्ग कहना भी बेतुका है। 'द हिन्दू' में प्रकाशित लेख में लेखक ने बताया है कि खासी महिला की स्थिति भारत की अन्य गरीब महिलाओं की स्थिति से ज्यादा अच्छी नहीं है।

अनुवाद : प्रितम साव

सन्दर्भ

1. बरुआ, ए.के. (2003), ट्राइबल ट्रेडिशंस, एंड क्राइसेज ऑफ गवर्नेंस इन नार्थ ईस्टर्न इण्डिया, विथ स्पेशल रेफरेंस टू मेघालय, लन्दन : डी.आर.डी. डस्टिन
2. बरोगोहन, आर. तथा लेटफ्लेग, ई. (1995), द रोल ऑफ वूमन इन स्टूडेंट मूवमेंट्स, शिलांग : निप्सा
3. फेयरक्लाफ, एन. (1992), डिस्कोर्स एंड सोशल चेंज, कैंब्रिज : पोलिटी प्रेस
4. फिस्के, जे. (1994), मीडिया मैटर्स : एवरीबडी कल्चर एंड पोलिटिकल चेंज, मीनापोलिस : यूनिवर्सिटी ऑफ मिनासोटा प्रेस
5. मेघालय ओवर रेटेड एंड वूमन फ्रेंडली स्टेट (2014, अप्रैल 3), द शिलांग टाइम्स
6. माई मदर्स पीपुल : व्हाट इज लाइक टू वी.ए. मैन इन ए मैट्रीलिनियल सोसाइटी (2015, अप्रैल 12), द इण्डियन एक्सप्रेस
7. वूमन रूल इन शिलांग्स खासी ट्राइब (2013, मार्च 7), डेक्कन क्रोनिकल

खासी और गारो भाषाओं की कलात्मक उत्कृष्टता

डॉ. भरत प्रसाद त्रिपाठी

मेघालय की जनजातीय भाषा खासी मोन ख्मेर वर्ग से सम्बद्ध है। इसका मूल स्थान कम्बोडिया और उसके आसपास का क्षेत्र था। इसमें भारोपीय परिवार की कई भाषाओं, जैसे–बांग्ला, असमिया, हिन्दी और अंग्रेजी के शब्द आये हैं। उतिरोत सिंह ने ऐसे 500 आगत शब्दों का उल्लेख किया है। वस्तुतः खासी में 1000 से अधिक शब्द भारोपीय परिवार के हैं। दो सौ से अधिक शब्द अंग्रेजी के। जैसे–Cake (केक) Bus (बस), Cancer (कैंसर), Phone (फोन)। मेघालय के पूर्वी भाग में खासी तथा जयन्तिया जनजातियाँ हैं, जबकि पश्चिमी भाग में गारो जनजातियाँ हैं। खासी भाषा तिब्बत–बर्मी और इंडो आर्यन परिवार की भाषाओं से घिरी हुई है। इस परिवार की अधिकांश भाषाएँ दक्षिण–पूर्व एशिया के कई देशों में बोली जाती हैं–लाओस, कंपूचिया, बर्मा और मलेशिया तक में बोली जाती है। खासी पहले जयंतिया पर्वत क्षेत्र में निवास करते थे। बाद में पश्चिम क्षेत्र की ओर बढ़े और खासी पहाड़ियों में निवास करने लगे। खासी भाषियों के उच्चारण में 'सिलहटी बांग्लार' का प्रभाव सर्वाधिक रहा है। जैसे–दई (दही), कुबी (गोभी), मुसला (मसला–सिलहटी)।

खासी में District का अर्थ राज्य है। खासी में O'clock का अर्थ–बजे नहीं, घड़ी है। अन्य भाषाओं से खासी में आने वाले शब्द अक्सर स्त्री लिंग हो गये हैं। बहुत सारे शब्दों के पहले 'U' (उ) शब्द का प्रयोग मिलता है। u bam (वम), u number (नम्बर), u sikret (सिगरेट), u cake (केक)। जो 'खासी' भाषा मेघालय के सोहरा क्षेत्र में बोली जाती थी, वही खासी की मानक भाषा के तौर पर स्थापित हुई। सन् 1814 में थामस जोन्स ने सोहरा क्षेत्र में खासी भाषा को लिखित रूप दिया और उसके साहित्यिक विकास का मार्ग प्रशस्त किया। 1842 में उन्होंने 'का किताब

बात हिकाई, का खिटेन कासिया' रोमन लिपि में लिखी, जो कि खासी भाषा एवं साहित्य का प्रस्थान बिन्दु मानी जाती है। 1891 में जान 'ईसप' की कथाओं का अनुवाद खासी में हुआ। उसी दौरान जोनाथन स्विफ्ट की कृति 'द विजन ऑफ मिर्जा' का भावानुवाद खासी में हुआ। जीवन राय और उनके पुत्र हरिचरण राय ने हिन्दी पौराणिक कथाओं जैसे–रामायण, हितोपदेश तथा चैतन्य महाप्रभु के जीवन चरित का खासी में अनुवाद किया। खासी साहित्य का आरम्भिक काव्य उपदेश प्रधान एवं नीतिपरक है जिसमें आत्म गौरव, स्वार्थ त्याग, कर्तव्य बोध जैसे आदर्शों की प्रेरणा दी गयी है। थामस जोन्स और विलियम लेविस प्रारम्भिक लेखकों में हैं। लोरसिंग खौंगवीन ने खासी भाषा में धार्मिक साहित्य रचा। जान राबर्ट्स ने अंग्रेजी साहित्य की कई कविताओं का अनुवाद खासी भाषा में किया। अमजद अली (1868–1926 ई.) महत्वपूर्ण खासी कवि हैं। उनका काव्य संग्रह–'कामिन्तोह' 1888 में प्रकाशित हुआ। जीवन और मृत्यु सम्बन्धी चिन्तन अमजद अली की कविताओं में खास है। प्रकृति भी केन्द्रीय सम्मान पाती है। बीसवीं सदी के आरम्भ से खासी साहित्य में पुनर्जागरण की चेतना दिखने लगती है। यह मूलतः सांस्कृतिक पुनर्जागरण का परिणाम था। इस धारा के कवियों में राबोन सिंग, जीवन राय, राघोन सिंग बेरी प्रमुख हैं। होमीवेल लिंगडो एवं सोसोथाम ने परिवर्तन के इसी स्वर को बुलन्द किया। खासी के आधुनिक कथा लेखकों एवं कवियों में प्रिमरोज गैटपोह प्रमुख हैं। उनकी कविताओं में प्रकृति की सुन्दरता के साथ मानव जीवन के विविध पक्षों का अंकन है। 1910 में हरिचरण राय कृत 'का सावित्री' पहला नाटक माना जाता है। इस क्रम में दो नाम–एफ.एम. पुध और एच.डब्ल्यू स्टेन उल्लेखनीय हैं। डंकन, ओ. लामारे, डी.एच. खौंगडप प्रमुख आधुनिक खासी लोक नाटककार हैं। मोरखा जोसेफ की प्रसिद्ध कविता 'खासी प्रदेश का बड़ा भूकम्प' है। उसे खासी साहित्य का पहला शोकगीत कहा जाता है।

सन् 1913 से 1940 का समय खासी साहित्य के उत्कर्ष का काल है जिसमें सोसोथाम जैसे कवियों ने खासी कविता को शिखर पर पहुँचाया। 1925 में उन्होंने 'कि पोएट्री खासी' नामक रचना की। इसका पुनर्प्रकाशन 1936 में 'स्वर्णवीणा' नाम से हुआ। सोसोथाम आधुनिक काव्यशैली के प्रवर्त्तक थे :

अक्सर मैं बादलों से घिरे दिनों में,
प्रकृति की गोद में होता हूँ,
उजले दिन फिर आते हैं,
आसमान फिर स्वच्छ हो जाता है
जब मैं थक जाता हूँ
और आँसू बहाता हूँ।

'सात कुटियों के प्राचीन दिन' में सोसोथाम ने खासियों के सांस्कातिक, धार्मिक, राजनीतिक और सामाजिक विरासत की खोज की है। सोसोथाम ने अपनी इकलौती पुत्री की स्मृति में 'आजाद पक्षी' नामक कविता रची। ठीक निराला की 'सरोजस्मृति' की तरह। सोसोथाम ने सर्वप्रथम विलियम हिक्सन नामक अंग्रेजी कवि की अंग्रेजी कविता 'ड्राइव द नेल अराईट' का अनुवाद खासी में किया। साथ ही विलियम वर्ड्सवर्थ तथा शेक्सपीयर की कई विख्यात कविताओं का भी खासी में अनुवाद किया।

वर्ड्सवर्थ की कुछ कविताएँ जैसे–लूसी, कुल्कू, सालिटेरी रीपर।
शेक्सपीयर की कुछ रचनाएँ जैसे–बाल्टर स्कॉट, पेट्रियाटिज्म।।

'की पोएट्री खासी' मूलतः सोसोथाम द्वारा अनूदित रचनाओं का संकलन है। सोसोथाम के समकालीन कवियों एवं साहित्यकारों में वाह्लांक, ब्रोनातथैक्यू. एल. लेविस आदि हैं। सोसोथाम की तरह वाह्लांग भी प्रकृति के कवि हैं। मेघालय में फसल बुवाई के समय 'शादरेप' नामक नृत्य प्रचलित है। अच्छी फसल होने के बाद ईश्वर को धन्यवाद देने के लिए 'शादमरती' नामक नृत्य होता है। 'लाहो नृत्य' सबसे प्राचीन खासी लोकनृत्य है जो कि लाहो नामक गायक के 'हू का ला हू' गायन शैली पर आधारित है। इस नृत्य को 'निखला' परिवार द्वारा 'जवाई' में आयोजित किया जाता है। 'नौडक्रेम' खासी उत्सवों में सर्वाधिक लोकप्रिय एवं प्राचीन लोकनृत्य है।

गारो

गारो तिब्बती–चीनी परिवार की भाषा है, जिसे बोलने वाले 55 प्रतिशत ईसाई हैं। उनकी कुछ उपजातियों–हाजोङ, कोछ आदि में हिन्दू रीति–रिवाज प्रचलित हैं। यह चीनी–तिब्बती परिवार में तिब्बती–बर्मन उप परिवार के बोडो उपसमूह के अन्तर्गत आती है। इसका क्षेत्र मुख्यतः मेघालय और पश्चिमी असम है। त्रिपुरा, बंगाल और बांग्लादेश में भी गारो

बोली जाती है। मेघालय में यह लगभग 9 लाख जनों की भाषा है। गारो अपने को 'पहाड़ी व्यक्ति की भाषा' कहते हैं। मूल गारो निवासियों को 'A-chik' कहा जाता है। गारो भाषा की कई उप–बोलियाँ हैं–जैसे–आ कावे, (पूर्वी कामरूप), चिसका (सियसांगनदी), मातची (गारो हिल्स), आमबेङ (सर्वाधिक बोली जाने वाली–गारो पहाड़ी के पश्चिम क्षेत्र में), चीबोक (बुगी नदी के उत्तर में), गारो आदि। गारो भाषा में अनेक शब्द बाग्ला और अंग्रेजी से आये हैं। अमेरिकी ईसाई मिशनरियों ने पहली बार गारो भाषा को लिखित रूप प्रदान किया। भाषा वैज्ञानिक दृष्टि से गारो एक योगात्मक भाषा है। इसमें शब्दों का निर्माण मूल धाराओं से होता है। गारो जनजाति का मूल निवास स्थान 'तिब्बत' में था। ब्रह्मपुत्र नदी को गारो भाषा में 'सोंगडु नदी' कहा जाता है। तिब्बती–चीनी परिवार की कई जनजातियाँ छिंदविन, इरावदी, मिकांग, और ब्रह्मपुत्र नदियों के किनारे आकर बस गयी थीं। कात्था आगाना, कात्था सालिङ, दानी आजेआ, डोरोआ, कोरे डोका, राडा रिङ्या ऐसे लोकगीत हैं, जिन्हें अभी तक लिपिबद्ध नहीं किया गया है। हिन्दी या अन्य समृद्ध भारतीय भाषाओं की तरह गारो में भी कई प्रकार की लोककथाएँ, लोक वार्ताएँ, लोकोक्तियाँ, मुहावरे, इत्यादि मिलते हैं, जिनका लिखित रूप लगभग गायब है। गारो शब्दों को इकट्ठा करने का प्रयास सर्वप्रथम जान इलियट ने 1788 ई. में किया। दूसरा प्रयास फ्रांसिस हेमिलटोन के द्वारा किया गया। गारो पहाड़ियों की प्रमुख नदियों में–दरेंग, बुगी मोहेस्खेली, दिदिक, पिंजिरम, सिमसिंग हैं। सिमसिंग इनमें सबसे बड़ी है। उसे गैर जनजातीय लोग 'सोमेश्वरी' भी कहते हैं। गारो की समृद्ध वाचिक परम्पंरा भी रही है–जिसे गारो लोक साहित्य के अन्तर्गत रखा गया है। जैसे–तोरुकचिया (पहेलियाँ), कत्ता मेआपार (लोकोक्तियाँ), कत्ता रोंगचू (पारम्परिक कथाएँ), माआबि (पारम्परिक इतिहास), आदि यह पारम्परिक मौखिक साहित्य आज भी दूर–दराज के गारो गाँवों, बस्तियों एवं अचलो मे जीवित है। सांस्कृतिक अवसरों पर गाये जाने वाले अनेक गीत हैं–जैसे झूम खेती के गीत, खेत बुवाई का गीत–दानी–दोका, समारोहों का गीत–अजेया, गृह प्रवेश के वक्त गाया जाने वाला गीत। 'कत्ता आगना' गारो भाषा की महाकाव्यात्मक लोकगाथा है। गारो जनजाति का सर्वाधिक महत्वपूर्ण उत्सव है–शस्य पर्ण बंगाला जो कि कृषि देवता 'मिसि सजोंग' को प्रसन्न करने के लिए मनाया जाता है। इसी प्रकार 'दानी–दोका' बुजुर्ग पुरुषों का

लोकगीत है। विलयम राबिन्सन ने पहले गारो व्याकरण की रचना की। आचिकारिपेंग पहली गारो मासिक पत्रिका थी, जिसका प्रकाशन 1879 में शुरू हुआ। 1893 में रोमन लिपि को ही गारो भाषा की लिपि में स्वीकार किया गया। 1924 के आसपास गारो में सेक्युलर साहित्य की शुरुआत हई। 1930 में प्रकाशित 'गारो हिस्ट्री' में जोवांग डी. मराक ने गारो जनजाति के इतिहास की रूपरेखा प्रस्तुत की है। 1940–45 के आसपास गारो लेखकों का उदय हुआ जिनमें कंडुरा मोमिन, देवान सिंग, सैमसन केद्व संगमा, घारोन सिंग, विल्सुन माराक, कर्णेश माराक इत्यादि हैं। इस काल में कुरंग' (गारोजन की आवाज) नामक पत्रिका गारो पत्रकारिता का प्रकाश–स्तम्भ मानी जाती है। इसके सम्पादक थे–हावर्ड डेमिसन मोमिन जिन्हें आधुनिक गारो साहित्य का जनक माना जाता है। गारो साहित्य की सबसे सम्पन्न–विधा कविता ही है। गारो साहित्य के प्रारम्भिक कवियों में तुनीराम माराक, मोधूनाथ मोमिन, इवलिन माराक, जानेमोनी शीरा आदि थे। उन्होंने गारो साहित्य को कलात्मक उत्कृष्टता दी और अपने काव्य को सामाजिक जागरण का वाहक बनाया :

जागो, गारो नर नारियों
आओ बाहर के प्रकाश में
ऊँचा उठाकर सिर अपना,
लक्ष्य रखकर ऊपर
भयरहित दृष्टि के साथ। (हार्वड डी. मोमिन)

गारो नारी समाज की विडम्बनाओं पर प्रकाश डालने वाली कवयित्री हैं–जोनमोनी शीश। वे कहती हैं–

जन्मी हूँ मैं स्त्री बनकर
सहने को सभी प्रकार के कष्ट
रोती हूँ मैं भाग्य को अपने
बदल नहीं सकती उसे मैं।

पीठ पर लदा बचपन

डॉ. भरत प्रसाद त्रिपाठी

सामान्य तौर पर मेघालय गारो, खासी, जयन्तिया पहाड़ियों और उनमें स्थायी तौर पर वास करने वाली जनजातियों के नाम पर जाता है। यह मेघालय की मूलभूत सच्चाई है भी, परन्तु वर्तमान मेघालय को मात्र इन्हीं तीनों जनजातियों से परिभाषित नहीं किया जा सकता, आज वहाँ बंगाली समाज है, असमिया समुदाय है, बिहारी संस्कृति है, और है–पूर्वोत्तर के अन्य पहाड़ी प्रान्तों से आकर बसे हुए आदिवासियों का समूह जिनकी ताजा पहचान जब मेघालय से जुड़ चुकी है। इनमें नगालैंड, त्रिपुरा, अरुणाचल प्रदेश, सिक्किम और मणिपुर की विकासशील जनजातियाँ मुख्य रूप से सम्मिलित हैं। मेघालय के अविकसित और विकसित कस्बाई स्थानों पर दूसरे प्रान्तों से आ–आकर बसे हुए जन समूहों को देखा जा सकता है। मेघालय के मुख्य शहर शिलांग में व्यापार–व्यवसाय और कारोबार चलाने वालों में मारवाड़ी वर्ग का दबदबा है। वे यहाँ पिछले ढाई–तीन सौ वर्षों से शहर के केन्द्रीय बाजारों में अपने पाँव जमाए हुए हैं, दिन–प्रतिदिन अपनी नींव सुदृढ़ कर रहे हैं और बेखटके खासी बोलते हुए अपना व्यवसाय चमका रहे हैं।

मेघालय में स्वाभाविक रूप से स्त्रियों का अधिकांश प्रतिशत यहाँ की जनजातियों के समाज से बनता है, जो कि गाँवों, उपकस्बों और उपनगरों में बसी हुई हैं। अपने रीति–रिवाज, विश्वास, परम्परा और मूल्य को बचाए रखने एवं उत्साहपूर्वक उनका पालन करने के बावजूद मेघालय की इन जनजातियों को दूसरी प्रवासी जनजातियों से अलग कर पाना निरन्तर मुश्किल होता जा रहा है। और तो छोड़िए, अब गारो स्त्री, खासी औरत के पास बैठकर अपना फुटकर रोजगार चलाते हुए गप्प करने में मशगूल

मिल जायेगी। संस्कार और सोच का संक्रमण विकास का अनिवार्य लक्षण है, जो यहाँ भी देखा जा सकता है।

मेघालय में मातृ प्रधान सामाजिक व्यवस्था है, जो कि आदिम काल से ही यहाँ की जनजातीय संस्कृति में विकसित होती चली आ रही है, और यह व्यवस्था आज भी अपनी पूरी महिमा के साथ कायम है। जमीनी सम्पत्ति पर मौलिक हक स्त्रियों का, मकान पर सम्पूर्ण अधिकार स्त्री का, माँ–बाप की अचल सम्पत्ति अन्तिम रूप से स्त्री के नाम पर। स्थिति तो यह है कि यदि शौक वश, जरूरतवश या मानवीय दुर्बलता वश किसी मैदानी प्रदेश का भइया यहाँ की स्त्री से प्रेम कर शादी–विवाह कर लिया, तो भले अपने बाल–बच्चों के साथ उनके प्रति समर्पित रहे, उसे सम्पत्ति में कोई हक नहीं मिलने वाला, वह रहेगा आजीवन अपनी पत्नी का आश्रित ही। यदि पत्नी से आजीवन निकटता बनाए रखनी है तो अपनी जन्मभूमि पर वापस लौटकर स्वाभिमानपूर्वक जीवन जीना हमेशा–हमेशा के लिए भूल जाय। वह वापस अपने घर आ तो सकता है, परन्तु पर कटे पक्षी की तरह, बेचारे मेहमान की तरह, भूल–भटके राहगीर की तरह, जिसने 'माया' के चक्कर में अपनी माटी की ममता से दूरी तो बना ली, लेकिन जिसका शेष जीवन किसी और के हाथों गिरवी बनकर रह गया है।

देश के अन्य प्रान्तों की तरह यहाँ भी शहरी और ग्रामीण स्त्री के बीच भारी अन्तर दिखाई देता है, जो सिर्फ आर्थिक और शैक्षिक स्तर के कारण ही नहीं, बल्कि सामाजिक हैसियत के कारण भी है। मेघालय में शहरनुमा शहर लगभग नहीं के बराबर हैं। यहाँ के दूरदराज की पहाड़ी उपत्यकाओं में बसे हुए कस्बे जो विकास में मैदानी कस्बों के सामने कहीं नहीं ठहरते। कस्बों के बाजार में, गली में सड़क पर, चौराहों पर चलती–फिरती, बैठी हुई या रोजगार करने में मशगूल श्रम की जिन्दा मूर्तियाँ नजर आयेंगी। चाय, बिस्कुट, नमकीन की दुकान खोले, पान की गुमटी पर बैठी, मामूली और खास मौसमी सब्जियाँ बेचती हुईं, स्थानीय और परदेसी फलों से दुकानों को सजाये हुए। वे श्रमपरक, पारम्परिक या प्रकृतिपरक व्यवसाय ही अधिक चलाती हैं। कारण है उनका आर्थिक और शैक्षिक दृष्टि से पिछड़ा होना। धन की इतनी सम्पन्नता कहाँ कि बड़ी पूँजी का कारोबार खड़ी कर सकें और परिवार के बुजुर्ग सदस्यों में इतनी मजबूत इच्छा कहाँ कि इन बेटियों को ऊँची डिग्रियाँ छूने वाली पढ़ाई करवा सकें। दुनिया पर छाया हुआ आसमान यहाँ भी ऊपर उठने का अवसर कम देता है।

चारों दिशाएँ यहाँ भी मौजूद हैं, मगर उन्नति के विविध रास्ते वहाँ बड़ी कठिनाई से खुलते हैं। वही पृथ्वी यहाँ भी है, मगर वह सुख–समृद्धि देने वाली धरती कम, आँसू और थकान देने वाली संघर्ष भूमि अधिक नजर आती है। इन पहाड़ी कस्बों के चारों और इंच–दर–इंच कसे हुए घने जंगल हैं, अगम्य खाइयाँ, घाटियाँ और सँकरी–उबड़–खाबड़ तलहटी है, जहाँ आदमी तो दूर, पक्षी–जानवर तो दूर हवा–पानी और रोशनी भी ज्यादा देर नहीं टिक सकते। कस्बों में व्यवसायरत स्त्रियाँ अक्सर अधेड़ उम्र की होती हैं–वहीं–40–45 वर्ष। प्रकृति ने इन्हें अच्छा खासा स्वास्थ्य देने में कोई कंजूसी नहीं की है। उल्टे–सीधे खानपान से भी इन्हें कोई परहेज नहीं। जंगली सूअर, बैल, बकरी का माँस खाना यहाँ अघोषित नियम की तरह है। ये शाकाहार को अपने शरीर के साथ मजाक समझती हैं और स्वास्थ्य की दृष्टि से उसे किसी गिनती में शामिल नहीं करतीं। विकसित और सुविधा–सम्पन्न चिकित्सालय तो बहुत दूर, यहाँ आधुनिक तरीके के प्राथमिक स्वास्थ्य केन्द्र भी नदारत हैं। हाँ, अब स्कूलों, कालेजों का इतना अकाल नहीं है, पर वे भी अत्याधुनिक सुविधाओं से सम्पन्न कहाँ हो पाए हैं? जमीनी सम्पत्ति के नाम पर इन स्त्रियों के पास अपने आवास और पहाड़ी ढलानों पर खेती–बाड़ी के अलावा और कुछ नहीं है। भू–स्वामी कहलाने का आत्म–सुख क्या होता है–ये पहाड़ी निवासी क्या जानें? यद्यपि भूमि पर मालिकाना, पैत्रिक अधिकार यहाँ स्त्रियों का ही होता है, किन्तु भौगोलिक रूप से चुनौतीपूर्ण, अल्प उपजाऊ एवं जोखिम भरी जमीन इतनी पर्याप्त नहीं होती कि इन्हें ता–उम्र सुख–चैन की नींद दे सके।

कस्बे या शहर से दूर के पहाड़ी अंचलों में जीवनभर चींटी की तरह रमी हुई इन स्त्रियों की सबसे बड़ी ताकत है–इनकी अथाह स्वाभाविक हिम्मत, इनका जन्मना धैर्य, रग–रग में नाचती कर्मठता और घर–गृहस्थी के प्रति योद्धाभाव। ये स्त्रियाँ नहीं जानतीं कि काम से जी चुराना क्या होता है? मौके पर बहाना मार देना किसे कहते हैं? और आराम तलबी का असली मायने क्या है? छह सात वर्ष की उम्र हासिल कर लेते ही ये स्त्रियाँ कर्मभूमि में युद्ध लड़ने के लिए उतर पड़ती हैं और जीवन के अन्तिम क्षण तक श्रम की साक्षात मूर्तियाँ बनी रहती हैं। इसीलिए इनके शरीर में लिजलिज, थुलथुल, लकदक गीलापन नहीं है। इन स्त्रियों के लिए अपनी शारीरिक ताकत, अपनी लगन, अथक परिश्रम, अटूट उत्साह

और संघर्षों से तनिक भी हार न मानने की आनुवंशिक प्रकृति ही इनका सब कुछ है–वरना ज्ञान–विज्ञान, तकनीक, चिकित्सा, उच्च शिक्षा इत्यादि ने आधुनिक मानव को जिस तरह समर्थ और सुसम्पन्न कर दिया है, वह इनके हक में कहाँ? इन्हें चलती–फिरती, छुटभैया टाइप की नन्ही–मुन्नी बीमारियाँ जल्दी लगतीं ही नहीं, यदि भूलकर शरीर में लग भी गयीं, तो उन बीमारियों को हार माननी पड़ती है। इनके लिए फुटकर बीमारियाँ, कोई रोग नहीं, योद्धा के शरीर की शृंगार हैं। रोग तो उसे ही लगेगा न जो दुस्साहस के साथ कर्म के अनेकों कठिन मोर्चों पर डटा हुआ हो, जो हारकर भी हर न माने, जिसके लिए थकने का कोई अर्थ न हो। इन आश्चर्यजनक स्त्रियों के हिस्से में आता है, कठोर परिश्रम, प्रतिकूल संघर्ष और एक पांव पर भागते रहने की सुविधा। इसीलिए एक सबल उम्र पा लेने के बाद न तो ये बेफिक्र होकर सोती हैं, न ही अपनी प्राकृतिक शक्ति का अचार डालती हैं और न ही अभाव, तकलीफ, पराजय या असफलता का रोना रोती हैं। ये बस श्रम में यकीन रखती हैं, कर्म–धर्म है इनके लिए, जिसे करना ही है, निःशेष ईमानदारी के साथ, पूरी सजगता और समझदारी के साथ, गहरे डूबकर, दत्तचित्त होकर, तन से, समूचे मन से। कह सकते हैं कि पहाड़ की संकरी, तंग, गहरी तलहटियों में बसी इन स्त्रियों के चारों ओर एक ही तत्व का उजास फैला है–वह है एक से बढ़कर एक, प्रतिदिन किये जाने वाले श्रम का।

असम को छोड़कर पूर्वोत्तर भारत मातृ प्रधान सामाजिक व्यवस्था में जीता, पलता और बढ़ता है, किन्तु स्त्रियों के हाथ में आया हुआ यह असाधारण हक जिनके माथे पर कंटीले तारों का ताज है, जिसकी मुग्धकारी खुशफहमी में जीती हुई स्त्री अपना सारा जीवन घर–परिवार की व्यवस्था चलाने, सामाजिक परम्पराओं, संस्कारों और रिवाजों को निभाने में स्वाहा कर डालती है। यद्यपि इन्हें अपने तरीके की स्वाधीनता कुछ कम प्राप्त नहीं है, किन्तु इस मुक्ति की अन्तिम परिणति भी उनकी लाइलाज तकलीफों के रूप में ही होती है। जिस प्रेम–विवाह को लगभग समूचे भारत में अपराध की दृष्टि से देखा जाता है और जिसके कारण हजारों शहरी, कस्बाई या ग्रामीण प्रेमियों को अनन्त यातनाएँ भोगनी पड़ती हैं, वे यहाँ सामाजिक मान्यता प्राप्त किये हुए हैं। बेहिचक कह सकते हैं कि यहाँ प्रत्येक नवयुवती को अपने अनुसार पति ढूँढ़ लेने की सहर्ष छूट है। माँ–बाप, भाई–बन्धु युवती के इस अभियान में तनिक भी दखलन्दाजी

नहीं करते, बल्कि भीतर–भीतर मौन समर्थन करते हुए उसकी प्रेमपूर्ण गतिविधियों से आँखे मूँद लेते हैं। इस स्वाधीनता का दुष्परिणाम यह है कि बीस–इक्कीस की उम्र पार करते–करते नवयुवती तीन–तीन चार–चार प्रेमियों के मोहपाश में बँध चुकी होती है। प्रेमी को मनमुताबिक हासिल कर लेने की यह छूट इच्छानुसार उसे छोड़ देने का भी खुला अवसर देती है। अर्थात् निर्बाध स्वाधीनता में भी लाइलाज, गुलामियाँ छिपी हैं। युवतियाँ यहाँ बहुत कम उम्र में ही तीन–चार बच्चों की माँ बन जाती हैं। बात–बे–बात पर विच्छेद हो जाना यहाँ बहुत आम बात तो है ही, जिसका भयावह दुष्परिणाम अन्ततः स्त्रियों को ही भुगतान पड़ता है। साल–दर साल के हिसाब से पैदा हुए बच्चों की परवरिश अन्ततः इनके सिर टूट पड़ती है। मुश्किल से दो–तीन साल साथ जीवन बिताने वाला प्रेमी उनका साथ छोड़कर किसी और स्त्री के पास जा चुका होता है। ऐसी स्थिति में अघोषित तलाक का दुखदायी जीवन बिताने वाली स्त्री के लिए किसी नये प्रेमी का मिलना दिनों–दिन कठिन होता जाता है, क्योंकि पत्नी पाने तक तो बात ठीक है, तीन–तीन, चार–चार बच्चों को कौन सँभालेगा? प्रेमी के द्वारा अनिवार्यतः धोखा खायी हुई ऐसी स्त्री को यदि कोई दूसरा प्रेमी मिलता भी है तो उसकी उल्लूनुमा निगाहें औरत के शरीर तथा उसकी धन–सम्पत्ति पर ज्यादा लगी रहती हैं। लिहाजा घनघोर स्वार्थ–सूत्रों से संचालित यह सम्बन्ध भी अधिक वर्षों तक नहीं चलता और एक दिन दुर्बल, खोखला, नींव रहित और अनाकर्षक होकर खण्ड–खण्ड बिखर जाता है। यहाँ की स्त्रियों ने पुरुषों के द्वारा उत्पन्न अपने इस चिर स्थायी दुर्भाग्य को धैर्यपूर्वक स्वीकार कर लिया है, इसीलिए प्रेमी द्वारा परित्याग कर दिये जाने पर ये अदालत नहीं जातीं, पुलिस–थाना की ओर रूख नहीं करती हैं और न ही अपनी पराजय का किसी के सामने रोना रोती हैं। जिस तरह ये औरतें अपनी मानसिक यातना की असह्य ज्वालाओं को जज्ब किये हुए माँ–बाप के घर जीवन पर्यन्त रहती हैं, और बेटी होकर भी हूबहू बेटे की भूमिका हिम्मत के साथ निभाती हैं।

यहाँ के गली–मुहल्लों में, बाजारों–दुकानों पर, सीढ़ीनुमा खेतों और शोर से अँटी पड़ी सड़कों पर स्त्रियाँ पीठ पर बच्चों को बाँधकर घूमती–फिरती काम करती मिल जायेंगी। पीठ पर चादर की झोली में इत्मीनान और पुरसुकून के साथ लटका हुआ मासूम बच्चा चार–चार, छः–छः घण्टे तक उसी स्वर्गीय आनन्द से भरी झोली में हाथ–पैर मोड़कर

बैठा रहता है, रोता कत्तई नहीं, जैसे रोना उसे गैर जरूरी लगता हो। माँ अलौकिक सुख और सुरक्षा देने वाली पीठ पर लिए हुए है, फिर रोना किस बात के लिए? यहाँ औरत के पास अपने बच्चों के लिए दो गोद हैं। पहली पीठ और दूसरी? लगभग पूरा बचपन ही माँ की पीठ पर सैर करते गुजर जाता है। शायद पीठ पर ढोती हुई इन पहाड़ी फूलों वाली माँओं को ममता का सोता छाती के किसी हिस्से से ही नहीं, पीठ के किसी कोने से भी अन्दर–अन्दर फूटता रहता है।

पूर्वोत्तर की अनसुनी आवाज का दर्द

प्रो. माधवेन्द्र

सामाजिक विकास के क्रम में पीछे छूटे हुए व्यक्ति एवं समय की आवाज किस तरह निष्प्रभावी एवं अर्थहीन हो जाती है, इसे पूर्वोत्तर के सन्दर्भ में अच्छी तरह समझा जा सकता है। परिभाषाएँ, स्थापनाएँ और व्याख्याएँ सभी शक्ति–सम्पन्न एवं सत्तासीन लोगों की ही मान्य होती हैं और कालान्तर में वे ही नियम, व्यवस्था रूप में प्रचारित की जाती हैं। अतः वे जो पीछे छूट गये हैं, उनके स्वर में हताशा, बेबसी और अजीब सी छटपटाहट दिखलाई देती है। जब यह छटपटाहट पूरे समाज की माँग एवं इच्छा के रूप में प्रकट होते हुए असहनीय हो जाती है तो उसे विद्रोह कहा जाता है जबकि यही माँग जब वैयक्तिक स्तर पर प्रकट होने लगती है और इसका रूप हिंसात्मक होता है तो उसे आतंकवाद या उग्रवाद कह दिया जाता है। शक्ति–सम्पन्न लोगों की यह व्याख्या आवश्यक नहीं कि हमेशा सही हो। कोई भी प्रतिरोध आवश्यक नहीं कि आतंकवाद या उग्रवाद ही हो। चाहे नक्सलियों की भूख या गरीबी हो अथवा पूर्वोत्तर की छटपटाहट एवं हताशा एवं गुस्से में की जाने वाली कार्यवाही, जरूरी नहीं कि हमेशा उसकी व्याख्या आतंकवाद के रूप में की जाये, हाशिए पर छूट गये लोगों की आवाज के रूप में भी उसे सुना जा सकता है। उनके गुस्से एंव विद्रोह को उनके अनुसार भी सुनने की कोशिश की जा सकती है और यह जरूरी भी है। यह नहीं कि शक्ति के मत्त में पागल हो आप उन्हें टैंकों से कुचल दें या बर्बर सैनिक अत्याचार से उन्हें सबक सिखाने पर उतारू हो जायें। क्योंकि यह सच है कि जब किसी आवाज को लम्बे समय तक अनसुना किया जाता है और अपनी ही प्रतिक्रिया अतिशयतापूर्ण होती है जिसे सत्ता–सुख भोग रहे दम्भी लोग आसानी से उग्रवाद, आतंकवाद जैसे अपमानजनक नाम दे देते हैं। वस्तुतः इसे

एक सामाजिक माँग एवं जन–इच्छा के रूप में देखना आवश्यक है जहाँ चीजों को उनकी ही तरह से देखा जाये। परिस्थितियों की सही समझ की सामूहिक माँग को जबरदस्ती शक्ति के बल पर दबाने का ही नतीजा आतंकवाद या उग्रवाद है। उनकी तरह से उनकी पीड़ा को समझने की माँग। अगर ऐसा नहीं होगा तो फर्क नहीं पड़ता कि आप उन्हें आतंकवाद कहें या उग्रवाद।

पूर्वोत्तर की पीड़ा को अगर इस सन्दर्भ से देखें तभी बात कुछ समझ में आने लायक होगी। पूर्वोत्तर का समाज हाशिए का समाज है जिसकी आवाज वर्षों से अनसुनी रही है। आजादी के ठीक बाद विभिन्न परिस्थितियों में पूर्वोत्तर के अलग–अलग राज्यों का भारत में विलय कई प्रश्न खड़े करता है और ऐसा नहीं कि उन प्रश्नों को अब तक समझा नहीं गया, बल्कि जान बूझ कर उन्हें अनुसना करने की कोशिश की गयी। और इसी का नतीजा है कि आज पूर्वोत्तर पूरे भारत में केवल अपने विद्रोह एवं गुस्से के लिए ही जाना जाता है। मणिपुर के मीना केतन की राष्ट्रभक्ति से परिपूर्ण कविता देखें–

भगत, खुदी, प्यारे सुभाष
हुए शहीद इस माँ की खातिर
आजादी का यही तिरंगा
अब तो तब तक लहराएँ
जब तक सूरज चाँद फलक पर
तेरी जय हो भारत माता।'

यहाँ यह बात एकदम साफ समझनी चाहिए कि पूर्वोत्तर का पूरा विरोध केन्द्रीय शासन की जोर–जबरदस्ती पूर्ण रवैये का विरोध है जिसमें पूर्वोत्तर की मानसिकता को ठीक से न समझ पाने की गलती महत्वपूर्ण है। पूर्वोत्तर एक समाज नहीं वरन अनेक समाजों का समूह है और ये सभी समाज अपने आप में विशिष्ट एवं अलग हैं। विभिन्न प्रदेशों में रहने वाले लोग भिन्न प्रजातियों के तो हैं ही उनकी भाषाओं, बोलियों में भी अन्तर है, साथ ही सबके अपने अलग–अलग सामाजिक एवं सांस्कृतिक मूल्य हैं। परम्पराएँ, रीति–रिवाज, खानपान के साथ–साथ लोकविश्वास एवं सामाजिक मान्यताएँ इतनी भिन्न हैं कि आपस में भी इन्हें एक–दूसरे को ठीक से समझना मुश्किल होता है। इनका यह वैविध्य ही इनकी विशेषता एवं पूर्वोत्तर की शोभा है। सबकी अलग मानसिकता, स्वभाव एवं मान्यताएँ

हैं तथा यह बात भी महत्वपूर्ण है कि ये अभी मैदानी जनों की तरह इतने सभ्य नहीं हुए हैं कि उनकी सभ्यता धूर्तता–चालाकियों में प्रकट होने लगे। बहुत सीधे–सीधे मन वाले होते हैं पूर्वोत्तर के लोग। प्रकृति के सतत सान्निध्य ने इनके मन को भी प्रकृति की तरह ही सहज रखा है। अतः ये लगातार ठगे जाते हैं 'बाहरी' लोगों के द्वारा। सभ्यता का चरम विकास क्या धूर्तता या काइयाँपन ही है? अधिक सभ्य, सुसंस्कृत एवं समझदार होने की दम्भी मानसिकता के साथ बाहर से आये तमाम लोगों ने वर्षों केवल इन्हें ठगा है, शोषण किया है तथ उनकी माँ, बहन, बेटियों की इज्जत से खिलवाड़ किया है। सीधे मन की प्रतिक्रिया भी सीधी होती है। साजिश या षड्यन्त्र उनके वश की बात नहीं अतः केवल सीधी प्रतिक्रिया 'Direct action' में ही वे अपना आक्रोश प्रकट करते हैं। तो पूर्वोत्तर का विरोध दो अलग–अलग स्तरों पर है। पहला केन्द्रीय सरकार की कब्जापूर्ण मानसिकता एवं शासक–शासित जैसे व्यवहार के खिलाफ तथा दूसरा तथाकथित 'सभ्य' बाहरी लोगों के खिलाफ, जिनकी शैतानी खोपड़ी से ये पार नहीं पा सकते। इस प्रकार दुहरी लड़ाई लड़ रहे हैं पूर्वोत्तर के लोग। शासन से भी एवं सांस्कृतिक आधिपत्य के आक्रमण से भी।

पूर्वोत्तर के लोगों का मैदानी समाज के लोगों से जो प्रारम्भिक सम्पर्क हुआ, वह सीधे तौर पर सैनिकों एवं व्यापारियों के माध्यम से ही हुआ। आजादी के बाद पूर्वोत्तर के बढ़ते बाजार को बाहर से आये व्यापारियों ने ही विकसित किया। जनजातीय समाज को वे तमाम वस्तुएँ एवं उपकरण मुहैया हुए जो पहले उनके यहाँ नहीं थे। इस क्रम में आर्थिक शोषण जमकर हुआ। उनके व्यापारिक तन्त्र में पूरा पूर्वोत्तर फँसता रहा और पूरी आर्थिक ताकत उन व्यापारियों के पास संचित होती रही। आज भी पूर्वोत्तर का अधिकांश व्यापार बाहर से आये लोगों के ही कब्जे में है। उनकी मुनाफाखाऊ एवं ठगनशील व्यक्तित्व के आगे पूर्वोत्तर के लोगों की भला क्या चलती। अतः उनके प्रति पूर्वोत्तर जन का नजरिया बहुत खराब है। यही कारण है कि व्यापारियों के साथ–साथ अन्य सन्दर्भों से पूर्वोत्तर में आये लोगों के प्रति भी इनका दृष्टिकोण नकारात्मक है। खासी भाषा के युवा कवि पॉल लिंडोह अपने गुस्से एवं बेबसी को प्रकट करते हुए लिखते हैं–

'बिकाऊ है
यह कुचली हुई आत्मविमुग्ध धरती

अपने अनमोल खजाने के साथ
हमारी बेशकीमती भूसम्पदाएँ, औषधीय पौधे
दुलर्भ आरकिड
पेड़, खेत और पानी
ये सब और भी बहुत कुछ
बिकाऊ है हमारी अजीब, आदिम जनजातीय जड़ें
जो बिछा दी गयी हैं/प्रगति के पहिये के नीचे
बिकाऊ है
हमारे स्वाभिमान, मूल्य, कार्य–संस्कृति
हमारी सज्जाग की अनुभूति।'

यह पीड़ा किसी एक कवि की नहीं, बल्कि पूर्वोत्तर की सामान्य सोच है। बाहर के लोग पूर्वोत्तर के समाज, संस्कृति में सहभागी बनने के लिए नहीं, शोषण के लिए आते हैं। बुद्धिजीवियों का व्यवहार दूर से तमाशा देखने भर का ही है। स्थानीय लोग अपने को ठगा या वंचित ही महसूस करते हैं तभी तो असमिया कवि अपनी पीड़ा को व्यक्त करते हुए लिखता है–

'बेहतर होता अगर हमारी
दावेदारी होती पहले जैसी
तो फिर संदिग्ध
अजनबी परदेशी
जो औचक आये और बरबादी लाए
साथ ही लाए आतंक
धूर्त एवं धोखेबाज कहलाने'

इतना ही नहीं, वर्चस्ववादी सांस्कृतिक आक्रमण के प्रतिरोध को झेलने में भी वे अपने को लाचार पाते हैं। संस्कृति के नष्ट होने का खतरा भी कम महत्वपूर्ण नहीं है। अरुणाचल की निशि जनजाति की कवयित्री अपनी पीड़ा को इस प्रकार व्यक्त करती हैं–

'मैंने पहन रखा है एक कुर्ता और पायजामा
नहीं हैं जो पारम्परिक
पोमा और जुंपुंग की तरह
नहीं पहचानती है माँ इन पोशाकों को
जो पली बढ़ी इन्हीं पारम्परिक पोशाकों में
लिखता हूँ अंग्रेजी में मैं

नहीं है मेरी भाषा जो
देखो न, मैं हूँ एक निशि
एक देशज
करता जो आदमी होने का दावा'

पूर्वोत्तरवासियों को बाहरी हस्तक्षेप बहुत सालता है और इसका कारण अपनी संस्कृति, परिवेश एवं प्रकृति के प्रति उनका अतिशय लगाव है। पूर्वोत्तर का समाज शहरी मानसिकता का समाज नहीं है बल्कि ग्रामीण अथवा प्रकृति–मानसिकता का समाज है। इसीलिए औपचारिक बनतू व्यवहार के स्थान पर सहज प्राकृतिक खुलापन इनकी विशेषता है। आधुनिकीकरण की भूमण्डलीकृत आपाधापी इन्हें आकर्षित तो करती है, परन्तु अपने आप को वे उसमें पूरी तरह फिट नहीं कर पाते। दूसरे शब्दों में यह भी कह सकते हैं कि बदलाव इनके स्वभाव का स्वाभाविक चरित्र नहीं है और जब बदलाव इनके जीवन में अनपेक्षित ढंग से प्रवेश करता है तो उसके प्रति वे पूरी तरह से सहज महसूस नहीं करते। उपेक्षा एवं छोटेपन का भाव उन्हें परेशान करता है। कवि टैबु टेड की पीड़ा कितनी खास है–

'हम वे कुकुरमुत्ते–जो उगते हैं किनारे
हम कुकुरमुत्ते उगते हैं वृक्ष किनारे
विशाल वृक्ष उगते खुले में
उगता सूरज है उनका ही
उनकी ही है चाँदनी
प्यास बुझाने को आकाश का पानी भी है उनका'

इतना ही नहीं, पूर्वोत्तर की सामान्य सोच है कि जो कुछ बन–बिगड़ रहा है, उन सबका जिम्मेदार 'बाहरी' हस्तक्षेप या शोषण है। नगालैंड के आओ भाषा की कवयित्री तेमसुला आओ अपनी पीड़ा इन शब्दों में प्रकट करती हैं–

'लेकिन आज
मैं नहीं जानती अपनी पहाड़ियों को
बीत चुके हैं चिड़ियों के गीत
बदल दिये गये हैं वे
खतरनाक हथियारों के
असंगत भंडार से
लाल बह रही हैं नदियाँ

पहाड़ियाँ उजाड़ हो गयी हैं
और मौसम
खो चुके हैं अपना जादू
क्योंकि खास सुगन्ध
मेरी पहाड़ियों की
खो गयी है
सदा के लिए।'

पूर्वोत्तर का दूसरा संघर्ष सैनिक हस्तक्षेप से है जिसने पूरे पूर्वोत्तर के साथ मालिकाना व्यवहार किया है तथा उन्हें दोयम दर्जे के नागरिक की तरह समझा है। सीमांत प्रदेश होने के नाते केन्द्रीय सरकार द्वारा इस पूरे क्षेत्र को अतिशय संवेदनशील माना जाता रहा है तथा इन प्रदेशों में निवास करने वाले लोगों के भिन्न प्रजाति के होने के कारण पूरी तरह विश्वास करने योग्य नहीं माना गया। इसीलिए पूरे पूर्वोत्तर से सैनिक जमावड़ा औसत से बहुत ज्यादा रहा। इसी अविश्वास के कारण सेना को 'आर्म्ड फोर्सेज स्पेशल पावर्स एकट' नामक विशेष अधिकार दिये गये जिसके अन्तर्गत शान्ति–भंग की आशंका मात्र से गोली मारने का अधिकार उसे प्राप्त है जिसका प्रयोग ये अक्सर यहाँ के कथित असभ्य, जंगली लोगों को सबक सिखाने के लिए करते हैं। मणिपुर के मैतैयी भाषा के एक कवि रोबिन सिंग गंगम की अभिव्यक्ति है–

'बचपन में उमस भरे एक दिन
मातृभूमि छोड़ आया मैं
सुना करता हूँ वहाँ दुष्टतापूर्ण युद्ध जारी है
और रक्तरंजित लाशें धान के खेतों में
बिना किसी क्रिया कर्म के
घसीटी जाती हैं
अब तो लज्जा जैसे शब्द भी
शब्दकोश से हटा दिया है उन्होंने
हमारे घरों पर राज करते हैं नवधनिक
सुना वहाँ आजादी सिर्फ
हथियार बन्द लोगों की सुरक्षा में हासिल है'

सरकारी ड्यूटी बजाते ये सैनिक पूर्वोत्तर की मानसिकता एवं संस्कृति से पूरी तरह अनभिज्ञ होते हैं। उनके लिए पूर्वोत्तर की डयूटी 'पनिशमेंट डयूटी'

लगती है जहाँ उन्हें असभ्य एवं जंगलियों को नियंत्रित करने के लिए ही नियुक्त किया जाता है। इसीलिए उनका व्यवहार बहुत क्रूरतापूर्ण एवं बर्बर होता है। 'मातृभूमि' नामक कविता में रोबिन सिंग गंगम लिखते हैं–

'पहले आयी मारने वालों की चीखें दुःस्वप्न की तरह
फिर रेडियो रिपोर्ट और अखबार
छह गोली खाकर मरे
पच्चीस घर मटियामेट
चर्च में हाथ पीछे बाँधकर सोलह के सर काटे गये
जैसे जैसे दिन टुकड़े–टुकड़े होते गये
विजेता तथा उनके शिकारों की संख्या बढ़ती गयी
मैं अपनी मोटी होती चमड़ी के भीतर सख्त होता गया
जब तक मैंने अपनी कमजोर मानवता को खो नहीं दिया।'

यह बर्बरता तब और भी भयानक हो जाती है जब यहाँ की परिस्थितियों, गरीबी और मजबूरी का फायदा उठा कर सैनिकों द्वारा इस पूरे क्षेत्र को चरित्रहीनता की खुली छूट वाला क्षेत्र माना लिया जाता है। जबरिया यौन शोषण और बलात्कार करना ये अपना अधिकार समझने लगते हैं और उनकी निगाह में इनका कोई नैतिक मूल्य नहीं होता और सेक्स इनके यहाँ आम है। (ऐसा केवल सैनिक ही नहीं समझते, बल्कि पढ़े–लिखे बाहरी लोगों की राय भी कमोबेश ऐसी ही है।) ये लोग अपने घरों की स्त्रियों को तो सीता, सावित्री समझते हैं और यहाँ की स्त्रियों को बाजारू। यहाँ यह कहना आवश्यक है कि जितना तोप–ढाँक कर, छिपाकर चरित्रहीनता का खेल मैदानी समाजों में चलता है, उसका दशांश भी यहाँ नहीं होता। खुलापन यहाँ है, परन्तु वह यहाँ के जनजातीय समाज में पहले से ही मौजूद है। पूरे पूर्वोत्तर में स्त्रियों को अति सम्मानजनक स्थान प्राप्त है। मेघालय की खासी जनजाति में तो अभी भी विधिवत मातृसत्तात्मक सामाजिक व्यवस्था लागू है जिसमें सभी सामाजिक एवं आर्थिक अधिकार स्त्रियों को प्राप्त होते हैं। यह बात दावे से कही जा सकती है कि स्त्रियों का जितना सम्मान इस क्षेत्र में है, वैसा पूरे भारत में अन्यत्र कहीं नहीं है। अगर आप रात में कहीं जा रहे हों और आप के साथ कोई स्त्री है तो बदमाश रास्ता छोड़ देते हैं। एक ओर यह मानसिक और दूसरी ओर पूरी मानवता को अपमानित करने वाले पाशविक बलात्कार भी पीड़ा–

'घास यहाँ/बारूद की तीखी गन्ध से व्याप्त है
सामूहिक बलात्कार की शिकार पहाड़िन
का आत्मविहीन शरीर झूम की झोपड़ी के फर्श पर पड़ा है
अब तो आतंकवाद सस्ता माल है
शायद बच्चों के
खिलौनों से भी सस्ता।'

मणिपुर की मनोरमा के साथ जो घटा था, वह यहाँ अक्सर घटता रहता है। चकमा भाषा के कवि निरंजन चकमा की यह पीड़ा अकेली नहीं है। वस्तुतः विद्रोहियों को सबक सिखाने एवं उनके अपराध का दण्ड देने के लिए अक्सर उनके घर की स्त्रियों को उठा लिया जाता है और सामूहिक बलात्कार द्वारा उनके अपराध के लिए दण्डित किया जाता है। मणिपुर कवि राबिन सिंग की एक कविता में इसकी पीड़ा दीखती है—

'पहाड़ी में गूँजती बन्दूकें—
फुटती गोलियाँ खिड़कियों से पौधों का बाजार।
जब खूनी नरसंहारों के बाद तुम
टूटे झंडों के गिर्द जुट जाते मक्खियों से
दिन के कंटीले तार कर लेते हमारी घेराबन्दी
जैसे ही घुसते हम कातिल युग में।'

मिजो भाषा के कवि एल. खांग्टे अपने आक्रोश को इन शब्दों में प्रकट करते हैं—

'हथियार डाल यूँ कब तक सहेंगे हम अत्याचार
कितने दिनों तक पिसेंगे हम दानों की तरह
व्यवस्था के पाटों में,
कितनी मेहनत करते
धरती पर मिलजुलकर
उठो संगठित' होओ एक साथ'

पूर्वोत्तर की समस्याओं का एक बड़ा कारण यहाँ की गरीबी भी है। बेरोजगारी एक बड़ी समस्या है। कृषि योग्य पर्याप्त भूमि नहीं है। केवल झूम खेती के सहारे (Shiftig Cultivation) प्राथमिक अवस्था में भी नहीं है। युवा बेरोजगार अपनी जमीन छोड़ना नहीं चाहते और पर्याप्त काम मिलता नहीं। आक्रोश, असन्तोष यहीं से प्रारम्भ होता है। सरकार अनुदान देकर अपने कर्तव्यों की इतिश्री मान लेती है। कोई व्यवस्थित औद्योगिक

विकास का जनजातीय मॉडल अभी तक विकसित ही नहीं हुआ है। यही बेकारी तथाकथित आतंकवाद की सृजन भूमि है। समस्या का समाधान न तो सरकार के पास है, न ही युवाओं के पास। सरकार मानती है कि शान्ति पहले हो, विकास स्वतः होगा। जबकि जरूरी है यह समझना कि पहले विकास हो, शान्ति अपने आप आ जायेगी। पूर्वोत्तर को हम अपना कहते हैं, अपना मानना चाहते हैं, परन्तु पूर्वोत्तर के प्रति जो उपेक्षा का भाव प्राचीन काल से 'सभ्य धारा' के लोगों का था, वह किसी न किसी रूप में आज भी चला आ रहा है। सिर्फ सरकारी प्रयास से नहीं होगा, सरकार तो कोशिश कर रही है। समस्या यह है कि बुद्धिजीवी वर्ग, सामाजिक कार्यकर्ता या चिन्तक लग्घी से पानी पिलाकर ही अपने कर्तव्य की पूर्णाहुति मान रहे हैं। 'सुविधाभोगी बौद्धिकता' यहाँ की कठिन भूमि से नहीं जुड़ पा रही है। इनके पास न तो पूर्वोत्तर की जमीनी समझ है और न ही समाधान। वे पूर्वोत्तर को आतंकवादी मानकर दिल्ली में गाल बजाते 'विशेषज्ञ' होकर आत्म मुग्ध हैं। आज अगर प्रबुद्ध बुद्धजीवियों का कुछ रिश्ता इस क्षेत्र से जुड़ रहा है तो वह केवल 'नौकरी' के चलते और उसे भी ये लोग दंड की तरह ही लेते हैं। उँगली पर गिनते रहते हैं कि तीन साल कब पूरे हो रहे हैं। प्यार का रिश्ता, हृदय या मन का रिश्ता जो बनना चाहिए, वह नहीं बन पा रहा है।

समस्याएँ यहाँ हैं और गम्भीर हैं, फिर भी समस्याओं से मुँह मोड़ बौद्धिक जुगाली से वे हल नहीं होंगी। इनकी सांस्कृतिक पहचान की सम्मानपूर्ण माँग एवं आवश्यकता को आत्मीयतापूर्वक बिना ठेस पहुँचाए, समझना होगा। पूर्वोत्तर को साथ लेना होगा, पूर्वोत्तर के संघर्ष एवं पराजय को, शोषण, गरीबी, अत्याचार को अपना समझ कर उन्हें हल करने की पारिवारिक मानसिकता विकसित करनी होगी। पूर्वोत्तर को जबरिया अपनी ओर खींचने से काम नहीं चलेगा। दुखद है कि हिन्दी साहित्य में पूर्वोत्तर लगभग अनुपस्थित है। हम इराक, अफगानिस्तान, मिस्र को लेकर तो चिन्ता करते हैं, परन्तु पूर्वोत्तर की पीड़ा को साहित्य में शामिल नहीं करते। अगर पूर्वोत्तर आता भी है तो केवल प्रदर्शनी की तरह। वास्तव में हिन्दी साहित्य में पूर्वोत्तर को लेकर एक आन्दोलन की जरूरत है जिसे होना अभी बाकी है।

हिन्दी उपन्यासों में पूर्वोत्तर भारत

डॉ. गोपाल प्रधान

आज जिसे हम 'उत्तर पूर्व' कहते हैं, वह स्वतन्त्रता और विभाजन से निर्मित भौतिक और मानसिक भूभाग है। स्वतन्त्रता से पहले 'नार्थ–ईस्ट फ्रंटियर एजेंसी' (नेफा), अर्थात् वर्तमान अरुणाचल प्रदेश, वैसे ही था जैसे पश्चिमी सीमा पर पश्चिमोत्तर सीमा प्रान्त। वर्तमान पूर्वोत्तर भारत के शेष क्षेत्र पहले तो बंगाल के अधीन, बाद में असम की कमिश्नरी के अधीन रहे। स्वतन्त्रता से पहले हिन्दी क्षेत्र से जो लोग इस क्षेत्र में आये, उनकी सामाजिक स्थिति ऐसी नहीं थी कि हिन्दी साहित्य के भीतर उनका जीवन वर्णन का विषय बनता।[1] आने वाले लोगों ने भी कोई अलग भाषिक समुदाय बनाने की बजाय द्विभाषिक होना ही बेहतर समझा। अपने भीतर, जहाँ से आये थे, वहाँ की बोलियाँ और कार्य स्थल अथवा बाजार में स्थानीय भाषा। स्वतन्त्रता के बाद हिन्दी भाषी क्षेत्रों से प्रशासन में अनेक बौद्धिक लोग आये। इनके अतिरिक्त पर्यटन हेतु भी कुछ घूमंतू साहित्यकार इस क्षेत्र में आये। राष्ट्रभाषा के रूप में हिन्दी की स्वीकृति के फलस्वरूप भी कालेजों और विश्वविद्यालयों में हिन्दी बौद्धिकों का आना जारी रहा। इसी परिवेश में हिन्दी में पूर्वोत्तर भारत पर केन्द्रित साहित्य लिखा जाना शुरू हुआ। प्रधानतः यह लेखन यात्रा वृतांत और उपन्यासों में रूप में सामने आया है।

मेरा उद्देश्य मूलतः पूर्वोत्तर भारत में विभिन्न प्रान्तों पर लिखे गये उपन्यासों का विश्लेषण करना है। साथ ही मेरा उद्देश्य उन उपन्यासों के लेखकों की सामाजिक स्थिति का इन उपन्यासों में प्रस्तुत यथार्थ पर पड़े प्रभाव की खोजबीन करना भी है, क्योंकि पूर्वोत्तर भारत के जीवन की प्रस्तुति इन लेखकों के नजरिये से प्रभावित हुई है। बर्जीनिया वुल्फ ने उपन्यास को साहित्यिक विधाओं में नवीनतम और सर्वाधिक लचीला

बताया।[2] रामचन्द्र शुक्ल ने अपने लेख 'उपन्यास' में लिखा, "बहुत लोग उपन्यास का आधार कल्पना बतलाते हैं। पर उत्कृष्ट उपन्यासों का आधार अनुमान शक्ति है, न कि केवल कल्पना।" आगे अनुमान के साथ यथार्थ का सम्बन्ध स्पष्ट करते हुए लिखा, "ऐतिहासिक उपन्यास अनुमानमूलक और सत्य है, उच्च श्रेणी के उपन्यासों में वर्णित छोटी–छोटी घटनाओं पर यदि विचार किया जाये तो जान पड़ेगा कि वे यथार्थ में सृष्टि के असंख्य और अपरिमित व्यापारों में छाँटे हुए नमूने हैं।"[3] शुक्ल जी यह बात ऐतिहासिक उपन्यासों के प्रसंग में कह रहे थे। पूर्वोत्तर भारत के बारे में लिखे गये विचारणीय सभी हिन्दी उपन्यास कमोबेश ऐतिहासिक हैं। रामचन्द्र शुक्ल ऐतिहासिक उपन्यासों का आधार जिस अनुमानशक्ति को बता रहे थे, स्पष्ट है कि वह लेखक की सामाजिक स्थिति से उत्पन्न उसकी मान्यताओं का उद्घाटन करती चलती है। सौभाग्य से ये लेखक आधुनिक काल के हैं इसलिए उनके जीवन के बारे में प्रामाणिक जानकारी सम्भव है। इन उपन्यासों के प्रकाशन क्रम में ही इन पर विचार करना उचित होगा।

इन उपन्यासों में पहला उपन्यास देवेन्द्र सत्यार्थी का 'ब्रह्मपुत्र' है। इस उपन्यास की भूमिका काका कालेलकर ने 'लोक युग का नदी पुराण' शीर्षक से 1956 में लिखी। उपन्यास के प्रारम्भ में स्वयं लेखक ने 'ब्रह्मपुत्र की भाषा' शीर्षक से दस पृष्ठों की पूर्व पीठिका भी लिखी है। गोपाल राय ने 'हिन्दी उपन्यास का इतिहास' में उसकी प्रकाशन तिथि 1956 ही बताई है। फिलहाल बाजार में इसका जो संस्करण उपलब्ध है वह 'ज्ञान गंगा' प्रकाशन, दिल्ली द्वारा पहली बार 1992 में प्रकाशित हुआ था।

स्पष्ट है कि उपन्यास के लेखन और प्रकाशन का समय हिन्दी उपन्यास में 'आंचलिक उपन्यासों' की लोकप्रियता का दौर था। देवेन्द्र सत्यार्थी के बारे में भूमिका में ही काका कालेलकर ने सूचना दी है, "श्री देवेन्द्र सत्यार्थी भारत के लोकगीतों के अनन्य उपासक हैं।[4] आंचलिकता के प्रति वैचारिक निष्ठा और लोकजीवन से अनुराग ने इस उपन्यास को अनूठी साहित्यिक कृति बना दिया है। उपन्यास में स्वतन्त्रता आन्दोलन का समय है और भूभाग ब्रह्मपुत्र में माजुली द्वीप तथा माजुली के सामने का भूभाग। ब्रह्मपुत्र दोनों भूक्षेत्रों के बीच बहता है और उपन्यास के चरित्रों की तरह की सशक्त चरित्र है।

शुरू में उपन्यास दिसाङमुख के लोगों के जनजीवन का मंथर गति से

चित्रण करता है। इन पात्रों के मानस के निर्माण में ब्रह्मपुत्र का निर्णायक योगदान है। पूर्व पीठिका में ही इस मानस को पहचानने के क्रम में देवेन्द्र सत्यार्थी ने लिखा है, "असमिया यथासम्भव मर्यादा को नहीं छोड़ता है, पर यदि कहीं उसके आत्मसम्मान को ठेस लगी, तो वह बाढ़ के समय का ब्रह्मपुत्र बन जाता है। आतिथ्य में उसका जवाब नहीं। आज काम चल रहा है तो कल की चिन्ता क्यों की जाये? आनेवाली विपत्ति आयेगी तो देख लेंगे। बीते संकट का क्यों स्मरण किया जाये? पुरानी कहावत है–बाघ की सवारी करने वाले को बाघ से उतरने का गुर नहीं आता, पग–पग पर अनुभव हुआ कि असमिया को यह गुर भी आता है। "ब्रह्मपुत्र गारा काटता हुआ और इधर को आयेगा तो दिसाङमुख और पीछे हट जायेगा।" यह बोल मेर हृदय को छू गया। थोड़ा मौन रहकर मार्ग दर्शक ने कहा, "बड़ डिकडारी अर्थात् बड़ी मुसीबत है।" मैं समझ गया कि यही वह मूलमंत्र है, जिसे एक बार होठों पर लाकर कोई भी असमिया बड़ी से बड़ी मुसीबत पर सवार हो सकता है, और मानो एक बार 'बड़ डिकडारी' कहकर वह झट बाघ के ऊपर से नीचे छलांग लगा सकता हो।[5]

कहावतों की भरमार इस उपन्यास की विशेषता है। तकरीबन ये सभी कहावतें पानी, नदी, सुपारी, और मछली से सम्बन्धित हैं। इस विशद पृष्ठ भूमि पर कथा प्रवाह जब शुरू होता है तो स्वतन्त्रता आन्दोलन में इस क्षेत्र के अवदान का गरिमापूर्ण आख्यान शुरू होता है। दिसाङमुख का एक युवक कलकत्ते में पढ़ता है और वहाँ के किसी क्रान्तिकारी गुट का सदस्य है। गुट पर अंग्रेजी सरकार का दमन शुरू होने पर भागकर दिसाङमुख आता है और वहाँ से माजुली पहुँच जाता है। इधर दिसाङमुख में उसकी खोज करनेवाला दारोगा स्थानीय जनता पर बेतरह जुल्म ढाता है। इसके कारण भारत के इस सुदूर अंचल में पहली बार जुलूस, प्रदर्शन जैसी चीजों की शुरुआत होती है। इसी क्रम में स्थानीय पात्रों का कायान्तरण शुरू होता है। सीधे सादे लोग स्वतन्त्रता के सिपाही बनने लगते हैं।

दिसाङमुख में मिरी समुदाय के लोग भी रहते हैं। भीतर गाँवबूढ़ा के प्रश्न पर अस्मिताबोध जागता है। मिरी लोग देवूर पूजा करते हैं जिसमें बाहरी लोगों के प्रवेश की मनाही है। उपन्यास दिसाङमुख में रहनेवाले मिरी लोगों के वर्णन के जरिए असमिया पहचान के तनावों को भी रेखांकित करता है।

उधर माजूली में रहने वाले लोगों में भी उस क्रान्तिकारी को पकड़ने

के जिए जो उत्पीड़न किया जाता है, उसके कारण विरोध भाव बढ़ने लगता है। अन्ततः उस क्रान्तिकारी के दो साथियों को पकड़कर जब माजूली का दारोगा ब्रह्मपुत्र नाव से पार करने लगता है तो नाव डूब जाने से तीनों की मृत्यु हो जाती है। प्राकृतिक आपदाओं की विभीषिका और उनके बावजूद मनुष्य की जिजीविषा के बीच होनेवाला संघर्ष ही उपन्यास की मुख्य कथावस्तु है और लेखक ने अत्यंत कौशल के साथ इसका चित्रण किया है। उपन्यास में स्वतन्त्रता की प्राप्ति के बाद दिसाङमुख में नगालैंड की रानी गिडालू आती हैं। रानी गिडालू स्वतन्त्र भारत में पूर्वोत्तर भारत के लोगों के सम्मान की गारंटी के बतौर उभरती हैं। पूर्वोत्तर भारत पर लिखे हिन्दी उपन्यासों में यह उपन्यास जनजीवन की गहरी समझ के कारण सर्वोत्तम है।

इसी क्रम में दूसरा उपन्यास 'जहाँ बाँस फूलते है' आया। उसका प्रकाशन 1996 में अहमदाबाद के पार्श्व प्रकाशन से हुआ। उसके लेखक श्रीप्रकाश मिश्र हैं। लेखक वर्षों तक मिजोरन में खुफिया प्रमुख के रूप में रहे थे और उसी अनुभव के आधार पर वह उपन्यास लिखा गया है। उपन्यास का कथा समय 1968 का लालडेंगा का प्रसिद्ध विद्रोह है। हालाँकि कथायुक्ति के बतौर लेखक ने प्राक्कथन में लिखा है, "यह उपन्यास ऐतिहासिक नहीं है।....अगर किसी के जीवन के टुकड़े से कोई अंश इत्तेफाक करता मिलेगा तो सिर्फ इसलिए कि कल्पना की दीवार कहीं न कहीं यथार्थ की बुनियाद पर ही बनती है। फिर भी यह उपन्यास आम पाठक को पूर्वोत्तर भारत की समस्या समझने की खासी सामग्री देगा।[6] 'ब्रह्मपुत्र' ने पूर्वोत्तर भारत को जिस समय छोड़ा था, उस कथा को स्वतन्त्र भारत में श्रीप्रकाश मिश्र ने आगे बढ़ाया है।

काफी लम्बे समय तक प्रशासनिक हल्कों में रहने के कारण श्रीप्रकाश मिश्र को प्रशासनिक मशीनरी की गहरी जानकारी थी और दीर्घावधि के कारण मिजो समाज से निकट का परिचय भी। इसलिए उपन्यास में शासन तन्त्र के प्रत्येक अंग की कारगुजारियों का विस्तृत वर्णन है। मिजो भाषा के शब्द भी प्रचुरता से प्रयुक्त हुए हैं। मिजो भाषा का एक शब्द है–वाइ। इसका अर्थ है बाहरी। केन्द्रीय शासन–प्रशासन से जुड़ा प्रत्येक व्यक्ति मिजो समाज के लिए बाहरी है। मिजो लोग भीख माँगना सबसे निकृष्ट–काम समझते हैं। बाहरी लोगों अर्थात् केन्द्रीय सरकार के कार्यालयों से चीजें उठा लाएँगे, कभी–कभी जबर्दस्ती भी, पर भीख नहीं

माँगेंगे। कथाभूमि डोपा नामक गाँव है। इसी गाँव को केन्द्र में रखते हुए कथाकार ने मिजो समाज की अंदरुनी हलचल को पकड़ने की कोशिश की है।

बाँस फूलने की परिघटना वैसे तो सार्वभौमिक है और इसके साथ अपशकुन भी जुड़ा होता है, लेकिन चूँकि मिजोरम का मुख्य उत्पाद बाँस ही है इसलिए बाँस फूलने के साथ वहाँ विशेष भय जुड़ जाता है। इसके लिए मिजो भाषा में 'मउटम' नामक शब्द ही है। मिजोरम के बहाने समूचे पूर्वोत्तर भारत की समस्या को प्रस्तुत करने का लेखक का दावा अनुचित नहीं लगता। जब हम देखते हैं कि संगठित धर्मों के बाहर रह गयीं जनजातियाँ अपनी अस्मिता की तलाश में तरह तरह से अपने आदिमूल खोजती हैं। उपन्यास का मुख्य पात्र रूआलखूमा एक जगह कहता है–"सवाल उठता है कि वह यहूदी दाऊद की बारहवीं कौम गयी कहाँ? उसकी खोज में मूसा आये और कश्मीर–अफगानिस्तान की सीमा पर दफन हो गये। उसकी खोज में ईसा आये और वह भी कश्मीर में दफन हो गये। ये लोग उसे खोज नहीं पाए। क्यों? क्योंकि यह बारहवीं कौम कब की कश्मीर पारकर लद्दाख, तिब्बत, चीन से होती हुई शान देश में पहुँच गयी थी। हमारे पूर्वज इस कौम की अगली पीढ़ी बन उस परम खुदा 'माह येव' को प्यारे होते जाते थे और अगली पीढ़ी कुछ और पूरब खिसक जाती थी। इस तरह जो मिस्त्री फराओं के गुलामी से बचकर निकले थे उनकी सन्तान निरन्तर आजाद रहती हिमालय की वादियों, जंगलों में धूमती आज भी आजाद है। वे ही लुरोई, राल्ते, पाइते, पोई, लाखेर, मणिपुर की मैतेई, कछार हिल्स की बिकिर, कछारी, थाङकुल, राङकुल...इसीलिए हमारे पुरुषों ने कभी सभ्यता के सिद्धांतों को नहीं अपनाया, बल्कि अपनी जिन परम्पराओं, पूजा पद्धतियों को भूल गये थे, उसे पुनर्जीवित करते गये...हमें भी करनी हैं।[7]

अपने इसी संकल्प के कारण उपन्यास मिजो जीवन की विशेषताओं को भरपूर प्रस्तुत करता है। पहनने के लिए पुआन, पीने के लिए थिङपुई शेन, सामाजिक कार्यकलाप के लिए जालबुक, मिजो समाज का खुलापन जो उनकी मौके बेमौके की हँसी में व्यक्त होता है–यह सब मिजोरम की प्राकृतिक समृद्धि के साथ घुल मिलकर पूरे उपन्यास में छिटका हुआ है। दुखद तथ्य के बतौर लालडेंगा के विद्रोह के बाद समूचे मिजोरम में मौजूद सेना की बर्बरता बार–बार टीस की तरह उठती रहती है। हवा सिंह

नामक एक पात्र है जो झूम के लिए गये पाँच नौजवानों को मेडल पाने के लिए 'मुठभेड' में मार डालता है, फिर एक स्थानीय पादरी का लिंग चिरवाकर उसमें नमक भरवा देता है। इसी हवा सिंह को जब नौजवानों ने मार डाला तो कर्नल ने उसका 'शहीद स्मारक' बनवाया।

एक जगह विस्तार से उपन्यासकार ने अनुभव के आधार पर पूर्वोत्तर भारत की समस्या, जिसे निहित स्वार्थ के चलते समस्या बनाया गया, का भंडाफोड़ किया है। 68 में ''वर्षों से सोई केन्द्रीय सरकार को जाने कैसे किसी ललछऊ चींटी ने काट खाया कि उसका एक पंजा फड़का और एक अंगुली पूर्वोत्तर भारत की ओर चल पड़ी। उसका एक पोर गुआहाटी की सड़कों पर जांचकर पाया कि समस्या इतनी गम्भीर नहीं है, जितनी महन्त ने बना दी है। वास्तव में विभिन्न विभागों के छोटे कर्मचारी अपनी तनख्वाह व भत्ते नगालैंड में तैनात अपने समकक्षियों के बराबर पाने के लिए 'मिजोहिल्स' को डिस्टर्ब्ड एरिया घोषित कराने पर तुले हुए हैं..."[8]

उपन्यास के अन्त में रूआलखूमा की डायरी मिलती है जिसमें उसकी आठ कविताएँ हैं–मिजोरम के दुर्भाग्य और लहूलुहान यथार्थ पर आँसू बहातीं।

इस क्रम में तीसरा उपन्यास 'मुक्ति' 1999 में वाणी प्रकाशन से प्रकाशित हुआ। इसके लेखक डॉ. महेन्द्रनाथ दुबे हैं। डॉ. दुबे का परिवार आजमगढ़ से असम आया था और यहीं कछार जिसे के पैलापुल में बस गया था। डॉ. दुबे ने काशी हिन्दू विश्वविद्यालय से हिन्दी में एम.ए. करने के बाद कुछ दिनों तक वहीं अध्यापन किया, फिर पं. विद्यानिवास मिश्र के बुलावे पर आगरा के.एम. हिन्दी तथा भाषा विज्ञान विद्यापीठ गये और वहाँ से निदेशक के पद से सेवानिवृत्त हुए। उपन्यास के ब्लर्ब से सूचना मिलती है कि–'14 अगस्त 1947 की अर्द्ध रात्रि को स्वतन्त्रता की उद्घोषणा से लेकर 1962 में चीन के आक्रमण की पूर्वबेला तक के कालखंड में यह समूचा क्षेत्र किस तरह संघर्षरत रहा, इसी का एक दस्तावेज है यह उपन्यास 'मुक्ति।[9] कथाक्षेत्र दक्षिण असम के कछार जिले का मुख्यालय सिलचर है। इसी कारण इसमें स्वतन्त्रता की बजाय विभाजन की व्यथा गहरी है। विभाजन की त्रासदी का उल्लेख करते हुए ब्लर्ब में ही अंकित किया गया है, ''डॉ. दुबे ने लक्ष्य किया कि राजनीतिज्ञों ने देश के भूगोल के साथ जो खिलवाड़ किया है, उससे साधारण जनता के कष्टों का बोझ निरन्तर बढ़ता रहा है। उनका अपना गाँव असम के कछार जिले में

स्थित है, किन्तु असम प्रदेश की राजधानी गुवाहाटी उससे बहुत दूर है, जबकि बांग्लादेश का सिलहट बिल्कुल पड़ोस में है। पूरब में मणिपुर की इम्फाल, दक्षिण में मिजोरम की आइजोल, दक्षिण पश्चिम में त्रिपुरा की अगरतला राजधानियाँ बहुत पास हैं। बँटवारे ने हालात ऐसे कर दिये कि एक छोटे से गलियारे के अलावे शेष भारत की अपेक्षा असम के इन सात प्रदेशों की सीमाएँ चारों ओर भूटान, तिब्बत, चीन, म्याँमार और बांग्लादेश से ही मिलती हैं।''[10]

इतने सारे वास्तविक सन्दर्भों के बावजूद लेखक ने कथायुक्ति के बतौर 'सब कोरी गप्प है' शीर्षक भूमिका में लिखा है, ''पूरी तरह कपोल कल्पना से रचित 'मुक्ति' में कुछ भी ऐसा नहीं है जिसकी किसी भी यथार्थ स्थान, किसी भी जीवंत पात्र, किसी भी प्रामाणिक वक्तव्य से कोई सम्बन्ध हो... ।[11] कछार का पैलापुल भोजपुरी भाषी, मणिपुरी, बांग्लादेश से आये शरणार्थियों की मिश्रित आबादी का क्षेत्र है। इसकी बनावट के मूल खोजते हुए लेखक विभाजन के समय सिलहट में पनपते हिन्दू–मुसलमान वैमनस्य से शुरू होता है और सिलहट के ब्राह्मण बेड़िया से पलायन करने वाले हिन्दू परिवारों के वर्णन के जरिए कछार आनेवाले शरणार्थियों की व्यथा–कथा कहता है। कछार के चाय बगानों में कार्यरत भोजपुरी भाषी मजदूरों के शोषण के जीवंत चित्र प्रदान करते हुए सामान्य जन के संघर्ष और त्याग के चटक चित्र प्रस्तुत करता है। इसी क्रम में उपन्यास की नायिका मुक्ति का जन्म होता है जो बाद में बाप दादों का घर देखने बांग्लादेश जाती है। इस यात्रा में उसके साथ एक मणिपुरी स्त्री कियांगमाइची भी है। कियांगमाइची अपूर्ण बलशालिनी मिथकीय किस्म का चरित्र बन जाती है जिसे बर्मी और चीनी सैनिकों ने युद्धविद्या का प्रशिक्षण दिया था। नायिका 'मुक्ति' कछार क्षेत्र में बांग्ला भाषा की राजकीय भाषा के रूप में स्वीकृति के संघर्ष का भी प्रतीक बन जाती है। मुक्ति को कियांगमाइची अपनी पुत्री के रूप में अंगीकार करती है और उसे युद्ध विद्या सिखाती है। अन्त में ये दोनों स्त्रियाँ बांग्लादेश जाकर वहाँ भी विद्रोह की ज्वाला भड़काती हैं।

उपन्यास में यत्र–तत्र पूर्वोत्तर भारत की प्राकृतिक और जनतातीय समृद्धि के बारे में अल्पज्ञात तथ्य प्रमुखता से अभरते हैं। उदाहरण के लिए डॉ. दुबे कछार जिले में स्थित भुवन पहाड़ की एक अल्पज्ञात परिघटना का विवरण देते हैं। यहाँ कभी–कभी रात के दो बजे धूप निकल आती

है, फिर दो घंटे के अन्धकार के बाद भोर होती है। कारण यह कि बर्मा की पहाड़ियों में किसी दरार से सूरज की धूप मौसम साफ होने पर खिल जाती है, फिर कोण बदल जाने पर अँधेरा हो जाता है, बाद में भोर होती है। जनजातीय समृद्धि के विवरण बहुत कुछ समाजशास्त्रीय अध्ययनों का आधार लेकर लिखे गये प्रतीत होते हैं। हिन्दू, मुसलमान, ईसाई, बौद्ध तथा प्रकृति पूजक धर्मों से बने इस मानव संकुल के विस्तृत विवरण कथा के बीच बाधा बनते हुए भी मनोरंजक ढंग से आते रहते हैं।

इस उपन्यास के जरिए डॉ. दुबे शेष भारत के साथ पूर्वोत्तर भारत के जुड़ाव पर विशेष जोर देते हैं। इसलिए लोकप्रिय गोपीनाथ बरदलै के निधन और जवाहर लाल नेहरू के देहावसान पर उपन्यास के पात्र गुवाहाटी और दिल्ली चले जाते हैं। महात्मा गाँधी का निधन भी भारी क्षति के बतौर उभरकर सामने आता है। शव यात्राओं के वर्णन रेडियो प्रसारण की तरह लिखे गये हैं।

चौथा उपन्यास 'उत्तर पूर्व' इतिहास बोध प्रकाशन द्वारा मार्च 2002 में पहली बार प्रकाशित हुआ। इसके लेखक लाल बहादुर वर्मा मणिपुर विश्वविद्यालय में इतिहास के प्रोफेसर रहे थे और उनके मणिपुर प्रवास के अनुभवों के आधार पर यह उपन्यास लिखा गया है। लेखक ने भूमिका में इस अनुभव से उत्पन्न बेचैनी का जिक्र करते हुए लिखा है, ''अर्जुन की ससुराल कहे जाने के बावजूद, सुभाषचन्द्र बोस के आजाद हिन्द फौज की भारत विजय योजना के एक मात्र विजय स्थल (मोयरांग) होने के बावजूद और दशकों से विद्रोह की चुनौती प्रस्तुत करने के बावजूद मणिपुर 'इडिया' में अधिकांशतः अज्ञात ही है।''[12] उपन्यास के शीर्षक का श्लेष स्पष्ट करते हुए विष्णुचन्द्र शर्मा ने टिप्पणी लिखी है, ''उत्तर पूर्व उपन्यास का नाम प्रतीकात्मक है और उसके दो अर्थ निकाले जा सकते हैं। एक है नार्थ–ईस्ट के सन्दर्भ में। दूसरा है जवाब मिलने से पहले सवालों के उड़ने–घुमड़ने और टकराने का मंथन।''[13]

उपन्यास का कथा सागय ऐतिहारिक नहीं, बल्कि लेखक का समकालिक है, इसीलिए लेखक को किसी कथायुक्ति की आवश्यकता नहीं पड़ती। अलबता लेखक ने 'मैं' शैली अपनाने की बजाय अपना ही प्रतिरूप पात्र प्रोफेसर बर्मन गढ़ा है जो लेखक की तरह की विश्वविद्यालय के इतिहास विभाग में प्रोफेसर हैं। इसी के लिए जाने अनजाने लेखक का परिचित विश्वविद्यालयी जीवन उपन्यास में जरूरत से ज्यादा ही जगह

घेर लेता है और उसी मात्रा में मणिपुर के सामाजिक यथार्थ के उद्घाटन में बाधा भी डालता है। ऐतिहासिक कथा न होने के बावजूद मणिपुर के आधुनिक इतिहास के एक विराट नायक इराबट सिंह की उपस्थिति कथा में बराबर बनी रहती है।

उपन्यास का आरम्भ प्रोफेसर बर्मन की इस उलझन से होता है कि क्या 'नेशन' एक ही होता है। अम्बेडकर, जिन्ना, नेहरू और फिजो के 'नेशन' क्या एक ही थे? इसी दौरान उन्हें इबोहल नामक एक पागल सा व्यक्ति याद आता है। इबोहल को सेना के नासमझ सिपाहियों ने कभी एक गलतफहमी के कारण यातनाएँ दी थीं जिसके बाद से वह दिमागी रूप से कभी सामान्य नहीं हो पाया था। इसी क्रम में मणिपुर का त्रासद यथार्थ धीरे–धीरे पाठक के समक्ष खुलता जाता है। बीच–बीच में क्षेपक की तरह विश्वविद्यालय की कथा भी जारी रहती है, क्योंकि कुछ यथार्थवादियों की तरह लेखक भी सम्भवतः पराकायाप्रवेश को यथार्थवाद का अंग नहीं मानता, स्वयं का देखा हुआ जीवन ही बताने तक महदूद रहना चाहता है।

मणिपुरी अर्थात् मैतेयी भाषा में बाहरी लोगों के लिए 'मायांग' नामक शब्द है। इस तरह यह उपन्यास एक मायांग द्वारा मणिपुरी समाज को समझने की कोशिश है, कहीं न कहीं यह सीमा भी लेखक को उसके देखे हुए जीवन के पार नहीं जाने देती। विश्वविद्यालय में प्रोफेसर बर्मन का परिचय आर. के. नामक सहकर्मी से होता है जो कल्चरल एक्टिविस्ट है। उसके एक कार्यक्रम को देखते समय बर्मन की देखा देखी उनके बड़े भाई इराबो से होती है जो बेहद चुप्पा है। पता चलता है इराबो युवावस्था में दिल्ली पढ़ने गये थे। वहाँ वामपंथी छात्र राजनीति के प्रभाव में आये। इसी प्रभाव में उन्होंने इराबो सिंह पर फिल्म बनाने का संकल्प लिया था और लौटकर मणिपुर आ गये थे। "उसी दौरान उससे कुछ ऐसे लोग मिले जिन्होंने उसकी मणिपुरी अस्मिता को ललकारा और दलील रखी कि इराबो पर फिल्म बनाना एक जरूरी काम है पर फिलहाल तो उनके जैसे समझदार और सम्पृक्त व्यक्ति की जरूरत मणिपुर के क्रान्तिकारियों को है।"[14] इराबो इंकार करता उससे पहले ही फौज ने उसके घर में हमला किया और उसे पकड़कर ले गयी। यातना दी गयी। स्वस्थ होने के बाद वे भूमिगत क्रान्तिकारियों के साथ चले गये थे। एक फौजी आपरेशन में वे पकड़ गये। उसके बाद घर पर ही रहते हैं। किसी से ज्यादा बात नहीं

करते। इराबो की एक बहन थी राधा। वह भी किसी नगा को प्यार करने का जुर्म कर बैठी थी। घर के लोगों ने उसके प्रेमी की हत्या करवा दी थी। उसके बाद वह भी घर पर ही रहती थी। इन दोनों के जीवन में प्रोफेसर बर्मन का प्रवेश होता है और वे खुलने लगते हैं।

प्रोफेसर बर्मन ईद के अवसर पर इम्फाल के पास रहने वाले अपने मुसलमान सहकर्मी के यहाँ आते हैं। उनसे बातचीत के जरिए मणिपुरी मुसलमानों की मणिपुरी समाज में हाशिये की स्थिति उद्घाटित होती है। "मणिपुरी के अनोखे दरबारी इतिहास चाइयोरोल कुम्बाबा के अनुसार मुगल सेना से एक मुठभेड़ हुई थी। उसके बाद सत्रहवीं शताब्दी में पंगन कहलाने वाले मुसलमानों की एक बस्ती का जिक्र आता है। मणिपुरी मुसलमानों का इतिहास लिखने की कोशिश कर रहे जनाब खान का मानना है कि उन्हें तो इस्लाम के बारे में भी ठीक से पता नहीं था। मणिपुर में पहली मस्जिद 1873 में बनी थी।"[15] उपन्यास का एक पात्र रसूल अपने समुदाय की स्थिति बताते हुए कहता है, 'हम लोग तो वर्स्ट। नाइदर मैतैई नार ट्राइवल। हमको रिजर्वेशन नहीं, नौकरी नहीं, कुछ नहीं। ज्यादातर मुसलमान गरीब। पूरा यूनिवर्सिटी में एक ओझा मुसलमान।"[16]

मणिपुरी समाज में महिलाओं की प्रभावी उपस्थिति के बावजूद घर का ढाँचा पितृसतात्मक परिवार जैसा ही होता है। इस तथ्य को भी उपन्यास सामने लाता है। बहरहाल कथा के अन्त में इराबो पुनः अपनी फिल्म के लिए उत्साहित होता है। उसके घर दिल्ली से कुछ राजनीतिक कार्यकर्ता आकर ठहरते हैं। इसी दौरान इराबो को फिर से गिरफ्तार कर लिया जाता है और उपन्यास उदासी में समाप्त होने के बावजूद अपने मूल मंतव्य को मजबूती से प्रस्तुत कर पाता है।

पूर्वोत्तर भारत के सम्बन्ध में लिखे हिन्दी उपन्यासों की इस चर्चा के अन्त में जिस उपन्यास की बात करना चाहता हूँ, उसका शीर्षक है—रूपातेल्ली की कथा। इस उपन्यास का प्रकाशन 2006 के लोकभारती प्रकाशन, इलाहाबाद से हुआ है। इसके लेखक 'जहाँ बाँस फूलते हैं' के लेखक श्रीप्रकाश मिश्र हैं किन्तु उस उपन्यास की कथाभूमि मेघालय है। लेखक ने स्वयं भूमिका लिखकर उपन्यास के कथाकाल का संकेत किया है, "यह उपन्यास उन पाठकों को पसन्द आयेगा, जिन्हें गप्प पसन्द आता है, क्योंकि यह निरा गप्प है। फिर भी यह पूर्वोत्तर भारत की समस्या को, खासकर खासी जनजाति को समझने में वही भूमिका निभाएगा, जो

मेरे पिछले उपन्यास 'जहाँ बाँस फूलते है' ने मिजो लोगों को समझने में निभाया था। अन्तर यह है कि उस उपन्यास का नायक जहाँ एक राजनीतिक समस्या थी, इस उपन्यास का नायक संस्कृति है—एक जाति की एक विशेष कालखंड की संस्कृति, जब उस जाति को अंग्रेजों द्वारा गुलाम बनाया जा रहा था। वह कालखंड 18वीं सदी के कुछ अन्तिम और 19वीं सदी के कुछ आरम्भिक दशकों का है।''[17]

इस उपन्यास में मेघालय की रमणीय प्रकृति आद्यंत व्याप्त है। कथा मुख्यतः एक नरबलि की घटना के इर्द–गिर्द घूमती है और इसी क्रम में खासी समुदाय में व्याप्त जादू टोने का विवरण भी प्रस्तुत करती है। साथ ही अंग्रेजों द्वारा सिलहट से गुवाहाटी तक सड़क बनाने के प्रयासों का प्रतिरोध भी खासी समुदाय के एक अन्य पक्ष का प्रतिनिधित्व करता है। प्रतिरोध का केन्द्र राजा तिरोत सिंह नायक के बतौर सामने आता है, लेकिन नायक से भी अधिक सामान्य जन, खासकर 'डायन' घोषित कर दी गयी एक महिला का चरित्र भास्वर होकर उभरता है। कथा मेघालय की जनजातियों की उस दुविधा का विशेष रूप से उल्लेख करती है जिससे होकर खासी, जयंतिया और गारो समुदाय–अंग्रेजों के आने के बाद गुजरा था। जयंतिया राजा द्वारा हिन्दू धर्म अपना लेना, योगियों की उस इलाके में उपस्थिति, खासी लोगों पर ईसाई धर्म को अपनाने के लिए दबाव–आदि परिघटनाएँ अंग्रेजों के प्रतिरोध और नरबलि के लिए सोनापुर से बंगालियों के अपहरण के उदाहरणों के साथ रच बसकर आंकी हुई हैं। मेघालय की जनजातियों में मौजूद 'राजा' नामक संस्था के साथ अंग्रेजी राज की मुठभेड़ भी प्रभावी ढंग से प्रस्तुत हुई है।

जगह–जगह 'खासी लोक कथाओं और लोकगीतों का हिन्दी अनुवाद भी इस उपन्यास को 'स्थानीय रंग' (लोकल कलर) प्रदान करने में पर्याप्त सफल हुआ है। कहीं–कहीं यथार्थ और फैंटेसी एक–दूसरे में घुलमिल गये हैं। मेघालय की तीनों जनजातियाँ मातृसत्तात्मक हैं। इस सामाजिक व्यवस्था को स्पष्ट करते हुए लेखक बताता है, जब तक परिवार छोटा होगा, पूरी जमीन परिवार की होती होगी। लेकिन जब परिवार बढ़कर गोत्र बना होगा, तक यह पूरी जमीन गोत्र की हो गयी होगी। ...यह जमीन उत्तराधिकार में भी हस्तांतरित होती जाती होगी–गोत्र नानी से, परिवार नानी से, परिवार नानी को और परिवार नानी का पहले अपनी सबसे छोटी बेटी को, फिर इस छोटी बेटी की सबसे छोटी–बेटी को। जब तक ये तीन

पीढ़ियों—नानी, बेटी, नतिनी एक साथ रहती होंगी एक परिवार बना रहता होगा। लेकिन जब नतिनी को भी सबसे छोटी बेटी हो जाती होगी, तब परिवार टूटता होगा। जमीन बँटती होगी। इस जमीन का कर्ता, सँभालने वाला मामा बनता होगा जैसे गोत्र की जमीन का कर्ता गोत्र मामा।''

खासी लोगों का प्रतिरोध फैंटेंसी के स्तर तक पहुँच जाता है जब कथा के अन्त में रूपतिल्ली की पहाड़ी के शीर्ष पर मौजूद एक पेड़ इस बात की निशानी बन जाता है कि जब तक यह कटेगा नहीं तब तक खासी पराजित नहीं होगा। पेड़ को काटने के क्रम में भी कई मिथकीय दुर्घटनाएँ घटित होती हैं। अतंतः वह पेड़ खासी प्रतिरोध के समापन के प्रतीक के बतौर कटकर गिर जाता है।

मैंने इस उपन्यासों के सम्बन्ध में परिचयात्मक विवरण ही दिये क्योंकि इनमें से प्रत्येक लगभग चार सौ पृष्ठों का है। हिन्दी में इन उपन्यासों का आगमन एक प्रवृत्ति की तरह हुआ है जिसका स्वागत होना चाहिए। दुर्भाग्य यह है कि जैसे शेष भारत में पूर्वोत्तर भारत की तब तक चर्चा नहीं होती, जब तक कोई भीषण दुर्घटना न घटित हो, उसी तरह पूर्वोत्तर भारत के अधिकांश विश्वविद्यालयों में हिन्दी विभाग होने के बावजूद उनके पाठ्यक्रम में इन उपन्यासों का कोई स्थान नहीं है। इन उपन्यासों की कुछ ऐसी विशेषताएँ हैं जो अन्य जगहों पर केन्द्रित कथा साहित्यों में नहीं मिलतीं। इनके अध्ययन अध्यापन से विद्यार्थियों के परिवेश के साथ हिन्दी साहित्य को जोड़ने में मदद मिलेगी।

इन उपन्यासों की पहली विशेषता तो यही है कि इन सबमें भास्वर स्त्री चरित्रों की मौजूदगी है। भारत के अन्य क्षेत्रों के मुकाबले इस क्षेत्र में स्त्री समुदाय अधिक अधिकार सम्पन्न है। इस क्षेत्र की संस्कृति भी अधिक मातृधर्मी है। इस मामले में ये उपन्यास स्त्री विमर्श को और समृद्ध करते हैं। दूसरी विशेषता यह है कि पूर्वोत्तर भारत का जन जीवन अपने पर्यावरणीय मूल से उतना विच्छिन्न नहीं है जितना अन्य स्थानों का। इन उपन्यासों में भी प्रकृति की मौजूदगी मानव अस्तित्व में घुली—मिली चित्रित हुई है। यदि इन उपन्यासों का गहन विश्लेषण हो तो हिन्दी में अन्यथा अपरिचित पर्यावरणीय चेतना को भी नया आयाम मिलेगा। तीसरी विशेषता यह है पूर्वोत्तर भारत जिन अनुभवों से होकर गुजरा है वह शेष भारत का नहीं रहा है। सामाजिक संस्थाओं का विकासक्रम, औपनिवेशिक शासन के आगमन से पैदा हुआ संक्रमण, स्वतन्त्र भारत में इन समाजों

की स्थिति–शेष भारत से भिन्न रही है। इन उपन्यासों के अध्ययन से सांस्कृतिक संक्रमण की पीड़ा को भी गहराई से समझा और समझाया जा सकता है। इन सभी उपन्यासों में न सिर्फ स्थानीय समुदाय, बल्कि उनकी संस्कृति, त्यौहार, भाषा, मुहावरों का समृद्ध खजाना है। इनमें मौजूद इस समृद्धि की पहचान भी आवश्यक है। इस मामले में यात्रा वृत्तांतों के मुकाबले ये उपन्यास जनजीवन पर केन्द्रित होने के कारण इस क्षेत्र के मनुष्य की अधिक प्रामाणिक तस्वीर प्रस्तुत करते हैं।

सन्दर्भ

1. यहाँ आशय चाय बागानों में काम करने के लिए बिहार और उत्तर प्रदेश से लाए गये मजदूरों से है।
2. 'अपना कमरा', संवाद प्रकाशन, मेरठ, 2002
3. 'उपन्यास', 'चिन्तामणि भाग–3', सं. नामवर सिंह, राजकमल प्रकाशन, दिल्ली, 1985
4. 'ब्रह्मपुत्र', देवेंद्र सत्यार्थी, ज्ञानगंगा, दिल्ली, 1992, पृ. 7
5. वही, पृ. 11
6. प्राक्कथन, 'जहाँ बाँस फूलते हैं', श्रीप्रकाश मिश्र, पार्श्व प्रकाशन, अहमदाबाद, 1996
7. 'जहाँ बाँस फूलते हैं', पृ. 138–139
8. वही, पृ. 134
9. ब्लर्ब, 'मुक्ति', डा. महेंद्रनाथ दुबे, वाणी प्रकाशन, दिल्ली, 1999
10. वही
11. भूमिका, 'मुक्ति', पृ. 9
12. 'उत्तर पूर्व', लालबहादुर वर्मा, इतिहास बोध प्रकाशन, इलाहाबाद, 2002, पृ. 7
13. वही, पृ. 9
14. वही, पृ. 71
15. वही, पृ. 171
16. वही, पृ. 173
17. आमुख, 'रूपतिल्ली की कथा', श्रीप्रकाश मिश्र, लोकभारती प्रकाशन, इलाहाबाद, 2006
18. 'रूपतिल्ली की कथा', पृ. 175

हिन्दी निबन्धों में पूर्वोत्तर भारत

प्रबीन कोच

हिन्दी निबन्धों में पूर्वोत्तर का सन्दर्भ आते ही आचार्य हजारी प्रसाद द्विवेदी की परम्परा के निबन्धकार कुबेरनाथ राय के निबन्धों की याद बरबस आती है। उनके सभी निबन्ध संग्रहों में पूर्वोत्तर भारत के सन्दर्भ बिखरे पड़े हैं। कुबेरनाथ राय 1956 में नलबारी (असम) में अंग्रेजी अध्यापक बनकर गये। वहीं उन्होंने जीवन के 29 वर्ष अंग्रेजी अध्यापक और विभागाध्यक्ष के रूप में बिताये। कुबेरनाथ राय के निबन्धों में असमिया जीवन–संस्कृति की प्रतिष्ठा हुई है। असम के सुरुचिपूर्ण, संस्कारवान वातावरण ने उन्हें खूब प्रोत्साहन दिया था। असमिया जनमानस का बड़प्पन, संस्कृति, साहित्य और लोकमानस की परम्परा को ललित निबन्धों के माध्यम से हिन्दी जगत के समक्ष लाने वाले वे पहले हिन्दी साहित्यकार हैं। पूर्वोत्तर भारत के ऊपर लिखित सफल निबन्धों में 'यह लो अंजुरी भर कामरूप' में जापारकूची गाँव के बहाने कुबेरनाथ राय ने असम और पूर्वोत्तर भारत में नगालैंड, मणिपुर अरुणाचल प्रदेश आदि की जनजातियों की लोक संस्कृति पर प्रकाश डाला है। 'यह कथा नदी की' में महाबाहु ब्रह्मपुत्र के बहाने गंगातीरी निषाद और ब्रह्मपुत्र तट पर बसी किरात जाति की तुलना की गयी है। असम तथा पूर्वोत्तर भारत की पहाड़ी प्राकृतिक शोभा और जनजातियों जैसे–अरुणाचली, नगा, मणिपुरी, कोच, कछारी, दिमाछा, गारो, चेतिया, मिचिङ् का विस्तृत चित्रण मिलता है। 'दृष्टि–अभिषेक' नामक निबन्ध में असम के उमानन्दा क्षेत्र की मनोरम नौका यात्रा का वर्णन किया गया है जिसमें ब्रह्मपुत्र नदी की चटुल, प्रखर धारा पर नाव द्वारा यात्रा करने के वृत्तांत के साथ–साथ असम के अहोम राजाओं द्वारा निर्मित विशाल मन्दिरों का रोचक वर्णन मिलता है। 'कजरी वन में राजहंस' नामक निबन्ध के अन्तर्गत एक पिकनिक का वर्णन किया

गया है, जिसमें असम प्रदेश के प्रकृति–चित्रण के साथ वहाँ के परिवेश का जीता–जागता रूप प्रस्तुत है। असम प्रदेश की पहाड़ियों, नदियों, आसपास के खेतों आदि के साथ–साथ ग्रामीण मुस्लिम बालिका का अत्यंत रससिक्त ढंग से वर्णन किया गया है। कुबेरनाथ राय का 'चण्डीथान! पुनः चण्डीथान!' निबन्ध पूर्वात्तर भारत की मेघालय प्रदेश की खासी जनजाति पर लिखित विशेष निबन्ध है। कुबेरनाथ राय कहते हैं, "वर्तमान समय में विशेष रूप से शूकर पालने की प्रथा मेघालय प्रदेश की खासी जाति में विशेष रूप से है। प्रसिद्ध 'चेरापूँजी' का स्थानीय उच्चारण 'सोहरापूँजी' भी है। 'सोहरापूँजी' का अर्थ होता है चेरा या सोहरा लोगों का 'पूँज'–या 'समूह'। लगता है कि 'चेरा' या 'सोहरा', चौहरा' आदि शब्दों के मूल में आदिम निषाद भाषा की एक ही ध्वनि मूल है।" कुबेरनाथ राय पुनः कहते हैं–"खासी भाषा में एक शब्द है जो वे अपने राज्य के लिए प्रयुक्त' करते हैं : 'का–सिएम' अर्थात् 'रानी का राज्य'। खासी जाति अब भी मातृसत्ता प्रधान है और उत्तराधिकारी होती है कनिष्ठा पुत्री।"[1]

कुबेरनाथ राय का अन्य एक रिपोर्ताजमूलक निबन्ध है 'दृष्टि–अभिसार'। इस निबन्ध का मूल विषय असम–भूटान–अरुणाचल के मिलन बिन्दु 'भैरव कुंड' है। रायजी अपने कुछ असमिया बन्धुओं के साथ वनभोज का आनन्द लेने गये थे 'भैरव कुंड' में। कुबेरनाथ राय कहते हैं–"मेरे सम्मुख प्रस्ताव आया कि पार्वती की श्यामल भूमि असम–भूटान–अरुणाचल के मिलन बिन्दु भैरव कुंड पर जाकर एक वनभोज का आनन्द लेने के लिए तो मैंने समझ लिया कि यह माँ अर्थात् धरतीमाता का निमंत्रण है...मेरे मन में हल्दी अभिषिक्त लग्न पत्रिका की तरह फूली सरसों के मंगलमय प्रशस्त खेत, केले की नरम गुंफ फूटती गाछें, निर्मल पारदर्शक जलधारा, कमली नींबू के पहाड़ी वन, तानवन–शालवन, खादिरवन, गम्हारवन, हरीतिमा ढकी पहाड़ियाँ, नीलव्योम, सोना बरसाती धूप आदि–आदि के स्वप्न डूबने–उतराने लगे।"[2] 'दृष्टि–अभिसार' निबन्ध में एक जगह असम के विशेष महत्वपूर्ण पथ या सड़क (मार्ग) गोहांई कमल मार्ग या गैंड ट्रंक रोड' का वर्णन आया है। कुबेरनाथ राय कहते हैं–"गोहांई कमल (गोस्वामी कमल) 16 वीं शती के प्रतापी कोच राजा नरनारायण के, जिनके संरक्षण में महापुरुष शंकरदेव ने वैष्णव धर्म का प्रचार किया था और जिन्होंने कामाख्या मन्दिर का जीर्णोद्धार करके वर्तमान रूप दिया था, लघुभ्राता थे। उन्होंने उस

युग में अपर असम के अहोम–क्षेत्र की कोचबिहार से मिलने के लिए इस सड़क का निर्माण कराया था।"[3]

कुबेरनाथ राय के एक रिपोर्ताज धर्मी निबन्ध 'यम–द्वारे, महा–घोरे। यह यमद्वार वर्तमान असम, बंगाल और भूटान की सीमा पर स्थित है। यह प्रकृति का बड़ा ही मनोहर रम्यस्थल है। कुबेरनाथ राय कहते हैं–"श्री गोपाल बोरा (फारेस्ट रेंजर) ने बताया कि क्यों इस स्थान को 'यम द्वार' या 'यम–दुआर' कहते हैं। उपर्युक्त वृत्ताकार शिला–छिद्र से पानी बड़े बल और वेग से बाहर होता था, वहाँ से पानी एक तीव्र–प्रखर अधोमुखी धारा के रूप में बाहर आता था। भूटान–राज्य के उन अपराधियों को जिन्हें मृत्युदंड देना होता था, इसी द्वार से ढकेल देते थे। वे अभागे पानी के वेग से नीचे खड्ड में गिरकर फिर लापता हो जाते थे।... इसी से इस जगह का नाम 'यमशर' और इसी का असमिया रूप है 'जम–दुआर'।'[4]

कुबेरनाथ राय का तीसरा रिपोर्ताज धर्मी निबन्ध है 'महाकान्तार' असम का काजीरांगा अभयारण्य है जिसमें नयनाभिराम सौन्दर्य तथा जीव–जन्तु और विशेषकर भारतीय एक श्रृंगी गैंडा का वर्णन मिलता है। भारतीय गैंडा के सम्बन्ध में कुबेरनाथ राय कहते हैं–गैंडा या तो असम के काजीरंगा में पाया जाता है अथवा अफ्रीका के जंगलों में। भारतीय गैंडा एक श्रृंगी और सींग अपेक्षाकृत छोटी होती है। यह सींग हड्डी नहीं है। बल्कि नाक के अग्र चर्म का ही उपवृंहण है, परन्तु होती है उतनी ही कड़ी जितनी वृषभ–सींग। बिकती भी है हीरा–मोती के मोल।"[5]

कुबेरनाथ राय के सांस्कृतिक निबन्ध 'सहस्र फणों का मणि–दीप' में मणिपुरी लोकनृत्य का वर्णन मिलता है। यहाँ मणिपुरी लोक–जीवन से प्रभावित लोकनृत्य 'लाईहारौबा' का अनुपम चित्रण है। कुबेरनाथ राय कहते हैं–"मणिपुरी लोग शिव–पार्वती के उपासक हैं। मणिपुर मूलतः शिव के 'रास नृत्य' की भूमि रहा है। इस उत्सव में एक विशेष वाद्य बजाते हैं, जिसे मृदंग कहते हैं। मणिपुरी में 'पंखोल' और 'पिना' या 'पेना' जिसे वीणा कहते हैं। इसी 'शिव–रास' पर वर्तमान 'कृष्ण रास' का आरोपण और विकास हुआ। आधुनिक मणिपुरी रास नृत्य आर्यवंशीय यादवों के 'रास' और किरातवंशीय मणिपुरियों के लास्य का सम्मिश्रण है। 'लाईहारौबा' लास्य प्रधान रास नृत्य है। यह कोमल होता है, गोया मायावी पग–स्तोत्र पाठ करते हैं।"[6]

कुबेरनाथ राय के एक निबन्ध संग्रह का नाम है 'उत्तरकुरू'। 'उत्तरकुरू' में भारतीय दक्षिण कुरू एवं पाँचाल की पितर–संस्कृति का संकेत है। इसका सम्बन्ध चन्द्रवंशीय आर्यों एवं हिमालय की गंधर्व–किन्नर जातियों के समन्वय की कथा से है। उसे समन्वय से पहले सीरआमू के दक्षिण अंचल (वंक्षु की घाटी), ख्वासरेज्म की उपत्यक वर्तमान तुषारिस्तान और स्वोतन या चीनी तुर्किस्तान में निवास करती थी। लेखक की धारणा है कि भारतीय आर्य वस्तुतः नव्य आर्य हैं जिसकी रचना इतिहास–विधाता ने चार तत्वों–आर्य–निषाद–किरात से की जिसे हम आज भारतीय संस्कृति कहते हैं वह आर्य और आर्येत्तर दोनों की संयुक्त निधि है। 'उत्तरकुरू' के ऐतिहासिक इतिवृत्त के बाद कुबेरनाथ राय ने 'अनार्यावती' शीर्षक निबन्ध में नृत्यशास्त्र, भाषाशास्त्र और समाजशास्त्र के आधार पर यह सिद्ध किया है कि 'भारतवर्ष' की एक संज्ञा अनार्यावर्त भी है परन्तु असलियत तो यह है कि यह आर्यावर्त कम और अनार्यावर्त ज्यादा है। भारतीय महाजाति की संरचना नीग्रो, आदिनिषाद, निषाद, द्रविड़ और आर्य से मिलकर हुई है। आर्यों की संस्कृति में इन सबकी संस्कृति इस तरह घुल–मिल गयी कि सरस्वती से लेकर ब्रह्मपुत्र तक एक मिली–जुली नस्ल विकसित होती रही जिनकी संज्ञा 'हिन्दी' या भारतीय हो सकती है और जो अपने को आर्य घोषित करते हुए भी दीक्षित आर्य हैं–शुद्ध आर्य नहीं (उत्तरकुरू–पृ. 11)।

'आगम की नाव' कुबेरनाथ राय का एक अन्य निबन्ध संग्रह है। 'आगम की नाव और देवी का जलयान' निबन्ध में आर्य–आर्येतर संस्कृति का मूल्यांकन किया गया है। इसमें आर्य संस्कृति 'आगम' तथा 'आर्येत्तर' को 'निगम' कहा गया है। सामान्य अर्थ में सारा यज्ञकाण्ड एक तरह से आर्य आगमन है जो आर्य लोकधर्म से उद्भूत है। दूसरी ओर आर्येत्तर लोकधर्म से प्राप्त उपासना की विधियाँ, व्रत, पूजा, ध्यान, योग, धारणा और सबसे बढ़कर मूर्तिपूजा आदि भी आर्य आगमन का अंग बनी है। कुबेरनाथ राय कहते हैं–"आर्य प्रज्ञा ने अपने अन्दर आविष्कृत जिस ज्ञान को बाहर प्रसारित (निर्गमित) किया है, वह है निगम और जिस ज्ञान को उसने बाहर से आयात (आगमित) करके अपने भीतर अन्तःभुक्त कर लिया है, आगम।"[7] 'कामाख्या उपासना की दार्शनिक पौराणिक और ऐतिहासिक पटभूमि' में माता कामाख्या–देवी का वर्णन मिलता है। यह मन्दिर असम प्रान्त नी।लांचल 'कामरूप जिले' के पर्वत पर अवस्थित है। मन्दिर का

जीर्णोद्धार 10वीं शती का है। (कालिका पुराण) कामाख्या पीठ भारत के चार पीठों में श्रेष्ठ है। कोई इसे शक्तिपीठ, कोई इसे विष्णुपीठ, और कोई इसे शिवशक्ति के रूप में विश्वास करते हैं, किन्तु 'कालिका पुराण' और 'योगिनी तन्त्र' इसे योनीपीठ कहते हैं। वर्तमान मन्दिर के सम्बन्ध में कुबेरनाथ राय ने कहा है–'8वीं शती से नीलांचल पर्वत पर कामरूप में कोई विशिष्ट केन्द्र था और वहाँ की योगिनी महागौरी ही कामाख्या के नाम से आगे चल कर विख्यात हुईं पर वर्तमान कामाख्या मन्दिर से उसका क्या सम्बन्ध है, यह कहना कठिन है। वर्तमान मन्दिर की पीठ स्थापना 16वीं शती में 'कोच राजा' नरनारायण ने की।''[8]

उनका एक निबन्ध 'असमिया वैष्णव धर्म का क्रम विकास' है। इसमें असम प्रान्त में वैष्णव धर्म के उद्‌भव और विकास पर विचार किया गया है। सर्वभारतीय वैष्णव धर्म का विकास कम 11वीं शती माना जाता है। किन्तु 15 वीं शती तक वैष्णव धर्म के लोग भाषा में 'महापुरुषिया' और शास्त्रीय भाषा में 'एकशरण वैष्णव धर्म' कहलाता है। कई वैष्णव शिष्यों–माधवदेव, अनंत बन्दली आदि ने बरपेटा (कामरूप) को वैष्णव आन्दोलन का केन्द्र बनाकर वैष्णव धर्म का प्रसार–प्रचार किया। कालांतर में प्रचुर वैष्णव साहित्य का जन्म हुआ जैसे–कीर्तन–भागवत, भक्ति रत्नावली, भक्ति प्रदीप और वरगीत आदि। कुबेरनाथ राय के एक अन्य निबन्ध 'असमिया साहित्य में श्रीराम' है। यहाँ असमिया लोकमानस में श्रीराम का विश्वास एवं प्रभाव है और उन्हें अवतारी पुरुष माना जाता है। मुख्यतः असमिया लोग विष्णु उपासक होते हैं। विष्णु को ही विशिष्ट रूप में उपास्य देवता मानते हैं। किन्तु यहाँ श्रीराम के पुण्यवत चरित्र का गुणगान और उपासना की कमी नहीं। राम के पावन चरित्र के आकर्षण से असमिया लोकमन को राम से दूर नहीं किया जा सकता। श्रीकृष्ण का गुणानुकीर्तन करते–करते राम नाम की घोषा (टेक) आवृत्ति असमिया लोग करते ही रहते हैं। कुबेरनाथ राय ने असमिया कवि माधवकंदली रचित घोषा (टेक) का उदाहरण देकर कहा है–'नगो नागे राम दूर्वादल श्याम सर्वगुणे अभिराम। चार गुण नाम धर्म अनुपाम मुकुति सुखर धाम।''[9]

सन्दर्भ

1. कुबेरनाथ राय : 'चण्डीथान! पुनः चण्डीथान! दृष्टि–अभिसार', 1984, प्रथम संस्करण, नेशनल पब्लिशिंग हाउस, नयी दिल्ली, पृ. 48–51

2. कुबेरनाथ राय : 'दृष्टि–अभिसार', 'दृष्टि–अभिसार', 1984, प्रथम संस्करण, नेशनल पब्लिशिंग हाउस, नयी दिल्ली, पृ. 103–104
3. कुबेरनाथ राय : 'चण्डीथान! पुनः चण्डीथान, 'दृष्टि–अभिसार', 1984, प्रथम संस्करण, नेशनल पब्लिशिंग हाउस, नयी दिल्ली, पृ. 104
4. कुबेरनाथ राय : 'यम–द्वारे महा–घोरे', 'दृष्टि–अभिसार', 1984, प्रथम संस्करण, नेशनल पब्लिशिंग हाउस, नयी दिल्ली, पृ. 128
5. कुबेरनाथ राय : 'महाकान्तार', 'दृष्टि–अभिसार', 1984, प्रथम संस्करण, नेशनल पब्लिशिंग हाउस, नयी दिल्ली, पृ. 104
6. कुबेरनाथ राय : 'सहस्र फणों का मणि–दीप', 'दृष्टि–अभिसार', 1984, प्रथम संस्करण, नेशनल पब्लिशिंग हाउस, नयी दिल्ली, पृ. 69
7. कुबेरनाथ राय : 'आगम की नाव और देवी का जलयान', 2005, प्रथम संस्करण, नेशनल पब्लिशिंग हाउस, नयी दिल्ली, पृ. 11
8. कुबेरनाथ राय, वही, पृ. 46
9. कुबेरनाथ राय : 'असमिया साहित्य में श्रीराम', 'आगम की नाव', 2005, प्रथम संस्करण, नेशनल पब्लिशिंग, नयी दिल्ली, पृ. 82

असम में हिन्दी पत्रकारिता

ओंकार पारीक

असम में प्रकाशित होने वाला प्रथम समाचार पत्र 'अरुणोदय' था। वह 1846 में मासिक असमिया पत्र के रूप में शिवसागर से कर्नल नाथल ब्राउन के सम्पादन में प्रकाशित हुआ था। असम का प्रथम अंग्रेजी दैनिक पत्र 'द टाइम्स ऑफ असम' था। उसका प्रकाशन पाँच जनवरी 1846 को राधानाथ चाँदकाकती के सम्पादन में डिब्रूगढ़ से हुआ था। चाँदकाकती की मृत्यु के पश्चात् किसी तरह उस दैनिक ने अपनी 'स्वर्ण जयन्ती' मनायी और उसके पश्चात् वह अखबार काल कवलित हो गया। उस दैनिक के बाद 'असम ट्रिब्यून' को यह अवसर मिला, जिसने 1988 में अपने 50 साल पूरे किये। उसका प्रकाशन भी प्रारम्भ में डिब्रूगढ़ से ही हुआ था। असम से हिन्दी में प्रकाशित होने वाला प्रथम पत्र 'प्रकाश' मासिक था। वह विश्वेश्वर दत्त शर्मा के सम्पादन में सन् 1919 में डिब्रूगढ़ से प्रकाशित हुआ था। उसका वार्षिक मूल्य तीन रुपये था। 'प्रकाश' के बाद सिलहट से 'शक्ति' का प्रकाशन हुआ। सन् 1939 में साप्ताहिक 'नव जागृति' का प्रकाशन हुआ। डिब्रूगढ़ से। वह डेढ़ साल तक चला। 1935 में डिब्रूगढ़ में अनूष्ठित असम प्रान्तीय मारवाड़ी सम्मेलन के प्रथम अधिवेशन के अवसर पर एक प्रस्ताव पारित कर समाचार पत्र की माँग की गयी थी और उसी प्रस्ताव के फलस्वरूप एक लिमिटेड कम्पनी का गठन कर आठ हजार रुपये के शेयर बचे गये, जिसमें रायबहादुर ख्यालीराम हंसारिया, रंगलालजी खेमानी आदि विभूतियाँ थीं। द्वितीय विश्वयुद्ध के कारण उस साप्ताहिक का प्रकाशन बन्द हो गया। वह मूलतः सामाजिक गतिविधियों से युक्त् था, जिसे उस जमाने के बुजुर्ग आज भी याद करते हैं। 'नवजागृति' के बाद तिनसुकिया से प्रकाशित होने वाला साप्ताहिक पत्र 'अकेला' है। सन् 1942 में कलकत्ता से प्रारम्भ हुए उस साप्ताहिक का

सम्पादन प्रकाशचन्द्र गुप्त कर रहे थे। प्रकाशचन्द्र गुप्त के निधन के बाद उनके पुत्र उसे निकालते रहे। उस अखबार ने अपने 50 साल पूरे किये। 'अकेला' को कलकत्ता से तिनसुकिया लाने का श्रेय गणेशप्रसाद फोगला और राधाकृष्ण खेमका को जाता है। 'अकेला' 1947 में तिनसुकिया आया। चार नवंबर 1947 को जन्म हुआ साप्ताहिक 'शंखनाद' का। गुवाहाटी से प्रकाशित उस साप्ताहिक का सम्पादन शंकरलाल भातरा 'अधिवक्ता' करते थे। श्री भातरा ने 'आयकर निर्णय' नामक कर एक आयकर सम्बन्धी पत्र भी निकाला। असम के हिन्दी पत्रों में 'अकेला' के उपरांत सबसे अधिक लोकप्रियता हासिल करने वाला पत्र 'पूर्व ज्योति' था। छगनलाल जैन के सम्पादन में उसका प्रकाशन पहले पाक्षिक और बाद में साप्ताहिक रूप में हुआ। वह 1975 तक प्रकाशित होता रहा। 'पूर्व ज्योति' के समाचारों के चयन में सूझ–बूझ का बहुत ही अधिक ध्यान रखा जाता था और सामयिक व सामाजिक विषयों पर भी स्तरीय आलेख प्रकाशित होते थे। अपने समय में उस साप्ताहिक ने जो लोकप्रियता हासिल की, उसे आज भी नहीं भुलाया जा सकता। 1976 में वसन्तकुमार सिंह के सम्पादन में 'जयहिन्द' निकला। उसे अंग्रेजी में भी प्रकाशित किया गया। उसने मूलतः पेन फ्रेंड क्लब की पत्रिका के रूप में अपना स्थान बनाये रखा। 1982 में शंभुप्रसाद शर्मा के सम्पादन में पाक्षिक 'रजनीगन्धा' का प्रकाशन प्रारम्भ हुआ और कतिपय अंक गुवाहाटी से निकलने के बाद उसे तिनुसुकिया स्थानांतरित कर दिया गया। बाद में तकनीकी कारणों से इसके नाम में परिवर्तन कर 'रजनीगंधा भारतीय' कर दिया गया। सादलपुर (राजस्थान) से प्रकाशित होने वाले 'सादलपुर टाइम्स' पाक्षिक का गुवाहाटी संस्करण भी असम आन्दोलन के दौरान देखने को मिला। कुछेक पत्र–पत्रिकाएँ अपने विशिष्ट स्वरूप के कारण चर्चित रहीं। जैसे अम्बिका प्रसाद 'पंकज' के सम्पादन में बालोपयोगी पत्रिका 'नक्षत्र' और अशोक वर्मा के सम्पादन में सिलचर से ही बालोपयोगी पत्रिका 'बालक' और 'बसन्त' का प्रकाशन भी हुआ था। कुछेक पत्र ऐसे भी हैं जो हिन्दी के अलावा असमिया या अन्य भाषाओं में भी प्रकाशित हुए हैं, जिसमें पहला नाम आता है 'असम प्रदीप' मासिक का। वह पत्र सूर्यवंशी चौधरी के सम्पादन में असमिया और हिन्दी में निकला। तेजपुर से पूर्ण नारायण सिन्हा के सम्पादन में 'महाजाति' पत्रिका निकली। अनुराग प्रधान के सम्पादन में 1972 में हिन्दी, असमिया और नेपाली में 'नव ध्वनि' पत्रिका

निकली। हिन्दी और असमिया में जोरहाट से भारतीय भाषा परिषद द्वारा बापचन्द्र महन्त के सम्पादन में 1986 में 'समन्विता' नामक त्रैमासिक पत्रिका का प्रकाशन हुआ था। कुल 100 पृष्ठों की उस पत्रिका का आधा हिस्सा हिन्दी और आधा असमिया भाषा में प्रकाशित किया जाता था। 13 अप्रैल 1976 से हिन्दी, असमिया और राजस्थानी में पूर्वोत्तर से प्रकाशित होने वाला 'असम ज्योति' पहला पत्र था। उसका सम्पादन तिनसुकिया की एक असमिया भाषी अध्यापिका श्रीमती लावण्य गोगोई करती थीं। छह पृष्ठों के उस पत्र में मुख्यतः महिलाओं पर विशेष सामग्री प्रकाशित होती थी और अपने पत्र के शीर्षक के साथ इसने महिलाओं का विशेष पत्र होने की घोषणा कर दी थी। प्रथम अंक 'बिहू विशेषांक' के रूप में प्रकाशित हुआ था, जिसमें तीनों भाषाओं की रचनाओं को स्थान दिया गया था। 26 अप्रैल 1997 को श्रीमती गोगोई का तिनसुकिया में निधन हो गया। कवि और अनुवादक दिनकर कुमार ने जनवरी, 1986 में 'अपवाद' नामक मासिक पत्र का सम्पादन किया था। पत्र की विशेषता यह थी कि उसके कुछेक अंक 'अन्तर्देशीय पत्र' पर प्रकाशित हुए थे। 1948 को डिब्रूगढ़ से एह हस्तलिखित मासिक 'छात्र' का जन्म हुआ। करीबन साल भर तक चलने वाले मासिक के सम्पादन के रूप में प्रबन्ध मंडल में जवाहर लाल लाटा, झाबरमल शर्मा, दीनदयाल केजड़ीवाल, परशुराम रालान, परमेश्वर तुलस्यान के अलावा मेघराज शर्मा थे। उसके आवरण पर निम्नलिखित दो पंक्तियाँ लिखी जाती थीं–लेखन, भाषण शक्ति से जीत सके संसार। अणु बम केवल कर सके, कुछ तो जनसंहार। डिब्रूगढ़ से ही 'दीप' नामक मासिक का प्रकाशन सितम्बर, 1959 में निर्मल बेरीवाल तथा निरुपमा के सम्पादन हुआ था। तिनसुकिया से नवाब सिंह रघुवंशी की 'नवीन समाज' अपने समय में एक उच्च स्तरीय साहित्यिक पत्रिका थी। पुष्पराज जैन 'कठिन' का 'प्रभात', निरुपमा का 'असम प्रभाकर' और कान्तेश्वर उपाध्याय की 'असम भूमि' भी उल्लेखनीय पत्र थे। उपाध्याय जी ने 'पूर्वोत्तर' नामक एक मासिक का सम्पादन भी किया था। 'असम भूमि' ने असम के विभिन्न उद्योगों ओर व्यासायिक प्रतिष्ठानों की निर्देशिका भी प्रकाशित की थी। सत्तर के दशक में एक जुझारू पत्रकार इंद्रनाथ चौधरी बिहार से गुवाहाटी आये और 'मेरी कलम' साप्ताहिक का प्रकाशन आरम्भ किया। 'द ब्लास्ट' नामक हिन्दी साप्ताहिक का प्रकाशन भी तिनसुकिया से ही 1984 में रमणी भार्गव के सम्पादन में हुआ था।

रघुवंशी के सम्पादन में एक और साप्ताहिक 'रणभेरी' का प्रकाशन भी हुआ था। 15 अगस्त 1977 को भुवनेश्वर प्रसाद सिंह 'आजाद' के सम्पादन में जन्म हुआ 'पूर्वगंधा' पाक्षिक का। दैनिक समाचार पत्र के आकार का 'बादल टाइम्स' निकाला। अशोकराज का साप्ताहिक 'भारतभूमि' 11 फरवरी, 1988 को शुरू हुआ। 1992 में 'तिनसुकिया नव दर्पण' निकला। रामस्वरूप शर्मा का 'जागरण' और इन्द्रेश्वर मिश्र का 'आज का संसार' भी उल्लेखनीय रहे हैं। 14 दिसम्बर 1977 को दीमापुर शहर से बजरंगलाल शर्मा 'प्रियदर्शी' के सम्पादन में साप्ताहिक 'नागभूमि' का प्रकाशन हुआ था। प्रसिद्ध असमिया साहित्यकार और हिन्दी प्रचारक कमल नारायण देव और चक्रेश्वर भट्टाचार्य के सम्पादन में 'जयन्ती' मासिक का प्रकाशन हिन्दी और असमिया में हुआ था। 15 अगस्त, 1985 को दुमदुमा से ललन प्रसाद सिंह के सम्पादन में 'तीसरी आँख का प्रकाशन हुआ। जनवरी, 1989 में दिसपुर से प्रकाशित मासिक 'पूर्वध्वनि', जनवरी 1991 में मासिक 'क्राइम' और सितम्बर–अक्टूबर 1996 में साप्ताहिक खबर काल हिन्दी, असमिया और अंग्रेजी में प्रकाशित हुआ। असम राष्ट्रभाषा प्रचार समिति द्वारा मासिक 'राष्ट्र सेवक' का प्रकाशन 1988 से किया जा रहा है। 'पूर्वज्योति' साप्ताहिक के पश्चात यदि किसी पत्र ने लोकप्रियता हासिल की, तो वह था विनोद रिंगानिया के सम्पादन में प्रकाशित होने वाला साप्ताहिक 'पूरब' जिसका प्रकाशन 12 मई 1994 को शुरू हुआ। 12 पृष्ठों के उस पत्र ने सही मायनों में असम की हिन्दी पत्रकारिता में 'खोजी पत्रकारिता' की भूमिका का निर्वाह किया। घटनास्थल पर जाकर खबर प्रकाशित करके उसने अपने पाठकों के बीच अपना विशिष्ट स्थान बनाये रखा, जिसमें दिनकर कुमार और राजीव कुमार जैसे पत्रकारों की सराहनीय भूमिका रही है। अरुणाचल से प्रथम हिन्दी पत्रिका 'अरुण नागरी' (त्रैमासिक) का प्रकाशन जनवरी, 1995 से डॉ. धर्मराज सिंह व रमण शांडिल्य के सम्पादन में किया गया। महावीर छात्र परिषद द्वारा 1975 से प्रकाशित मासिक 'पार्षद' का प्रकाशन पुखराज पांड्या के सम्पादन में नियमित रूप से हो रहा है, वहीं राजकुमार झांझरी के सम्पादन में मासिक 'नवज्योति' का प्रकाशन अक्टूबर, 1995 में गुवाहाटी से शुरू हुआ। जनवरी, 1978 से ओंकार शर्मा के सम्पादन में साप्ताहिक 'जागृत' का गुवाहाटी से नियमित प्रकाशन हो रहा है। गुवाहाटी से सामाजिक पत्रिका 'पारीख गौरव' का प्रकाशन भी हो रहा है।

मीडिया में पूर्वोत्तर

अजय कुमार सिंह

पूर्वोत्तर का जब भी जिक्र होता है तो विविध भारती के कार्यक्रम भूले–बिसरे गीत की याद आ जाती है। मीडिया में गाहे–बगाहे पूर्वोत्तर भारत के राज्यों का नाम देख कर ऐसा ही प्रतीत होता है। मानों बस यूँ ही बहुत दिनों बाद दर्शक–श्रोता को याद दिला दिया गया कि इस भारत में पूर्वोत्तर भी है। मुख्यधारा के मीडिया के तौर पर जिस मीडिया की पहचान की जाती है, वहाँ पूर्वोत्तर भारत के राज्य उग्रवाद जैसी किसी गलत वजह से ही खबर बन पाते हैं। यही वजह रही कि देश की बड़ी आबादी पूर्वोत्तर राज्यों के सम्बन्ध में जानती नहीं अथवा उनके सामने उसकी एक गलत छंवि है। मुख्यधारा का मीडिया इस गलत छवि को तोड़ सकता है और पूर्वोत्तर भारत को पूरे देश से जोड़ने में महत्वपूर्ण भूमिका निभा सकता है। यदि मुख्यधारा के मीडिया की पूर्वोत्तर राज्यों में उपस्थिति की बात की जाये तो जिन खबरों ने प्रिंट मीडिया में सबसे अधिक स्थान घेरा और इलेक्ट्रानिक मीडिया में सबसे अधिक फुटेज लिया, उनमें अधिकांश मामले पूर्वोत्तर की हिंसा से जुड़े थे। इससे एक गलत सन्देश पूर्वोत्तर राज्यों में जाता है कि दिल्ली की सरकार हो या दिल्ली की मीडिया हिंसा के बाद ही जागती है। यह बात भी कम आश्चर्यजनक नहीं है कि पूर्वोत्तर के सभी राज्यों की खबर देने के लिए अधिकांश दैनिक पत्रों और खबरिया चैनलों ने अपना केवल एक संवाददाता रखा हुआ है। पूर्वोत्तर के राज्यों की पत्रकारिता के प्रति ऐसा रवैया–निराश करने वाला है। यह सोचने वाली बात है कि आठ राज्यों की खबर एक पत्रकार कैसे रख सकता है?

असम पूर्वोत्तर भारत का सबसे बड़ा राज्य है। पूर्वोत्तर के कई राज्य पहले इसी के हिस्सा थे। असम में आठ सौ से अधिक अखबार तथा 7 के आसपास सेटेलाइट न्यूज चैनल हैं। इसमें से अधिकतर ब्रह्मपुत्र घाटी को

ही कवर करते हैं। यहाँ तक कि पड़ोसी राज्य पश्चिम बंगाल में भी इतनी संख्या में अखबार नहीं हैं। पूर्वोत्तर के दूसरे राज्यों के सभी अखबारों की संख्या मिला दी जाये, उसके बाद भी असम से निकलने वाले अखबार संख्या में उनसे आगे हैं। आरएनआई के अनुसार असम से निकलने वाले अखबारों की संख्या 837 है। असम में तीन असमिया अखबारों का दावा है कि वे एक लाख बिक रहे हैं। पुराने पत्रकार बताते हैं कि 80 के दशक तक असमिया अखबारों को स्थानीय पाठक बदलाव की मशाल की तरह ही देखते थे क्योंकि उन दिनों अखबार को निकालने वाले कर्मचारी से लेकर सम्पादक तक इसे सामाजिक बदलाव के यंत्र के रूप में देख रहे थे। 1846 में निकला अरुणोदय, 1979 तक चला। आरजी बरुआ और देवेश्वर शर्मा ने सत्तर के दशक तक दैनिक असम ट्रिब्यून, दैनिक असम और दैनिक जन्मभूमि का प्रकाशन किया। इन अखबारों को असम के पत्रकार नवा ठकुरिया समाजसेवा के पर्यायवाची के तौर पर ही याद करते हैं। हालाँकि 90 के दशक में वहाँ की पत्रकारिता में गिरावट देखने को मिली। असम के लोगों की राष्ट्रीय मीडिया पटल पर उतनी उपस्थिति नहीं है। अधिकतर मामलों में राष्ट्रीय स्तर पर असम के लोग खुद को अभिव्यक्त नहीं कर पाते हैं।

संघर्ष की स्थिति में मीडिया की भूमिका काफी अहम हो जाती है। वह जिस तरह से विरोधाभासी स्थितियों और दर्शकों के लिए छवियों को पेश करता है, वह रचनात्मक अथवा विध्वंसकारी भी हो सकता है। पूर्वोत्तर भारत कई तरह की सामाजिक और सांस्कृतिक विविधताओं से भरा है। यहाँ सामाजिक–आर्थिक उथल–पुथल और सामाजिक–राजनीतिक अस्थिरता और अशान्ति है। यह माना जाता है कि मीडिया आम लोगों की राय और धारणा को गढ़ने में सक्षम है।

खेल की उपलब्धियों को छोड़ दें तो पूर्वोत्तर में जब कोई नाटकीय घटनाक्रम होता है जैसे कि सार्वजनिक छेड़छाड़ का मामला, सत्ता में बदलाव या जातीय हिंसा तब ही राष्ट्रीय अखबार और चैनल उसे लाईव दिखाते हैं। पूर्वोत्तर भारत के इलाकों में मीडिया के सामने सबसे बड़ी चुनौती सन्तुलित रिपोर्टिंग की है। असम के मीडिया पर कई बार यह भी आरोप लगते रहे हैं कि खबर बेचने के लिए पाठक वर्ग के समक्ष झूठी और आधारहीन सामग्री प्रस्तुत की जाती है। कई बार तो पाठक इसलिए किसी बात पर यकीन कर बैठते हैं कि मीडिया ने उसके बारे

में दिखाया–सुनाया था। कुछ मामलों में असम की प्रिंट और इलेक्ट्रानिक मीडिया का गठबन्धन देखते ही बनता है। कुछ साल पहले जब एक स्थानीय अखबार ने असम में पकिस्तानी झंडा फहराने की बात की थी और पहले पन्ने पर तस्वीर छापी थी तो स्थानीय स्तार पर बड़े पैमाने पर हिंसा भड़क उठी थी।

असम के कुछ प्रमुख मीडिया घराने

द सेंटिनल

- पूर्वोत्तर का बड़ा मीडिया घराना।
- अंग्रेजी संस्करण के अखबार की शुरुआत 1983 में हुई।
- हिन्दी संस्करण के अखबार की शुरुआत 1989 में हुई।
- सेंटिनल पूर्वोत्तर का अकेला ऐसा अखबार है जिसके अकेले पाँच संस्करण एक साथ गुवाहाटी, डिब्रूगढ़, शिलांग, सिलचर और इटानगर से निकलते हैं।
- यह सबसे बड़ा अखबार समूह है।

जी.एल. पब्लिकेशंस

संस्थापक : जी.एल. अग्रवाला

1989 से गुवाहाटी से हिन्दी दैनिक पूर्वांचल प्रहरी का प्रकाशन हो रहा है। बाद में जोरहट नार्थ, लखीमपुर संस्करण भी शुरू।

असमिया प्रतिदिन

- पिछले 18 वर्षों से क्षेत्र का एक प्रमुख समाचार पत्र है।
- 1995 में असमिया प्रतिदिन की स्थापना हुई।
- यह गुवाहाटी, डिब्रूगढ़, बोंगाईगाँव और उत्तर लखीमपुर से प्रकाशित होता है।
- भारत में सबसे अधिक प्रचलित समाचार पत्रों में से एक के लिए लिम्का बुक ऑफ रिकॉर्ड्स–2008 में दर्ज।

असम ट्रिब्यून

- असम ट्रिब्यून अंग्रेजी दैनिक है।
- यह गुवाहाटी और डिब्रूगढ़ से प्रकाशित होता है।
- राधा गोविन्द बरुआ ने 1939 में अखबार की स्थापना की थी।

असम टॉक्स

- असमिया माध्यम का 24 घंटे का न्यूज चैनल।
- 2 मई 2015 को शुरू हुआ।

डीवाई 365

- 24–घंटे उपग्रह चैनल है।
- असमिया में समाचार और विभिन्न शो प्रसारित करता है।
- 30 अक्टूबर 2008 को प्रारम्भ हुआ।

समाचार 18 असम/उत्तर–पूर्व

- असम और उत्तर पूर्व में 24 घंटे संचालित।
- यह चैनल नेटवर्क 18 समूह के स्वामित्व में है।
- क्षेत्रीय के साथ राष्ट्रीय और अन्तरराष्ट्रीय समाचार और असमिया और अंग्रेजी में अन्य शो प्रसारित करता है।
- 24 जून 2016 को शुरुआत हुई।

सन्दर्भ

1. योजना, अप्रैल 2016
2. भारतीय पत्रकारिता कोश, पृ. 803

मणिपुर में हिन्दी पत्रकारिता

डॉ. इबोहल सिंह काङ्जम

मणिपुर में हिन्दी की पत्र–पत्रिकाओं का प्रकाशन मुख्य रूप से हिन्दी के प्रचार से जुड़ा हुआ है। इसका प्रारम्भिक प्रयास व्यक्तिगत था। किसी जैन सज्जन के ही प्रयास से मणिपुर में हिन्दी की प्रथम पत्रिका प्रकाशित हुई। वह हस्तलिखित पत्रिका द्वितीय विश्व–युद्ध के अन्तिम दिनों में प्रकाशित हुई थी। यह जानकारी मणिपुर के हिन्दी और संस्कृत के प्रकाण्ड विद्वान पं. पूर्णानन्द सरस्वती से प्राप्त हुई, जो उस पत्रिका के प्रकाशन में सहयोगी थे। उस पत्रिका का नाम उन्हें स्मरण नहीं है और न ही उसका अंक उपलब्ध है।

मणिपुर से प्रकाशित दूसरी हिन्दी पत्रिका साइक्लोस्टाइल्ड रूप में थी और वह सन् 1955 में प्रकाशित हुई थी। उस पत्रिका का नाम 'कामाख्या न्यूज एक्सप्रेस' था। वह हिन्दी और अंग्रेजी की द्विभाषी साप्ताहिक पत्रिका थी। मोहन बिहारी और सिद्धनाथ प्रसाद के संयुक्त सम्पादन में वह पत्रिका प्रकाशित हुई थी। मणिपुर की प्रथम मुद्रित हिन्दी पत्रिका 'आधुनिक' 1958 में प्रकाशित हुई। बी. नयन शर्मा व निशान सिंह उसके सम्पादक थे। सन् 1964 में 'सम्मेलन गजट' नामक एक मासिक पत्रिका का प्रकाशन हुआ। वह पत्रिका 'मणिपुर शुद्धि संगठन शिक्षा सम्मेलन' नामक एक संस्था की ओर से प्रकाशित की गयी। उसके सम्पादन के. ब्रजमोहन देव शर्मा थे। उस पत्रिका में मणिपुरी जन–जीवन, संस्कृति एवं शिक्षा से सम्बन्धित सामग्री छपती थी। सन् 1972 में 'नागरिक पंथ' नाम से एक दैनिक पत्र का प्रकाशन प्रारम्भ किया गया। वह हिन्दी और मणिपुर का द्विभाषी पत्र था। के. ब्रजमोहन देव शर्मा उसके सम्पादक थे। इस पत्र को मणिपुर में हिन्दी का प्रथम दैनिक होने का श्रेय प्राप्त है। सन् 1973 में 'चिन्तना' नाम की एक साहित्यिक संस्था ने एक हिन्दी

पत्रिका प्रकाशित की। पत्रिका का नाम 'चिन्तक' था और सम्पादक थे डॉ. सुशीलकान्त सिन्हा। राष्ट्रीय एकता को सुदृढ़ बनाना और एक वैचारिक आन्दोलन की शुरुआत करना उस पत्रिका का उद्देश्य था। सन् 1976 में राधागोविन्द थोङाम के सम्पादन में 'हिन्दी शिक्षक दीप' नामक पत्रिका का प्रकाशन प्रारम्भ हुआ। वह चतुर्मासिक थी। अखिल मणिपुर हिन्दी शिक्षक संघ की ओर से वह पत्रिका प्रकाशित हुई। हिन्दी भाषा का प्रचार और मणिपुर के हिन्दी शिक्षकों की समस्याओं को प्रकाश में लाना उस पत्रिका का उद्देश्य था और उस उद्देश्य की पूर्ति हेतु उसमें कविताएँ, कला, संस्कृति एवं भाषा सम्बन्धी लेख पर्याप्त मात्रा में छपते थे। सन् 1977 में 'पार्वती वाणी' नामक पत्रिका का प्रकाशन प्रारम्भ हुआ। उसके सम्पादक फुराइलातपम गोकुलानन्द शर्मा थे। उसका प्रथम अंक दिसम्बर 1977 में छपा। उस पत्रिका का उद्देश्य मणिपुर राज्य के दूर–दराज क्षेत्रों में बसने वाली जन–जातियों और अनुसूचित जातियों के लोगों के मध्य हिन्दी का प्रचार–प्रसार करना था। इसलिए उसके प्रकाशन का भार नगा हिन्दी विद्यापीठ ने लिया। तीन अंकों तक छपने के पश्चात् इसके नाम को भारत सरकार द्वारा पंजीकरण स्वीकृति न दिये जाने के कारण मार्च/अप्रैल, 1978 वाले अंक से 'पूर्वी वाणी' के नाम से वह पत्रिका प्रकाशित होने लगी। वह पत्रिका मासिक थी और सन् 1980 तक प्रकाशित होती रही। सन् 1980 में मणिपुर हिन्दी शिक्षक संघ, इम्फाल द्वारा प्रकाशित 'युमशकैश' नामक पत्रिका का प्रकाशन प्रारम्भ हुआ। उस मासिक पत्रिका के सम्पादक फुराइलातपम गोकुलानन्द शर्मा हैं, उसका उद्देश्य हिन्दी प्रचार के साथ–साथ साहित्य और संस्कृति के विकास में योगदान करना है। वह पत्रिका अब तक नियमित रूप से प्रकाशित हो रही है। अखिल मणिपुर हिन्दी शिक्षक संघ द्वारा पहले 'हिन्दी शिक्षक दीप' निकाला गया और बाद में एक नयी पत्रिका 'कुन्दो परेंग' का प्रकाशन प्रारम्भ हुआ। प्रारम्भ में वह अर्द्धवार्षिक थी। बाद में उसे त्रैमासिक कर दिया गया। पत्रिका का हिन्दी सेवक सम्मान अंक काफी चर्चित रहा। इस पत्रिका के पहले और दूसरे अंक का सम्पादन एस. कुलचन्द्र शर्मा शास्त्री ने किया था। बाद के अंकों के सम्पादन का भार चिंङ्थाम नोदियाचाँद सिंह ने सँभाला। 14 दिसम्बर, 1985 को मणिपुर हिन्दी परिषद पत्रिका का प्रकाशन प्रारम्भ हुआ। इसका प्रकाशन मणिपुर हिन्दी परिषद, इम्फाल द्वारा किया गया। इसके प्रथम सम्पादक राधागोविन्द थोङाम थे। हिन्दी

प्रचार सम्बन्धी लेखों के साथ–साथ हिन्दी और मणिपुर साहित्य की जानकारी देना इस पत्रिका की एक विशेषता रही। वह पत्रिका हिन्दी और मणिपुरी के साहित्यिक आदान–प्रदान के क्षेत्र में पुल की भूमिका निभाती है। इस पत्रिका में पर्याप्त मात्रा में मणिपुरी से हिन्दी में अनूदित रचनाएँ प्रकाशित हुईं। मणिपुरी कविताओं का अनुवाद नागरी लिपि में छपे मूल के साथ प्रकाशित किया गया। इस पत्रिका ने हिन्दी और मणिपुरी के साहित्यकारों पर केन्द्रित अंक निकाले। प्रारम्भ में यह पत्रिका मासिक थी। सन् 1991 से यह अपने संक्षिप्त नाम 'महिप पत्रिका' के साथ त्रैमासिक रूप में छप रही है। सन् 1988 में महिला विकास केन्द्र, इम्फाल द्वारा मणिपुर महिला समाज' नामक मासिक पत्रिका का प्रकाशन प्रारम्भ हुआ। इसका प्रवेशांक हिन्दी और मणिपुरी में छपा। दूसरे अंक से अंग्रेजी को भी स्थान दिया गया। दहेज, विवाह–विच्छेद, नारी–उत्पीड़न, स्त्री–अशिक्षा एवं अन्य नारी–समस्याओं से सम्बन्धित सामग्री इस पत्रिका में छपती थी। इसके सम्पादन का भार भी फुराइलातपम गोकुलानन्द शर्मा ने सँभाला। 1 जवनरी, 1991 में 'जगदम्बी' नाम के एक साप्ताहिक समाचार पत्र का प्रकाशन प्रारम्भ हुआ। यह साप्ताहिक जनोपयोगी समाचारों का उत्साहपूर्वक प्रकाशन करता था। इसके सम्पादक एस. गोपेन्द्र शर्मा थे। 2005 से 2009 तक मासिक पत्रिका 'मणिपुर–संवाद' आचार्यजी के सम्पादन में निकली। 1989 से 1999 तक 'जगदम्बी' मासिक पत्रिका निकली। 9 अगस्त 1999 से अप्रैल 2007 तक 'चयालपाउ' के नाम से निकली। मई 2007 से 'लटचम' मासिक निकल रही है। 25 सितम्बर 2011 से 'मणिकुसुम' त्रैमासिक निकल रही है।

पूर्वोत्तर भारत में हिन्दी की साहित्यिक पत्रकारिता

कृपाशंकर चौबे

पूर्वोत्तर में सर्वाधिक 837 अखबार असम से निकलते हैं, मणिपुर से 258, त्रिपुरा से 162, सिक्किम से 115, मेघालय से 110, नगालैंड व अरुणाचल से 25–25 अखबार निकलते हैं। इनमें हिन्दी के अखबारों की संख्या बहुत कम है। यदि पूर्वोत्तर भारत में हिन्दी पत्रकारिता की बात करें तो असम से हिन्दी में प्रकाशित होनेवाला प्रथम पत्र 'प्रकाश' था। वह मासिक था और उसके सम्पादक थे विश्वेश्वर दत्त शर्मा। वह 1919 में डिब्रूगढ़ से निकला। उसके बाद सिलहट से मासिक 'शक्ति' का प्रकाशन हुआ। 1939 में डिब्रूगढ़ से पन्नालाल पुरोहित ने साप्ताहिक 'नव जागृति' निकाली। 1947 में तिनसुकिया से साप्ताहिक 'अकेला' निकला जिसके सम्पादक विश्वनाथ गुप्त थे। उसी साल गुवाहाटी से शंकरलाल भातरा ने साप्ताहिक 'शंखनाद' का प्रकाशन किया। सूर्यवंशी चौधरी ने हिन्दी व असमिया में 1959 में 'असम प्रदीप' निकाला। 1972 में हिन्दी, असमिया व नेपाली में 'नव ध्वनि' नामक पत्रिका निकली। गुवाहाटी से 1976 में बसन्तकुमार सिंह ने 'जयहिन्द' और 1982 में शंभुप्रसाद शर्मा ने पाक्षिक 'रजनीगन्धा' का प्रकाशन प्रारम्भ किया। 1986 में बापचन्द्र महन्त ने त्रैमासिक पत्रिका 'समन्विता' निकाली। हिन्दी, असमिया व राजस्थानी में 1976 में 'असम ज्योति' का प्रकाशन हुआ। उसका सम्पादन तिनसुकिया की रहनेवाली असमियाभाषी लावण्य गोगोई करती थीं। बीसवीं शताब्दी के उत्तरार्द्ध में पूर्वोत्तर भारत खासकर असम से अम्बिका प्रसाद पंकज ने 'नक्षत्र', अशोक वर्मा ने 'बालक', पूर्णनारायण सिन्हा ने 'महाजाति', दिनकर कुमार ने 'अपवाद', निर्मल बेरीवाल व निरुपमा ने 'दीप', नवाब सिंह रघुवंशी ने 'नवीन समाज' तथा 'रणभेरी', पुष्पराज जैन ने 'प्रभात', कान्तेश्वर उपाध्याय ने 'असम भूमि' तथा 'पूर्वोत्तर', रमणी भार्गव ने 'द

ब्लास्ट', भुवनेश्वर प्रसाद सिंह ने 'पूर्वगंधा', अशोक राज ने 'भारत भूमि', सन्दीप मिश्रा ने 'तिनसुकिया नव दर्पण', राम स्वरूप शर्मा ने 'जागरण', इंद्रेश्वर मिश्र ने 'आज का संसार', बजरंगलाल शर्मा ने 'नागभूमि', कमल नारायण व चक्रेश्वर भट्टाचार्य ने 'जयन्ती', ललन प्रसाद सिंह ने 'तीसरी आँख', आत्मा चौधरी ने 'काल खबर काल', बालमुकुंद मूंधड़ा ने 'पूर्वांचली', विनोद रिंगानिया ने 'पूरब', राजकुमार झांझरी ने 'नव ज्योति', धर्मराज सिंह व रमण शांडिल्य ने 'अरुण नागरी', हीरालाल तिवारी ने 'मजदूर', उमाशंकर दीक्षित ने 'लोकसन्देश' व 'देशहित', कृष्णनारायण ने 'प्राच्य भारती', मंजर भारती ने 'हमारी आवाज', छगनलाल जैन ने 'सम्मेलन समाचार' और इंद्रनाथ चौधरी ने 'मेरी कलम' का प्रकाशन किया। यदि दैनिक समाचार पत्र की बात करें तो असम से प्रकाशित होनेवाला प्रथम दैनिक 'लोकमान्य' है जिसका प्रकाशन गुवाहाटी से 28 अप्रैल 1963 को हुआ। वह कोलकाता से भी निकलता था किन्तु पूर्वोत्तर भारत संस्करण छह महीना बीतते न बीतते बन्द हो गया। उसके बाद जी.एल. अग्रवाला ने 16 मई 1989 को हिन्दी दैनिक 'पूर्वांचल प्रहरी' निकाला। 'पूर्वांचल प्रहरी' के निकलने के चौदह दिन बाद ही हिन्दी दैनिक 'सेंटिनल' निकलने लगा। 14 सितम्बर 1989 को हिन्दी दैनिक 'उत्तर काल' निकलने लगा। 1991 में पूर्वांचल प्रहरी समूह से हिन्दी साप्ताहिक 'सत्यसेतु' भी निकलने लगा। 30 मार्च 1996 को गुवाहाटी से सांध्य दैनिक 'द ब्लास्ट' निकला। 'पूर्वांचल प्रहरी' अब गुवाहाटी के अलावा जोरहट तथा उत्तर लखीमपुर से भी छपता है। हिन्दी दैनिक 'पूर्वोदय' 2005 से गुवाहाटी व जोरहट से निकल रहा है। इधर वह सिलचर से भी निकलने लगा है। गुवाहाटी से हिन्दी दैनिक 'प्रातः खबर' भी निकलता है। सिक्किम से हिन्दी दैनिक 'अनुगामिनी' निकलता है। अरुणाचल से हिन्दी साप्ताहिक 'अरुण आवाज' निकलता है। पूर्वोत्तर से प्रकाशित पत्र–पत्रिकाओं से यह अपेक्षा स्वाभाविक रही है कि वे पाठकों को सूचना देने, शिक्षित करने, मनोरंजन करने के अलावा पूर्वोत्तर की चार राष्ट्रीय और सभी प्रमुख जनजातीय भाषाओं के साथ हिन्दी का साहित्यिक सम्बन्ध जोड़ें। पूर्वोत्तर से प्रकाशित हिन्दी की पत्र–पत्रिकाएँ पूर्वोत्तर के साहित्य को यदा–कदा हिन्दी में अनूदित कर लाती रही हैं किन्तु सुचिन्तित तरीके से हिन्दी और पूर्वोत्तर में भाषा सेतु बन्धन का काम पूर्वोत्तर की जिन पत्रिकाओं ने पिछले दो–तीन दशकों के दौरान किया, वे हैं–'उलुपी', 'महिप' और 'समन्वय पूर्वोत्तर'।

रविशंकर रवि के सम्पादन में निकलनेवाली 'उलुपी' पत्रिका ने पूर्वोत्तर खासकर असमिया के श्रेष्ठ साहित्य का हिन्दी में अनुवाद प्रकाशित किया है। पूर्वोत्तर के साहित्य और संस्कृति को हिन्दी पाठकों तक पहुँचाने के लिए रविशंकर रवि ने गुवाहाटी से 1997 में इस पत्रिका का अपने दम पर सम्पादन--प्रकाशन प्रारम्भ किया था। चूंकि यह पत्रिका पूर्वोत्तर से जुड़ी है इसलिए इसका नाम भी पूर्वोत्तर की महाभारतकालीन नगा युवती उलुपी के नाम पर रखा गया। उलुपी ने क्षेत्रीय स्वायत्तता के सवाल पर अपने पति को युद्ध के लिए ललकारा था। 'उलुपी' के माध्यम से रवि शंकर रवि असमिया की शताधिक कहानियाँ अब तक हिन्दी में ला चुके हैं। इस पत्रिका के जिन विशेषांकों को आज भी याद किया जाता है, वे हैं–असमिया कहानी विशेषांक, अवनी चक्रवर्ती पर केन्द्रित अंक, ज्योति अंक, असमिया साहित्य सभा विशेषांक, शीलभद्र विशेषांक, पूर्वोत्तर में हिन्दी विशेषांक। असमिया के जिन साहित्यकारों की रचनाओं से हिन्दी जगत को 'उलुपी' ने अवगत कराया, उनमें कुछ प्रमुख रचनाकार हैं–वीरेंद्र कुमार भट्टाचार्य, नवकान्त बरुआ, शीलभद्र, सैयद अब्दुल मल्लिक, नगेन सैकिया, चन्द्र प्रकाश सैकिया, अतुनानन्द गोस्वामी, भूपेंद्रनारायण भट्टाचार्य, देवब्रत दास, अरुण पटंगिया कलिता, कुल सैकिया, मनोज कुमार गोस्वामी, कौस्तुभ मणि सैकिया, जयश्री गोस्वामी, अर्चना पुजारी, राजीव बरुआ, उदय कुमार शर्मा, अनुभव तुलसी, रीता चौधरी, सौरभ कुमार चालिहा, होमेन बरगोहाई, नवारुण वर्मा, रवींद्र बोरा, सतीश चन्द्र काकती, नलिनीधर भट्टाचार्य, नील मणि फूकन, तेजेश्वर चेतिया, गिरीश बरुआ, इस्माइल हुसैन, पोना महन्त, रमेन कलिता, अहिल्या गोगोई, विमल कुमार हजारिका, भवानी प्रसाद अधिकारी और विश्वनाथ बर्मन। 'उलुपी' के जरिए हिन्दी के एक लाख से अधिक पाठकों तक रवि ने पूर्वोत्तर के साहित्य को पहुँचाया है। इस पत्रिका के पिछले अंक में तीन दिवंगत विभूतियों को श्रद्धांजलि अर्पित की गयी है। ये विभूतियाँ हैं–संग्रीत सम्राट भूपेन हजारिका, असमिया की शीर्ष लेखिका मामोनी रायशमगोस्वामी और राष्ट्रीय–अन्तरराष्ट्रीय फलक पर असमिया कला को नयी पहचान देने वाले कलाकार शोभा ब्रह्म। इस संयुक्त विशेषांक में ऐसे आलेख हैं जिन्हें पढ़कर हिन्दी के पाठक भी तीनों विभूतियों को जान–समझ सकते हैं। पूर्वोत्तर के साहित्य व वहाँ की संस्कृति को हिन्दी में लाने के समानांतर रवि 'उलुपी' में पूर्वोत्तर के हालात पर लेख भी छापते रहे हैं ताकि राष्ट्रीय मीडिया में पूर्वोत्तर के

बारे में किये जा रहे एकपक्षीय प्रचार को काटा जा सके। 'उलुपी' के पाँचवें अंक में रवि ने लिखा है, "पूर्वोत्तर में उग्रवाद का इतिहास आधी सदी से भी अधिक पुराना है। आजादी के समय से ही नगालैंड और मणिपुर उग्रवाद की आग में सुलगने लगे थे। मणिपुर में 1945 में पीपुल्स लिबरेशन आर्मी का गठन हो गया तो नगा नेता फिजो स्वाधीन नगालैंड की जिद करने लगे। नगालैंड और मणिपुर की आग बुझी भी न थी कि 1966 में मिजो नेशनल फ्रंट का गठन करके लालडेंगा ने स्वतन्त्र मिजोरम के लिए बगावत कर दी। उधर बांग्लादेश से आये बंगाली शरणार्थियों की वजह से अपनी ही भूमि में अल्पसंख्यक हो गये त्रिपुरा के आदिवासियों ने अपने अस्तित्व की रक्षा के लिए बन्दूक उठाकर जंगल का रास्ता पकड़ा। अब उसी रास्ते पर बोडो समुदाय भी चल पड़ा है। उग्रवाद और बन्दूक की विफलता को सबसे पहले लालडेंगा ने महसूस किया और 1986 में हथियार डाल दिया। त्रिपुरा के त्रिपुरा वालिंटियर फोर्स ने भी 1988 में समर्पण कर दिया, लेकिन दूसरे कतिपय गुट अभी भी सक्रिय हैं। पूर्वोत्तर में उग्रवाद का विस्तार महज दिल्ली की उपेक्षा से नहीं हुआ है, राज्य में सत्ता प्राप्त करने और उग्रवादी संगठनों के बीच ताकतवर बनने की प्रवृत्ति भी इसके लिए जिम्मेदार है। मणिपुर में कुकी नेशनल आर्मी का गठन एन.एस.सी.एन. के हमले का जवाब देने के लिए किया गया। बोडो उग्रवादियों का मुकाबला करने के लिए असम के संथालों ने बिरसा कमांडो फोर्स और कोबरा लिबरेशन टाइगर्स का गठन कर लिया। मणिपुर में कुकी नेशनल आर्मी तथा एन.एस.सी.एन. के बीच और असम में एन.डी.एफ.बी. तथा बी.एल.टी. के बीच हुए खूनी संघर्ष में अब तक सैकड़ों निरीह लोग मारे जा चुके हैं।" 'उलुपी' के पाँचवें अंक में ही रवि ने लिखा है कि प्रकृति से प्रेम, सहज जिन्दगी, उन्मुक्त प्रेम और अतिथि सत्कार पूर्वोत्तर के लोगों की विशेषता रही है। लेकिन सवाल यह उठता है कि इस तरह के असन्तोष का स्थायी समाधान क्या है? हत्याओं का आम जनता समर्थन नहीं करती। इसलिए सामाजिक बदलाव मे विश्वास करने वाले उग्रवादियों को जंगलों में भटकने की बजाय आम जनता के बीच जाकर अपने मकसद को रखना चाहिए। ये पंक्तियाँ वही लिख सकता है जिसके हृदय में पूर्वोत्तर धड़कता हो। रवि के हृदय में पूर्वोत्तर धड़कता है।

'उलुपी' के बाद जिस हिन्दी पत्रिका का उल्लेख जरूरी है, वह 'महिप' है। 1985 में मासिक 'मणिपुर हिन्दी परिषद पत्रिका' राधागोविन्द

थोङाम के सम्पादन में निकली। इस पत्रिका के फरवरी 1986 के अंक में लिखा गया कि उसकी योजना हिन्दी तथा पूर्वोत्तर की भाषाओं के द्विभाषी व बहुभाषी शब्दकोश निर्माण करने की है। पूर्वोत्तर भारत के लोक साहित्य एवं संस्कृति के संकलन व देवनागरी में उसके प्रकाशन की भी योजना है। 1986 के आखिर यानी दिसम्बर व 1987 के जनवरी–फरवरी का संयुक्तांक पत्रिका ने राष्ट्र कवि मैथिलीशरण गुप्त विशेषांक के रूप में निकाला था। उसमें कुल 15 लेख हैं। पत्रिका के सम्पादक आचार्य राधागोविन्द थोङाम का लेख भारत–भारती के राष्ट्र कवि का चिन्तन और सिद्धनाथ प्रसाद पारंग का लेख गुप्त जी की अमर कृति यशोधरा का श्रेष्ठ विरह तत्व भाषा सेतु बन्धन के भी श्रेष्ठ उदाहरण हैं। पत्रिका के मणिपुर भाषा माँग विशेषांक तथा हिन्दी और मणिपुरी साहित्यकारों पर केन्द्रित अंकों की खासी चर्चा रही। मणिपुरी के लमाबम कमल, नीलवीर शास्त्री, चाबोआ पर केन्द्रित अंक बहुत प्रभावशाली निकले। हिजम अङ्डाहल पर जो विशेषांक निकला, उससे पहली बार मणिपुरी के उस महान साहित्यकार के योगदान से हिन्दीभाषी अवगत हुए। हिजम अङ्डाहल ने मणिपुरी में कविताएँ लिखीं, उपन्यास लिखे, निबन्ध लिखे और नाटक भी लिखे। अपनी कविताओं में हिजम अङ्डाहल महान मानव संस्कृति की स्थापना करते हैं। उन्होंने अपने उपन्यास 'जहेरा' में प्रेम को जाति, धर्म और सम्प्रदाय से परे बताया तो अन्य उपन्यास 'थम्बाल' में प्रकृति का सजीव चित्रण किया। 1991 में यह पत्रिका 'महिप' नाम से त्रैमासिक हो गयी। उसी वर्ष से उसके सम्पादन का दायित्व प्रो. देवराज ने निभाना शुरू किया। वे लगातार दस वर्ष 'महिप' के सम्पादक रहे। 2001 से इबोहल सिंह काङ्जम उसके सम्पादक हैं। 'महिप' (मणिपुर हिन्दी परिषद का संक्षिप्त नाम) ने मणिपुरी उपन्यासों, मणिपुरी लोककला मणिपुरी लोकनाट्य पर आलोचनात्मक लेख प्रकाशित किये तो मणिपुरी कविताएँ भी। महिप के दिसम्बर 1993 के अंक में बैक कवर मणिपुर की चार अन्य पत्रिकाओं की जानकारी दी गयी है। वे पत्रिकाएँ हैं–युमशकैश, कुन्दो परेङ्, प्रयास और नील कमल। आरम्भिक वर्षों में जिस कुशलता से पत्रिका का सम्पादन आचार्य राधागोविन्द थोङाम ने किया, परवर्ती काल में प्रो. देवराज और इबोहल सिंह काङ्जम भी उसी कुशलता से उसका सम्पादन करते रहे। 'महिप' के सितम्बर 2005 के अंक में मणिपुर में हिन्दी का बहिष्कार (लेखक बीआर शर्मा), मणिपुर में लोकतन्त्र

आन्दोलन के जन्मदाता हिजम इरावत सिंह (लेखक राधागोविन्द थोङाम), एकता का प्रतीक हाओचोंगबा त्यौहार (लेखक लनचेनबा मीतै), मणिपुर में एक दिवसीय रामकुमार वर्मा जन्मशती समारोह (लेखक लनचेनबा मीतै) शीर्षक लेख व रिपोर्ताज छपे हैं। 'महिप' ने दिसम्बर 2006 का अंक सिद्धनाथ प्रसाद पारंग विशेषांक के रूप में निकाला। इसमें सिद्धनाथ प्रसाद पारंग के अवदान पर राधागोविन्द थोङाम, रामनाथ प्रसाद, अरिबम ब्रजकुमार शर्मा और देवराज के लेख हैं सिद्धनाथ प्रसाद पारंग की मौलिक व अनूदित रचनाएँ भी इस अंक में दी गयी हैं। इसी अंक में प्रकाशित सिद्धनाथ प्रसाद पारंग की एक कविता हिन्दी को अब अपनाना शीर्षक कविता से उनके गहरे आवेग व हिन्दी प्रेम को समझा जा सकता है। 'महिप' के सितम्बर 2008 के अंक में पूर्वोत्तर भारत के संवाद माध्यमों में हिन्दी साहित्य शीर्षक लेख में अजयेंद्रनाथ त्रिवेदी लिखते हैं : गुवाहाटी से प्रकाशित हिन्दी दैनिक 'सेंटिनल' तथा 'पूर्वांचल प्रहरी' में हर हफ्ते साहित्यिक रचनाएँ प्रकाशित की जाती हैं और असमिया आदि भाषाओं की कहानियों का हिन्दी अनुवाद भी प्रकाशित किया जाता है। महिप के सितम्बर 2008 के ही अंक में गाँधी : हिन्दी और भारतीय भाषाएँ, हिन्दी प्रचार में साहित्यिक पत्रकारिता की भूमिका, अरुणाचल के प्राथमिक और माध्यमिक विद्यालयों में हिन्दी साहित्य शिक्षण की समस्याएँ और त्रिपुरा में हिन्दी भाषा का प्रचारः कुछ समस्याएँ शीर्षक लेख छपे हैं जिनके लेखक क्रमशः राधागोविन्द थोङाम, डॉ. के. रजनी, त्रिभुवनलाल श्रीवास्तव और रमेंद्र कुमार पाल हैं। 'महिप' के दिसम्बर 2009 के अंक में प्रकाशित डॉ. धर्मराज सिंह के एक लेख का शीर्षक है : अरुणाचल की बोलियों के लिए देवनागरी लिपि सर्वोत्तम है। 'महिप' के जून 2011 के अंक में हिन्दी तथा मणिपुरी संरचनाओं का व्यतिरेकी अध्ययन शीर्षक डॉ. टी. कुंजकिशोर सिंह का बहुत महत्वपूर्ण लेख छपा है। 'महिप' के दिसम्बर 2014 के अंक में प्रकाशित रघु लैसाङथेम की तीन कविताओं से समकालीन मणिपुरी कविता का मिजाज समझा जा सकता है। कविताओं का ग्राम शीर्षक कविता में कवि कहता है : यह आकाश/गूँज भरा है/पक्षियों की चहचहाहट से/कोई भी न करना युद्ध/नहीं है युद्धस्थल/बगिया है यह धरती। इन पंक्तियों में पूर्वोत्तर का स्वर्ग मानी जानेवाली धरती को रक्तरंजित करने की गहरी टीस अभिव्यक्त हुई है।

पूर्वोत्तर भारत से प्रकाशित होनेवाली हिन्दी पत्रिकाओं–'अरुण प्रभा',

'मेघालय दर्पण' और 'असम प्रदीप' ने भी हिन्दी तथा पूर्वोत्तर की भाषाओं के बीच सेतुबन्धन का उल्लेखनीय कार्य किया है। इस दिशा में सबसे व्यवस्थित, ठोस और स्थायी महत्व का काम किया केन्द्रीय हिन्दी संस्थान द्वारा प्रकाशित 'समन्वय पूर्वोत्तर' ने।

'समन्वय पूर्वोत्तर' ने पूर्वोत्तर के सभी प्रदेशों के आधुनिक व समकालीन साहित्य, यहाँ तक कि लोक साहित्य से हिन्दी समाज को परिचित कराया। पत्रिका के आरम्भिक अंकों में ही असमिया लिपि के उद्‌भव व विकास, असमिया गीत साहित्य, बर गीत, खासी साहित्य, निशि साहित्य, नगा साहित्य, बोडो साहित्य, मणिपुरी कथा साहित्य, नेपाली साहित्य, लेप्चा संस्कृति, अरुणाचल के लोक नृत्य का ठोस परिचय दिया गया है। अकेले पूर्वोत्तर की जनजातीय कविता की बात करें तो 'समन्वय पूर्वोत्तर' के अब तक प्रकाशित अंकों के जरिए हम इसका आरम्भिक आकलन कर सकते हैं और देख सकते हैं कि पूर्वोत्तर भारत के जनजातीय कवियों में अपने समय के उलझावों को पहचानने और उससे सामना करने का विलक्षण साहस है। पूर्वोत्तर के निवासियों के लिए आत्मपहचान और आत्म गौरव का सवाल सबसे अहम है। 'समन्वय पूर्वोत्तर' के जुलाई–सितम्बर 2008 के अंक में प्रकाशित 'अपना परिचय' शीर्षक कविता में पूर्वोत्तर के कवि एस बी सुब्बा ने जनजातीय अस्मिता का सन्दर्भ पूरी ताकत से साथ उठाया है–'मैं होते हुए भी 'मैं' नहीं हूँ। मैं नहीं हूँ तो मैं कौन हूँ? मैं 'मैं' नहीं हूँ तो क्यों? मुझे 'मैं' होना क्यों जरूरी है? मुझे किसने 'मैं' बनाया। एक दिन सोचने लगा/सोचते सोचते ही मैं सागर में डूब गया/अपने आप को पहचानने के लिए/अपना परिचय देने के लिए/अब समझ में आ गया/अपनी पहचान अपना परिचय। उसके बाद मैंने पता किया/लिम्बे जातीय भेष–भूषा कहाँ है? सरदक्पा, लाप्पेतूता, पागाप्पा कहाँ है? कहाँ है पोह, फई/हाडजाड औ हाडपेन कहाँ है? कहाँ गया थाकुमे? हेम्बारि, सुडगेम्बा फई/और मेखली चुलोत कहाँ गयी? कहाँ हैं वे आभूषण/नेसे, मुन्द्री, याडइच्छि/लाडपाडी हुकपांडगी औ लाइच्छी/कहाँ है वह थुडग्री लाम्लाई/कहाँ है जातीय वाद्य वादन? के नेग्रा मेफ्रा/किडना ओर मिक्ला कोमहा/कहाँ है काँड धनुष/तलवार औ ढाल। कहाँ है वह केलाड और याःलाडहा/ सिरधाप्पे, केडजोरी, ताम्केहा/कहाँ है वह हाकपारे तुम्याड साम्लो/औ मेरिडसाम्लो, खोई खोई/कहाँ है जातीय भाषा–साहित्य?' 'समन्वय पूर्वोत्तर' के जुलाई–सितम्बर 2008 के अंक में प्रकाशित 'अँधेरे

में आशा की एक किरण' शीर्षक लेप्चा कविता में चारों ओर हाथ फैलाते आदिवासियों के जर्जर जीवन की विकल कर देनेवाली अभिव्यक्ति हुई है–'देखो तो नीचे/क्या हो सकता है? हाथ पैर उसका चल रहा है/शरीर भी थोड़ा–थोड़ा मचल रहा है। गौर से देखा तो/क्या हो सकता है? हाँ हम देख रहे हैं/बड़े गौर से देख रहे हैं। क्या हो सकता है वह/पेड़ और पत्थर तो नहीं। शायद कोई जीवन हो/या हो कोई मानव। पहचान ही नहीं पा रहा। रूप उसका देखता हूँ/रंग–ढंग भी देखता हूँ। वह तो एक आदमी है/जो पर्वतारोहण के लिए/ऊपर आ रहा है। पीठ पर भारी बोझ लिए/साँस भी चढ़ती जाती/जमीन पर रेंगते हुए/ऊपर ही चढ़ता आ रहा। सर से पाँव तक/पसीना–पसीना होकर भी/एक–एक कदम आगे बढ़ाता/पर्वत और शिखर विजय के लिए/ऊपर ही कदम बढ़ा रहा है। रास्ता थोड़ा तंग तो है/फिसलने का डर भी है। ऊपर चढ़ने के लिए/जितना वह प्रयासरत है।' पत्रिका के अक्टूबर–दिसम्बर 2008 के अंक में प्रकाशित 'गोलाप बिबल' (गुलाब) शीर्षक गारो कविता में इबालिन मारक जनजातीय जीवन में उल्लास की कामना करते हैं–'सुन्दर गुलाब खिल उठा सुबह–सुबह/और ओस की बूँदों को पीकर मुस्कुराया। मैंने राहत के साथ में भरती उसकी मीठी खुशबू/काश पवन सदा ले आये उसकी खुशबू मेरे पास। दूसरे फूल शरमाकर/देखते हैं तुम्हें तिरछी नजर से, जब तितलियाँ बढ़ा देती हैं शोभा तुम्हारी/'झाड़ी का काटा' कहते हैं वे। समुद्र हवा, अधरों–सी कोमल/साँसों में भरकर तुम्हारी खुशबू/चूमती है मेरे चेहरे को। मैं रह नहीं सकता बिना तुम्हारी ओर देखे बारबार।' इसी पत्रिका के अक्टूबर–दिसम्बर 2008 के अंक में प्रकाशित 'ऊ तेऊ पाथाय' शीर्षक खासी कविता में सोसाथाम प्रकृति के सान्निध्य व साहचर्य में और प्रिय की स्मृति को संबल बनाकर ही जीवन को आगे बढ़ाने की कामना करते हैं–'जब भी तुम मेरी स्मृति में उभर आते, मैं किसी दूर देश में उड़ जाता, वन में रहूँगा अपनी आयु भर/प्रान्तर यह फल–फूलों भरा। धुएँ से ढक जाय जैसे निर्झर/ओझल कर लेता अपनी आँखें। मैं भी अन्य किन्हीं बरसों में, बहाऊँगा आँसू एकाकी हो। उड़ता है समय, दौड़ता है तेज, जब भी मैं होता तुम्हारे साथ, कभी भी भूल नहीं सकता मैं, कभी भी, किन्हीं दिनों भी। जब चली गयी हो तुम पाताल में, सहस्रों बार उठ आओगी, पायाम पुष्प का निवास नमी में, सदा सुगन्धित दूर से ही।' पत्रिका के अप्रैल–जून 2008 के अंक में प्रकाशित 'मोती' शीर्षक

खासी कविता में सोसाथाम मोती का संधान करते हैं–'घास पर ओस की बूँदें/झिलमिलाती सुबह–सुबह/मैं भी घर से बाहर आकर खोजूँगा मोती। हरी–भरी घास से/सूरज ने उड़ा लिया, उनकी तरह किसी देश में/मैं भी डूबूँगा। चाहे काँटे चुभ जायें/दूर किसी मार्ग में, चुपचाप घर से निकल/देरी से लौटूँगा। हृदय पीड़ित होगा। जब दूर कहीं अकेले/जमे हुए आँसू/मोती बन जायेंगे।' 'समन्वय पूर्वोत्तर' के जनवरी–मार्च 2010 के अंक में प्रकाशित 'नों दोंसे सल बाथा गय स्वान्दिसे लामनि' (तुम थोड़ी दूर रास्ते की एक गाथा हो) शीर्षक बोडो कविता में स्वर्ण प्रभा चैनारी का संवेदनात्मक परिपाक द्रष्टव्य है–'तुम थोड़ी दूर रास्ते की एक गाथा हो/खून से नहाया, आग से नहाया/कल की दोपहर को फूलों जैसे/एक पवित्र शब्द नरक के आँगन में/शब्द शब्द शब्द/मानवता नामक एक शब्द/तुझे मरोड़ा गया/कचहरी के आँगन में/बढ़ाया गया गनेशगुरी फ्लाईओवर के नीचे/और पान बाजार के एड़ी में/तुझे बुकनी बनाया गया कक्राधार और चौधुरी कांप्लेक्स में/खोंटा गया बंगाइगाँव के पाग्लास्थान में/तू चर्चित हो गया थोड़ी ही समय में/तुझे स्वागत किया गया बड़े–बड़ों की फाइलों में/आँसू से लिखा गया तुम्हारा नाम, तुम्हारा पता।' 'समन्वय पूर्वोत्तर' के जनवरी–मार्च 2009 के अंक में प्रकाशित 'ऊ खोन ई मेय' शीर्षक खासी कविता में सोसाथाम परिवेश की मार्मिक छवि उपस्थित करते हैं–'माँ का बेटा/देख उड़ रहा है लड़का! उसकी चिन्ता क्यों है आपको! हवा का ज्येष्ठ पुत्र सूर्य, वह है माँ का बेटा। जहाँ कहीं है खूनी लुटेरा, भयाक्रान्त है घूमने से वह, पाने–खोने का ज्ञान होगा उसे जब, चहुँ संसार फैलेगी उसकी चिंगारी तब। भ्रमर ज्यों निकलता ढोल से, तलाश में आहार की ढेरों में, गायन करता इच्छा पूर्ति हेतु, या किसी तरह नाम कमाने के लिए।'

पूर्वोत्तर की सामाजिक-आर्थिक जड़ें

प्रो. ए. सी. सिन्हा

असम ब्रिटिश शासनकाल में उत्तर में हिमालय से लेकर दक्षिण में बंगाल की खाड़ी की पर्वत श्रृंखला तक, पूरब में बर्मा की सामावर्ती पहाड़ियों तक और पश्चिम में बंगाल प्रेसीडेंसी तक फैला हुआ था। भारत सरकार अधिनियम एक्ट 1935 के मुताबिक मैदानी भागों में आठ जिले थे तथा पहाड़ी भागों में सात जिले थे। ऐतिहासिक नजरिये से लेकर भौगोलिक, जातीय, धार्मिक, भाषाई, सामाजिक और आर्थिक पैमाने पर यह क्षेत्र खुद में वृहद विस्तार समेटे था। क्षेत्रीय इतिहास के आधार पर ब्रितानियों के आकर्षण की मुख्य वजह चमत्कारी वाणिज्य फसलें थीं। चाय भी इसमें सम्मिलित थी। ब्रितानी हुक्मरानों द्वारा इस क्षेत्र पर कब्जा जमाने का आधार अहोम–बर्मा की लड़ाई बनी। कुछ ही समय में वे इस क्षेत्र के मुखिया बन गये। अगली शताब्दी में भारत से जाने से पहले उनकी योजना क्राउन कॉलोनी बनाने की थी। विडम्बना यह कि इसका मुख्यालय उन्होंने मणिपुर के इम्फाल को बनाने का सोचा था। उसमें हिमालय के पहाड़ी क्षेत्रों के इलाकों से चिटगाँव के पहाड़ी–क्षेत्र शामिल थे। साथ ही मेघालय सीमा से ऊपरी बर्मा के थाईलैंड सीमा तक के हिस्से भी उसमें शामिल थे। हालाँकि कई वजहों से उसे व्यवहार में नहीं लाया जा सका। उसकी एक प्रमुख वजह वहाँ के आदिवासियों द्वारा ब्रितानी नौकरशाहों के उस प्रस्ताव को ठुकरा देना था। उसके बाद अंग्रेजों ने भारत से जाने की स्थिति में वृहद भारत बनाने के उद्देश्य से दूसरा तरीका अख्तियार किया और उन्होंने विरल जनसंख्या वाले असम के क्षेत्रों को मुस्लिम बहुल जनसंख्या वाले बंगाल प्रेसीडेंसी में मिलाने की सोची। असम के राजनीतिज्ञों ने उस समय देखा कि बिना उनको विश्वास में लिए ही अनिश्चित बंगाल के साथ इस क्षेत्र को जोड़ा जा रहा है। उस पूरे षड्यन्त्र

को वहाँ के नेता गोपी नाथ बरदलै ने महात्मा गाँधी के नैतिक सहयोग से असफल कर दिया।

धर्म के आधार पर भारत को दो हिस्सों में विभाजित करना एक तरह से विश्वास को धक्का पहुँचाना था। खास कर यहाँ के वैसे जनजाति समुदाय जिन्होंने मिशनरियों के मार्फत ईसाई धर्म की शिक्षा ली थी, ने यह माना कि जिस तरह इस्लाम के आधार पर पाकिस्तान बनाया गया, उसी प्रकार भारत को भी हिन्दू राष्ट्र बनाने की कोशिश हो सकती है। आगे यह भी हो सकता है कि अंग्रेजों से सत्ता के परिवर्तन में मोल–तोल के तहत कांग्रेस का चरित्र ही हिन्दूवादी हो जाय। स्वाभाविक था कि ऐसी स्थिति में जिसमें भारत को हिन्दू राष्ट्र घोषित किया जाये, जनजाति नेतृत्व ने अपने लिए कोई खास महती भूमिका नहीं देखी। इन सारी चिन्ताओं के मद्देनजर ही संविधान निर्माताओं ने आदिवासी समुदायों की पारम्परिक प्रथाओं की सुरक्षा की गारंटी संविधान की छठी अनुसूची के द्वारा की। नयी व्यवस्था में आदिवासियों को उनके भविष्य के लिए पुनः आश्वासन दिया गया। इसके साथ राष्ट्रीय नेतृत्व ने यह भी तय किया कि भारत की इकाई के तौर पर भाषागत आधार पर राज्यों का निर्माण होगा। असम के नेतृत्व ने गर्वपूर्वक सोचा कि उनकी माँगों की भरपाई का समय भी आ गया है। असम भी भारत के हिस्सा के तौर पर असमिया बोलने वाले लोगों का होगा। असम के पहाड़ों और मैदानी भागों में बोली जानी वाली असमिया आम जनों की भाषा थी। इसके साथ और भी कई भाषाएँ असम में बोली जाती थीं। असम के बड़े भू–भाग पर कई भाषाएँ बोलने वाले लोग थे जिसमें जनजातीय भाषाओं से लेकर बांग्ला भाषा भी शामिल थी। ध्यान देने वाली बात यह है कि इन सबके बावजूद अंग्रेजी माध्यम से शिक्षित हुई पहली पीढ़ी के एलीट आदिवासी असमिया भाषा के आधार पर राज्य के पुनर्गठन के पक्ष में नहीं थे। भविष्य में उन्हें अपने लिए ऐसी व्यवस्था के आधार पर मौका नहीं दिख रहा था। आगे चल कर इन्हीं कारणों से नृजातीय आधार पर भारत के पहले राज्य नगालैंड का गठन 1963 में विद्रोह के कारण करना पड़ा। उसके बाद मेघालय का 1972 में, मिजोरम का 1985 तथा अरुणाचल का 1987 में गठन हुआ। गौरतलब है कि इन राज्यों का उदय असम के क्षेत्रों को बाँट कर ही हुआ था। असम के मानस पर इन कदमों का बहुत बुरा प्रभाव पड़ा। असम के मुख्यमंत्री विष्णुराम मेधी ने गृह मंत्री और प्रधान मंत्री के साथ 1950 के

दशक के अवसान और 1960 के दशक की शुरुआत में इन परिणामों पर विस्तृत वार्ता की। उसी समय राष्ट्रीय नेतृत्व को उन्होंने चेतावनी देते हुए बताया था कि नृजातीय आधार पर असम के पहाड़ी भागों का छोटे राज्यों में बँटवारा आगे चल कर भानुमती के पिटारे के तौर पर लिया जा सकता है। केवल असम ही नहीं बल्कि पूरे क्षेत्र का नृजातीय आधार पर बँटने का खतरा हो सकता है। गौरतलब है कि आगे चल कर उत्तर–पूर्व पुनर्गठन अधिनियम 1971 के मार्फत पूरे क्षेत्र को भारत के आलोक में सात बहनों के रूप में स्थाई मान्यता मिली। सिक्किम को चचेरे भाई या छोटे भाई के रूप में पहचान मिली। बीसवीं शताब्दी में असम के मध्य वर्ग में कुछ अन्य विचलनकारी प्रवृतियाँ घर कर रही थीं। 1873 में जब असम की रचना हुई तो अंग्रेजी बोलने वाले बंगाली बाबुओं को प्रशासनिक कार्यों हेतु यहाँ लाया गया था। कुछ ही अन्तराल के बाद अंग्रेजी बोलने वाले शिक्षकों, डॉक्टरों और अन्य क्षेत्रों के नुमाइंदे यहाँ भर गये। बांग्ला यहाँ के स्कूलों में निर्देशन की भाषा बनी और असमिया को बांग्ला की उप–भाषा के तौर पर पेश किया गया। यहाँ के लोगों को यह बात नागवार गुजरी। यही नहीं अंग्रेजों ने असम को आय की दृष्टि से कमतर राज्य का दर्जा दिया। वैसे कदमों की वकालत की जिसके रास्ते आय को बढ़ाया जा सकता था। इस लक्ष्य की प्राप्ति के लिए उन्होंने काफी स्पष्ट कदम उठाने की सोची थी जिसमें बंगाल और नेपाल से मजदूर लाना था जो चाय बागान में कम मजदूरी पर काम करें, चाय बागान के लिए जंगल साफ कर के नये क्षेत्र तैयार करें। इसके साथ ही भारत के केन्द्रीय क्षेत्रों से आदिवासी मजदूरों को लाकर गिरमिटिया मजदूर के रूप में काम कराना था। शुरुआती दौर में यहाँ के मध्यम और उच्च वर्ग के लोगों ने कम जनसंख्या वाले असम में सघन राज्य बंगाल से मजदूरों के आवागमन का स्वागत किया। जल्द ही असमियों को अहसास हुआ कि अंग्रेज 'फूट डालो और शासन करो' की नीति के तहत मुस्लिम लीग के नेताओं को भारत विभाजन से पहले मुसलमानों को यहाँ बंगाल से जाने के लिए प्रोत्साहित कर रहे हैं। यहाँ के लोगों के खुले विरोध के बावजूद बाहरी लोगों का भारी संख्या में यहाँ आना समय के साथ निर्बाध गति से जारी है। अन्तरराष्ट्रीय सीमा के पश्चिमी क्षेत्र से अभी तक अवैध घुसपैठ जारी है और यहाँ के लोग मूकदर्शक बने हुए हैं।

विभिन्न धारणाएँ

इन सब कारणों से यहाँ के स्थाई लोग खास कर असमिया वर्ग में घेरबन्दी का एहसास है तथा पहचान की समस्या उत्पन्न हो गयी है। संजीव बरुआ ने कई कारणों में से एक को अच्छे से चित्रित किया है। उनके अनुसार पूर्वोत्तर भारत की ऐसी हालत राजनीतिक माँग उठने की वजह से हुई है। जातीय लड़ाकों के साथ भारतीय सरकार द्वारा सुरक्षात्मक भेदभाव भी एक कारण है। अनुसूचित जनजाति का तमगा शिक्षा और सरकारी सेवा के लिए अपरिहार्य हो गया है। इन लड़ाकों की गणना स्थानीय तहजीब और धारणाओं के संरक्षक के रूप में स्थापित हो गयी है न कि राष्ट्रीय सीमा पर स्थित साधारण बाशिंदे के रूप में। संविधान में वर्णित छठी अनुसूची की उत्पत्ति का इतिहास अंग्रेजों के शासन काल तक जाती है। उसके तहत उनका मूल लोगों के लिए जिसे आदिवासी कहा जाता है, पारम्परिक पहचान सुरक्षित रखने के लिए संरक्षित क्षेत्र के निमार्ण की योजना थी (बरुआ, संजीव, 2005 : 9–11)। जाने से पहले अंग्रेजों द्वारा असम को पूर्वी बंगाल (जिसे पूर्वी पाकिस्तान के रूप में पहचान मिली) के मुस्लिम क्षेत्र में शामिल करने की योजना तथा पहाड़ी क्षेत्रों को क्राउन कॉलोनी बनाने की योजना खटाई में पड़ने पर यहाँ के जागरूक नेतृत्व द्वारा जश्न मनाना स्वाभाविक था। हालाँकि इस जश्न की आयु कम समय ही रही। मुस्लिम आबादी का सीमा पार से आना–जाना जारी रहा जिसने यहाँ की आबादी में भय का वातावरण बनाने का काम किया। इसी तरह आदिवासियों की बढ़ती अपेक्षा को शान्त करने के लिए असम को काट कर कई राज्यों का निर्माण हुआ।

यह एक ऐसी प्रक्रिया की शुरुआत थी जो अब भी थमने का नाम नहीं ले रही है। आगे चल कर बीसवीं सदी के अन्तिम छह दशकों में नगा नेशनल कौंसिल, मैतेई, मिजो, त्रिपुरी, खासी, गारो, अहमिया, बोडो और अन्य समुदाय के लोगों ने प्रोत्साहित होकर भारत सरकार के खिलाफ अन्तरराष्ट्रीय सीमा लांघ कर हथियार उठाए। पूरे इलाके के पहाड़ समेत सीमाएँ यहाँ के असन्तुष्टों के लिए भारतीय सेनाओं से मोर्चा लेने के लिए रणनीतिक स्थान साबित हुईं। असम सरकार द्वारा प्रतिक्रिया स्वरूप कई स्वायत्त जिला परिषदों की घोषणा की गयी। वे आधे–अधूरे मन से उठाने जाने वाले कदम ही रहे। एक तरह एमएस प्रभाकर के शब्दों में कहें तो

फास्ट–फूड कॉउण्टर की तरह। असम के पूर्व मुख्य सचिव नाखुशी जाहिर करते हुए लिखते हैं–"संविधान की छठी अनुसूची के तहत तीन स्वायत्त जिला परिषदों कार्बी आग्लांग, दीमा हासो और बोडोलैंड को मान्यता प्राप्त है।" इसके अलावा सरकार ने छह और स्वायत्त जिला परिषदों का निर्माण यहाँ की जनजातियों के लिए किया है जिसमें रभा हसोंग, मिशिंग, तिवा, सोनोवाल–कछारी, थेंगल कछारी और देवरी शामिल हैं। हालिया वर्षों में 18 और स्वायत्त जिला परिषदों का निर्माण विभिन्न समुदायों के आर्थिक–सामाजिक विकास के लिए हुआ है। इन संस्थाओं ने समाज के मध्यम वर्गीय नेतृत्व को सत्ता में हिस्सेदारी दी है।

क्षेत्रीय इतिहास की कथा

सेंट एंथोनी कॉलेज ऑक्सफोर्ड के छात्र रहे टिमोथी से प्रेरणा लेते हुए हम यह प्रस्ताव करते हैं कि यहाँ के इतिहास का दोबारा अवलोकन होना चाहिए। यह क्षेत्र अंग्रेजों के अधिकार क्षेत्र में था। इसके साथ मणिपुर और त्रिपुरा की दो रियासतें भी इसमें शामिल थीं। हालाँकि 1956 में राज्य पुनर्गठन आयोग ने मणिपुर और त्रिपुरा के स्वतन्त्र अस्तित्व को स्वीकार किया था। इसके बाद भी अखंड असम की परिकल्पना के तहत इन दोनों को इसके साथ ही रखने की वकालत की थी। राष्ट्रीय नेतृत्व के सोच के खिलाफ स्वर्गीय गोपीनाथ बरदलै और विष्णु राम मेधी जैसे नेतृत्व और स्थानीय लोगों के विरोध के बावजूद कुछ परिस्थितियाँ ऐसी बन गयीं जो किसी के वश में नहीं थीं। उदाहरण के तौर पर अगर ब्रिटिश काल के असम को लें तो उसका निर्माण असम बोलने वाले लोगों के राज्य के रूप में हुआ था फिर भी वह एक भाषा और समरस समाज वाला राज्य नहीं था। छद्म रूप से असम के पहाड़ी भागों को असमिया बोलने वाली मुख्य भाग से अलग किया गया था। वैसे जानकारी देते चलें कि 1947 से नगा जैसे ग्रुप विद्रोह के रास्ते पर थे। जब नगालैंड का निर्माण भाषाई आधार पर हुआ तो अन्य तबकों से भी वैसी ही माँग उठने लगी। विकास की स्थिति या नये राज्य के आकार–प्रकार–जनसंख्या समझे बगैर ही अलग राज्य की माँग उठने लगी। इस तरह क्षेत्रीय महत्वाकांक्षा अगले कुछ सालों में ही आकार लेने लगी। अभी तक तस्वीर साफ नहीं हो पाई है और इसे लेकर वर्तमान में पूरे क्षेत्र में अराजक स्थिति बनी हुई है। बेहतर नामों के विकल्प के अभाव में इस क्षेत्र को पूर्वोत्तर पुनर्गठन अधिनियम

1971 के आधार पर पहचान मिली। इसी आधार पर स्थानीय के साथ राष्ट्रीय आधार पर इस क्षेत्र को लोग जानने लगे। जल्दी में इस क्षेत्र के ऐतिहासिक मानचित्र खींचने की कोशिश इस प्रकार की जा सकती है–

1. जून 1947 में नौ सूत्री समझौते पर असम के गवर्नर सर अकबर हैदरी और नगा नेशनल कौंसिल (एनएनसी) द्वारा हस्ताक्षर। एनएनसी और भारत सरकार द्वारा खण्ड 9 की विभिन्न तरह से व्याख्या।
2. भारत की आजादी के एक दिन पहले 14 अगस्त को नगा नेशनल कौंसिल द्वारा नगालैंड की स्वतन्त्रता की घोषणा।
3. जनवरी 26, 1950 : भारतीय संविधान का अंगीभूत और छठी अनुसूची के तहत अनुसूचित जनजाति के हितों की सुरक्षा और विशेष प्रावधान।
4. पहले और दूसरे आम चुनाव का एनएनसी द्वारा बहिष्कार और हथियार के रास्ते आगे की लड़ाई।
5. नगा द्वारा पहली (अगस्त, 1957), दूसरी (मई, 1958) और तीसरे (अक्टूबर, 1959) आम सम्मेलन का आयोजन और सोलह बिन्दुओं पर आम सहमति जिसमें पृथक नगालैंड राज्य की माँग शामिल।
6. क्षेत्र में विद्रोह के हालात जारी और इसी बीच सशस्त्र बल विशेषाधिकार अधिनियम (एफएसपीए) 1958 में लागू।
7. 1950 में आल पार्टी हिल लीडर्स कान्फ्रेंस का जन्म। 1960 में असम आधिकारिक भाषा विधेयक पारित।
8. 1 दिसम्बर 1963 को नगालैंड राज्य का गठन।
9. पीपल रिपब्लिक ऑफ कनगलेपाक का 1960 में सशस्त्र विद्रोह।
10. मिजोरम में फरवरी 1966 में मिजो नेशनल फ्रंट का विद्रोह।
11. नार्थ–ईस्टर्नस्टेट (रिऑरगनाईजेशन) एक्ट 1971 पारित।
12. 1972 में मेघालय, मणिपुर और त्रिपुरा राज्यों का गठन।
13. 1975 में एनएनसी और भारतीय सरकार (जीओआई) के मध्य शिलांग समझौते पर हस्ताक्षर। नेशनल सोशलिस्ट कौंसिल ऑफ नगालैंड (एनएससीएन) का 31 दिसम्बर 1980 को गठन। सीमा पार बर्मा में इसका गठन हुआ था। शिलांग समझौते का विरोध करना ही इसका उद्देश्य था। इसके साथ ही सशस्त्र विद्रोह के रास्ते नेशनल सोशलिस्ट्स स्टेट ऑफ नगालैंड की स्थापना करना।

14. 1979 में असम में आप्रवासन के विरुद्ध ऑल असम स्टूडेंट यूनियन (एएएसयू) के आन्दोलन की शुरुआत।
15. 7 अप्रैल 1979 को असम के शिवसागर में सशस्त्र विद्रोही समूह यूनाइटेड लिब्रेशन फ्रंट (यूएलएफए) का गठन।
16. 1980 में मेघालय और त्रिपुरा में सशस्त्र विद्रोह।
17. भारत सरकार और एएएसयू के मध्य 1985 में समझौते पर हस्ताक्षर।
18. भारत सरकार और एमएनएफ के मध्य 1985 में समझौते पर हस्ताक्षर और इसी के तहत एमएनएफ नेता लालडेंगा द्वारा राज्य सरकार का गठन।
19. 1987 में मिजोरम राज्य का गठन।
20. 1987 में अरुणाचल प्रदेश का भारतीय राज्य के रूप में जन्म।
21. 1990 के दौर में क्षेत्रीय स्वायता, राज्य का दर्जा, विद्रोह आदि मुद्दों पर असम के मैदानी हिस्सों के कई जिलों में बोडो समुदाय का प्रदर्शन।
22. इसी दौर में खासी और गारो भी सशस्त्र विद्रोह में शामिल हुए।
23. 2003 में भूटान के पूर्वी भागों में छिपे यूएलएफए विद्रोहियों को रॉयल भूटान आर्मी द्वारा खदेड़ कर बाहर निकालना।

अगर चाहें तो इसमें और भी ऐतिहासिक तथ्य जोड़े जा सकते हैं। यह सूची केवल उदाहरणस्वरूप दी गयी है। इस क्षेत्र में जातीय लड़ाइयाँ और सम्बन्धित हिंसा के कारकों को कम करने, समस्या उत्पन्न करने वाले कारकों को कम करने पर ध्यान दिया जाना चाहिए।

हिंसा और संघर्ष की उत्पत्ति

राजनीतिक संस्कृति–पारम्परिक तौर पर अगर इन क्षेत्रों में प्रचलित प्रथाओं की बात की जाये तो इसमें शिकार, लड़ाई, बदला, कबीलों और आदिवासियों के बीच वर्चस्व को लेकर आपसी लड़ाई चलती रही है। अक्सर इन लड़ाइयों का अन्त आपसी बदले में तब्दील हो जाती है। इसके साथ ही इन लोगों के बीच वीरों को काफी सम्मान के साथ देखा जाता है। इसी का परिणाम है कि लड़ाई–झगड़ों के प्रति इनका स्वाभाविक झुकाव है। सीमावर्ती इलाकों में कई संस्कृतियों और सामाजिक जड़ों का मिश्रण देखा जा सकता है। यही कारण है कि इन क्षेत्रों पर राज्यों का प्रभाव नहीं के बराबर है। यही कारण है कि पूरा मुल्क अनिवार्य

रूप से इन क्षेत्रों को केवल एक ही आधार पर पहचानता है और इन क्षेत्रों में लड़ाई को अनैतिक नहीं माना जाता है। उल्टे किसी भी मतभेद को सुलझाने के लिए लड़ाई और युद्ध को सर्वश्रेष्ठ उपाय माना जाता है। आखेट, धनुर–विद्या, खेलों में दक्षता, शारीरिक क्षमता, ताकत और आन्तरिक सहनशक्ति किसी भी व्यक्ति में सर्वश्रेष्ठ गुण माने जाते हैं। यह हो सकता है कि कोई इन जनजातीय सोच को अहिंसा और शान्ति के विरुद्ध समझे। गाँधी जी द्वारा गोद लिए बेटे और प्रसिद्ध आदिवासी नृवंश विज्ञानी वेरियर एल्विन ने गाँधीवादी तरीकों को जैसे कि सूत कातने वाले चरखा जैसे अन्य उपायों को इनके बीच नहीं प्रसारित करने पर जोर दिया था क्योंकि ये चीजें इनके स्वभाव के विपरीत थीं।

वैयक्तिक और समूह स्तर पर ईसाइयत की मध्यस्थता के कारण हुए सामाजिक परिवर्तन

कई अन्य चीजों के साथ ईसाइयत ने जनजातीय लोगों को दुनिया को देखने का नया नजरिया दिया। साथ ही नये धर्म, उससे जुड़ी मान्यता, उसकी अच्छाई और सीमाएँ, पवित्र ग्रन्थ और नये धर्म से जुड़ी नैतिक और अनैतिक चीजों से अवगत कराया। जाहिर है कि इन सब कारणों से वे आधुनिक/शहरी/पश्चिमी विचारधाराओं के करीब आ सके और खुद के साथ दूसरों के बारे में राय कायम कर सके। नये धर्म के प्रभाव ने उन्हें दूसरों के साथ कदमताल करने का हौसला दिया और साथ ही पूरे विश्व के साथ खड़ा होने का आत्मविश्वास दिया। इसमें कहीं भी श्रेष्ठता की भावना नहीं थी। हालाँकि यह दीगर बात है कि दूसरों ने उन्हें जनजाति के रूप में लिया और पिछड़े के रूप में उन्हें चिन्हित किया। इस विचार का दूसरा पहलू यह था कि जनजातीय लोग मैदानी भागों के लोगों को शारीरिक रूप से कमजोर और षड्यन्त्रकारी समझने लगे। इस तरह कहा जा सकता है कि दोनों वर्गों के बीच एक–दूसरे को देखने और समझने के बीच गहरे मतभेद हैं।

दूसरे विश्व युद्ध के दौरान मैदान–ए–जंग में पूर्वोत्तर की सीमित भूमिका

पूर्वोत्तर की जनजातियों ने खास कर भारत–बर्मा सीमा के नजदीक आधुनिक युद्ध तकनीक का दंश झेला। उन्होंने अपने ब्रिटिश मास्टर

को बुरी तरह हारते देखा और बर्मा से उन्हें पीछे हटते देखा। इसके बाद अंग्रेजों की सार्वभौम सत्ता होने का आडंबर भी 1945 के अन्त तक टूटा। इसके बाद उन्होंने दिल्ली के नये शासकों द्वारा पूर्वी पाकिस्तान (बांग्लादेश) के साथ युद्ध की विभीषिका झेली। उस युद्ध में बड़ी संख्या में बंगाली समुदाय के लोग सीमा पार कर के पूर्वोत्तर में आ गये और कालांतर में यहाँ के लोगों के लिए मुसीबत का सबब बने। कुछ साल पहले भारतीय संघ ने चीन के पीपुल्स गणराज्य के साथ युद्ध किया था जिसमें यहाँ के जनजातीय स्त्री–पुरुषों ने जम कर भाग लिया था। इस तरह की घटनाओं ने तुलनात्मक रूप से छोटी और एकान्त प्रिय आदिवासियों को अपने भविष्य के लिए काफी चिन्तित कर दिया।

कल्याणकारी शासन, प्रशासनिक अति सक्रियता और नौकरशाही का विस्तार : नेहरू आदिवासी क्षेत्रों पर प्रशासन की अति सक्रियता (एलविन, v; 1964) के खिलाफ थे। कुछ ऐसा ही हाल अंग्रेजों का भी था। वे भी आदिवासी क्षेत्रों में प्रशासन की अति सक्रियता के खिलाफ थे। इन सबके बावजूद नयी भारतीय सरकार ने सीमावर्ती क्षेत्रों के सुदूर इलाकों में सामान्य प्रशासन को इस सोच के साथ लागू किया कि आदिवासी भी भारत के आम नागरिक हैं इसलिए उन्हें भी आम भारतीयों की तरह अधिकार प्राप्त हैं और उन्हें भी सामान्य प्रशासन से रू–ब–रू होना चाहिए। आम भारतीयों की तरह ही इन लोगों को भी सामान्य प्रशासन द्वारा आधुनिक लोकतन्त्र की प्रक्रिया और इसके कल्याणकारी कार्यक्रम में भागीदार होना चाहिए। इन सब नीतियों का यह असर हुआ कि इन क्षेत्रों में अधिकारियों और कर्मचारियों का बड़ी संख्या में प्रवेश हुआ जिसने इनके वर्षों पुराने सामान्य जीवन–चक्र को प्रभावित किया।

अस्पष्ट और अनोखी राजनीतिक व्यवस्था : राज्य विधानसभा और लोकसभा के लिए प्रतिनिधियों का चुनाव होता है। इसके बाद कानून बनाने में अपनी महती भूमिका वे अदा करते है। बहुमत के आधार पर इन सभाओं में नियम बनते हैं। इन क्षेत्रों के प्रतिनिधि स्वभावतः शर्मीले होने के कारण पूरी प्रक्रिया में कम ही बढ़–चढ़ कर हिस्सा लेते हैं। यही नियम नौकरशाहों द्वारा लागू किया जाता है जो इन्हें अच्छा नहीं लगता है। इनके लिए तो अभी भी नयी व्यवस्था में इन नौकरशाहों का काम करने का ढंग प्रत्यक्ष या परोक्ष रूप से वही है। यही कारण है कि आज भी विधायिका और कार्यपालिका के बीच का अन्तर्सम्बन्ध इनके

लिए रहस्य बना हुआ है। वे जनप्रतिनिधि चुनते हैं जो कानून बनाते हैं पर उन्हें नौकरशाहों के रहमों करम पर आश्रित होना पड़ता है। जो कुछ करने से पहले ऐसे नियम–कानून का हवाला देते हैं जो आदिवासियों के लिए अबूझ पहेली है।

राष्ट्र–निर्माण के लिए कई योजनाओं का उद्‌घाटन पर जमीनी स्तर पर क्रियान्यन में कोताही, परिणामतः कई योजनाएँ अधूरी रह जाती हैं और यही युवाओं में अवसाद की वजह है : राष्ट्र–निर्माण के उद्देश्य से आदिवासी क्षेत्रों में सामाजिक कल्याण और भौतिक ढाँचागत विकास के लिए कई सारी योजनाओं को इन क्षेत्रों में लागू किया गया। इन योजनाओं के लिए धन भी आवंटित हुआ। इन योजनाओं पर कुछ काम भी हुआ पर धन की माकूल देख–रेख के अभाव में तथा नौकरशाही के लालफीताशाही रवैये की वजह से आदिवासियों का धैर्य जवाब दे गया। एक बार जब व्यवस्था में विश्वास कम हो जाता है तो निष्कर्षतः खुद को ठगे जाने के सिवा कोई और विचार मन में नहीं आता। आदिवासियों के साथ कुछ ऐसा ही है। उनकी समझ में बात नहीं आ रही है कि कब उनसे वादा हुआ, कब इसके लिए धन का आवंटन हुआ और कब काम शुरू हुआ क्योंकि जमीनी स्तर पर परिणाम सिफर है।

राष्ट्रीय समझ इस क्षेत्र को पिछड़ा और कानून व्यवस्था की कमी के रूप में लेती है जबकि इस क्षेत्र की समझ खुद की अलग पहचान और अनोखा इतिहास खो जाने की है : राष्ट्रीय एवं क्षेत्रीय उम्मीद तथा चिन्ताओं के बीच भारी विषमता है। उदाहरण के लिए अगर राष्ट्रीय मानस को लें तो उसके फलक में इस इलाके की छवि बिगड़े कानून व्यरवस्था के रूप में ही है। जबकि इन प्रदेशों की मनोदशा की बात करें तो ऐसी घटनाएँ आम बात हैं। अंग्रेजों के समय में भी सीमावर्ती क्षेत्रों में ऐसी घटनाएँ आम बात थीं। उस समय भी प्रशासन जहाँ तक हो सकता था, उन घटनाओं की अनदेखी करता था पर अगर ज्यादा हो जाता था तो धर–पकड़ के लिए दल भेजता था। दोषी अक्सर भाग कर पहाड़ों में छिप जाया करते थे। इसी प्रकार राष्ट्रीय स्तर पर इस क्षेत्र के पिछड़े होने की धारणा भी तर्कसंगत नहीं है क्योंकि वर्षों तक यह क्षेत्र विकास की मुख्य धारा से कटा रहा है। प्राकृतिक रूप से दुगर्म स्थल में भी सड़कों के निर्माण को आर्थिक विकास से न जोड़ते हुए यहाँ के लोग फौज के द्वारा अतिक्रमण के रूप में देखते हैं। यह धारणा इतनी प्रबल

है कि किसी भी नयी संरचना के निर्माण के पीछे यहाँ के चुने नुमाइंदे का हाथ न देखते हुए लोग इसे भी नये हथकंडे के रूप में लेते हैं। यही कारण है कि इन क्षेत्रों में बदलाव को लोग जल्द ही सहज रूप से नहीं स्वीकारते हैं। इन क्षेत्रों के चुने प्रतिनिधि भले ही वैधानिक रूप में इन लोगों के नुमाइंदे हों पर धरातल पर सर्वभौम समर्थन इन्हें प्राप्त नहीं है। जब भी स्थानीय मुद्दों पर यहाँ के बुद्धिजीवियों या युवाओं में बहस होती है तो सबसे पहला मुद्दा 'स्थानीय लोगों द्वारा अपनी पहचान खोना' ही होता है। इसके बाद जल्द ही भूत के कई अन्याय के उदाहरण स्मृति पटल से होते हुए परिचर्चा के केन्द्र बिन्दु में छा जाते हैं। शायद किसी को पसन्द आये या नहीं पर राष्ट्रीय चेतना में इस क्षेत्र का पिछड़ापन हो सकता है पर इस क्षेत्र के युवा इस बात से इत्तफाक नहीं रखते हैं। इन लोगों के लिए विकास की दिशा में उठाए जाने वाले हर कदम गैर–क्षेत्रीय कौशल प्राप्त लोगों द्वारा क्षेत्र की छोटी सी अकुशल जनसंख्या को पाटना है (सिन्हा, एसी : 1995)।

ऊपर प्रस्तुत तस्वीर पूर्वोत्तर के वर्तमान हालात बताने की कोशिश है। इसमें कुछ और विवरण जोड़ा जा सकता है–

अँधेरी सुरंग में आशा की किरण

दिल्ली में बैठे रणनीतिकारों के अनुसार वे पूर्वोत्तर के हालात से काफी नजदीकी से जुड़े हैं। वे जल्द से जल्द इस क्षेत्र के पिछड़ेपन को दूर करना चाहते हैं और इसके लिए उन्होंने राष्ट्र निर्माण की कार्य योजना बनाई है। हालाँकि इन इलाकों के मुद्दों पर काफी पैनी नजर रखने वाले राजनीतिक समीक्षक एवं शिक्षाविद संजीव बरुआ का मानना है कि 'यह विचार कि पूर्वोत्तर आर्थिक रूप से पिछड़ा और अविकसित है तथा केन्द्र के साथ उसके सम्बन्ध कमजोर हैं जैसे भी जगह पाता हो, वर्तमान दुर्दशा की एक वजह है। अगर यहाँ लोकतन्त्र के अभाव के बारे में बात की जाये तो यह उन अनोखे हालात की वजह से है जिसे बाकी राष्ट्र के साथ आर्थिक और भावनात्मक जुड़ाव के साथ खत्म किया जा सकता है। अगर पूर्वोत्तर के वर्तमान बिगड़े हालात की बात की जाय तो इसके शासन की अनौपचारिक संरचनाओं को कटघरे में खड़ा किया जा सकता है। खास कर वे सरकारी माध्यम इस हालात के लिए ज्यादा जिम्मेवार हैं जिसके मार्फत इस क्षेत्र का आर्थिक विकास होना है। हालाँकि उग्रवाद

क्षेत्र के लिए लम्बी अवधि तक आर्थिक मदद के अलावा दिल और दिमाग को जीता है या नहीं या राष्ट्रवाद को किस रूप में बढ़ाता है यह बहस का अन्य विषय हो सकता है (बरूआ, एस : 2005 : 25)। इस सम्बन्ध में इस क्षेत्र के अग्रणी राजनीतिक वैज्ञानिक गुवाहाटी विश्वविद्यालय के प्रो.वी वेंकटा रॉव ने 1966 में ही तत्कालीन राज्यपाल के समक्ष इस क्षेत्र को उप–संघीय ढाँचे के रूप में विकसित करने की कार्य योजना का स्वरूप रखा था। पूर्वोत्तर को संघीय या उप–संघीय ढाँचे के रूप में विकसित करने का विचार प्रो. वी वेंकटा रॉव ने ही रखा था। यह काबिले तारीफ है कि 15 साल के अपने असम प्रवास के दौरान वे यह कर पाये। उनकी इस योजना से केन्द्र के हुक्मरान सहमत न हो पाये और उनकी मंशानुसार राज्यपाल विष्णु सहाय ने यह विचार बढ़ते मिजो विद्रोह का हवाला देते हुए खारिज कर दिया। (पाकेम, बी : 1994 : 32–33)। प्रो.वी वेंकटा रॉव और उनके मेधावी छात्र बी पाकेम ने कुछ इन शब्दों में अपनी पीड़ा जाहिर की : "राजनीतिक और व्यक्तिगत कारक निर्णायक मामलों पर फैसला करने में महत्वपूर्ण भूमिका निभाते हैं।"

इसी प्रकार यह बहुत ही महत्वपूर्ण हैं कि दो अग्रणी राजनेता जिन्हें क्षेत्रीय, राजकीय और राष्ट्रीय स्तर पर काम करने का दशकों का अनुभव है, ने काफी कुछ आन्तरिक समीकरण समझने के बाद इन क्षेत्रों से जुड़ी समस्याओं को संघ के समक्ष उठाया। पहला नगालैंड के पूर्व मुख्य मंत्री, संसद सदस्य, महाराष्ट्र, गोवा और उड़ीसा के राज्यपाल एससी जमीर ने 2008 में इस क्षेत्र के सांसदों के लिए शिलांग में एक बैठक कर नार्थ–ईस्ट नाम से संसद में एक शाखा बनाने का प्रस्ताव दिया था ताकि इस क्षेत्र से जुड़े मुद्दे राष्ट्रीय पटल पर रखने में सुविधा हो और तभी इस क्षेत्र के छोटे राज्य देश के बड़े राज्यों से प्रतिस्पर्धा कर सकेंगे। केन्द्र में मंत्री व लोकसभा के अध्यक्ष रह चुके पीए संगमा ने भी नार्थ–ईस्ट कॉसिंल को क्षेत्रीय कमीशन या यूरोपियन यूनियन की तर्ज पर संसद बनाने की माँग की थी। उनके अनुसार इस के द्वारा क्षेत्रीय मुद्दों, आकांक्षाओं, मुश्किलों और चुनौतियों को माकूल तरीके से सुलझाया जा सकता है (दत्ता, रंजन : 2014)। इन पंक्तियों के लेखक का अपना विचार है कि वर्षों के मंथन के पश्चात् जो विचार उभरे हैं भारत सरकार को उसे प्रयोग में लाकर फलदायी परिणाम प्राप्त करना चाहिए। समेटते हुए यह बताना चाहूँगा कि यह आलेख इस क्षेत्र के बर्मा के साथ सामान्य इतिहास से शुरू

हुआ था। उसके बाद टिमोथी के ऐतिहासिक विवरण को उद्धृत किया गया कि कैसे ऐतिहासिक दुर्घटना से यह क्षेत्र बना। इसके बाद क्षेत्रीय इतिहास से कुछ महत्वपूर्ण घटनाओं को सूचीबद्ध किया गया। उसके बाद हम लोगों ने इस क्षेत्र में अशान्ति के कुछ कारणों की पड़ताल करने की कोशिश की। इसके बाद हमने यह भी प्रदर्शित किया कि कैसे हम मुख्य मुद्दों को अनसुलझा छोड़कर बड़ी समस्याओं से घिर गये। अन्त में एक सुझाव दिया गया कि आन्तरिक और बाह्य सीमा को समस्या के रूप में न देख कर अवसर के रूप में विकसित किया जाये। कुछ शिक्षाविदों और सार्वजनिक अनुभव प्राप्त लोगों द्वारा यह प्रस्तावित किया गया कि इस क्षेत्र को जैविक राजनीतिक इकाई के रूप में देखा जाये ताकि यह क्षेत्र स्थानीय और राष्ट्रीय राजनीति में अपनी महती भूमिका निभा सके। अन्तिम सात दशकों का इतिहास यह बताने के लिए काफी है कि इन समुदायों की सामाजिक–आर्थिक जड़ें इतनी गहरी हैं कि समयानुकूल किसी भी बदलाव के थपेड़े को असानी से झेल जायें। राष्ट्रीय नेतृत्व को इतना दूरदर्शी होना पड़ेगा कि वे क्षेत्र के युवाओं की पीड़ा की तारीफ कर सकें और उनके जीवन जीने के तरीकों के विकल्प में इजाफा कर सकें।

अनुवाद : अजय कुमार सिंह

सन्दर्भ

1. एश, टिमोथी (2000), हिस्ट्री ऑफ द प्रेजेंट : एसेज, स्केचेज एंड डिस्पैचेज फ्राम यूरोप, पेंग्विन बुक्स, लन्दन
2. बरुआ, एस. (2005), ड्यूरेबल डिसआर्डर : अंडर स्टैंडिंग द पोलिटिक्स ऑफ नार्थ–ईस्ट इण्डिया, ऑक्सफोर्ड यूनिवर्सिटी प्रेस, नयी दिल्ली
3. दास, एच.एन. (2014), इंसरजेंसी एंड सब फेडरल दि आर्ग्रेनाइजेशन ऑफ असम, डायलाक क्वाटर्ली, वोल्यूम–15, नम्बर–3, 27–37
4. दत्ता, रंगन (2014), रिजनल गवर्नमेंट, द स्टेट्समैन, मनडे, अक्टूबर 13, पेज–12
5. हालीडे, लन (2011), बर्मा रिडक्स, कोलंबिया यूनिवर्सिटी प्रेस, न्यूयॉर्क
6. हुसैन, इम्दाद (2013), द हिल ट्राइबल पीपुल ऑफ नार्थ–ईस्ट एंड इण्डियन स्ट्रगल फार फ्रीडम इन लिटिल नोन फाइटर्स अमेंस्ट द राज : फीगर्स फ्राम मेघालया, सम्पादक : संजय हजारिका, अंबर बुक्स, नयी दिल्ली
7. लिंटनर, बर्टिल (2012), ग्रेट गेम ईस्ट इण्डिया, चाईना एंड द स्ट्रगल फार एशियाज मोस्ट बोलटाइल फ्रंटियर, हार्पर कालिंग्स, नयी दिल्ली

8. पाकेम, बी. (1994), एप्लीकेशन ऑफ रेजट्स ऑफ ट्राइबल रिसर्च स्टडीज इन नार्थ–ईस्ट इण्डिया इन प्लानिंग, डेवलपमेंट एंड एडमिनिस्ट्रेशन, इन एसेज इन नार्थ–ईस्ट इण्डिया प्रेजेंटेज इन मेमोरी ऑफ प्रो. वी. वेंकट राव, सम्पादक : मिल्टन एस. संगमा, इहयूस पब्लिशिंग कम्पनी, नयी दिल्ली
9. सिन्हा, ए.सी. (2011), लुकिंग फॉर पीस इन ट्रबुल्ड नार्थ–ईस्ट इण्डिया इन सोशल अनरेस्ट एंड पीस इनिशिएटिव्स : पर्स पेक्टिव फ्राम नार्थ–ईस्ट इण्डिया, सम्पादक : बेरा, जी.के. इबीएच पब्लिशर्स, गुवाहाटी

पूर्वोत्तर की सांस्कृतिक सम्पन्नता

डॉ. पृथ्वीश नाग

असम, मेघालय, अरुणाचल प्रदेश, नगालैंड, मणिपुर, मिजोरम और त्रिपुरा को पूर्वोत्तर के राज्यों के तौर पर जाना जाता है। सात बहनों के तौर पर भी इन्हें पहचान प्राप्त है। ये राज्य चीन, बांग्लादेश, म्यांमार और भूटान की सीमाओं से लगे हैं। यहाँ 166 से भी अधिक जनजातियाँ हैं। उनकी भाषा और परम्परा अलग–अलग है। उनकी जीवन पद्धति पर बौद्ध और हिन्दू धर्मों की स्पष्ट छाप देखी जा सकती है। इन क्षेत्रों के लोगों ने अपनी परम्परा को काफी सहेज कर रखा है। हालाँकि आधुनिक जीवन शैली की ओर भी वे प्रवृत्त हो चले हैं। हिमालय के खूबसूरत उतार–चढ़ाव और ब्रह्मपुत्र की विहंगम जलधारा के चहुँओर यह क्षेत्र फैला हुआ है। वहीं मेघालय पठार का अपना अनोखा इतिहास है। पूर्वोत्तर भारत का प्रवेश द्वार गुवाहाटी है। वर्षों पुराने इस शहर का इतिहास है। कई सल्तनतों की राजधानी गुवाहाटी रही है। उस दौर में प्राग्ज्योतिष के नाम से इसे जाना जाता था। प्राग्ज्योतिष का अर्थ 'पूर्वी दीपक का शहर' है। हालिया समय में यह शहर राज्यों के बीच व्यवसाय और वाणिज्य के तौर पर स्थापित हुआ है। गुवाहाटी असम का एक महत्वपूर्ण शहर है। इसके बावजूद इससे लगा दिसपुर राज्य की राजधानी है। असम से आठ किलोमीटर दूर नीलांचल पर्वत पर अवस्थित कामाख्या मन्दिर हिन्दुओं के साथ पर्यटकों के बीच आकर्षण का मुख्य केन्द्र है। शिवसागर, डिब्रूगढ़ और जोरहट चाय बागान के लिए प्रसिद्ध हैं। डिगबोई तेल कुआं के लिए जाना जाता है। जोरहट के नजदीक माजुली में सतरस और वैष्णव मठ है। माजुली की पहचान नदियों से घिरे असम के सबसे बड़े टापू के रूप में विश्व में होती है। माजुली में मिशमी जनजाति का वर्चस्व है। वन्यजीव संरक्षण के लिए काजीरंगा राष्ट्रीय उद्यान और मानस वन्यजीव अभयारण्य प्रसिद्ध हैं।

काजीरंगा एक सींग वाले गैंडा के लिए जाना जाता है। इस प्रजाति की 1100 के आसपास संख्या रह गयी है। यह मैदान जंगली भैंसों, सामबर, दलदली हिरण, हॉग डीयर, हाथी, अजगर इत्यादि का क्रीड़ा क्षेत्र है। दलदल को पसन्द करने वाले कई पशु–पक्षी भी यहाँ बहुतेरे संख्या में हैं। मानस वन्यजीव अभयारण्य अपने आप में अनुपम खूबसूरती समेटे हुए है। हिमालय की गोद के साथ मानस नदी के किनारे होने के कारण यह क्षेत्र सुरम्य है। काजीरंगा में पाये जाने वाले जानवरों के अलावा यहाँ गोल्डन लंगूर, तेंदुआ और बाघ भी पाये जाते हैं। मानस में 360 वर्ग किलोमीटर का क्षेत्र विशेष तौर पर बाघों के लिए ही आरक्षित है।

पूर्वोत्तर का दूसरा मनोरम राज्य मेघालय है। उसका नामकरण भारत के मशहूर भूगोलशास्त्री डॉ. एस. पी. चटर्जी ने किया था। मेघालय का आशय 'बादलों का घर' है। यह सघन, पृथक और पठार पर बसा राज्य है। यहाँ देवदार, घुमावदार पठार, पहाड़ियों से उतरते झरने, झील सहित प्रकृति का मनोरम दृश्य देखते ही बनता है। शिलांग अंग्रेजों द्वारा स्थापित एक प्रचलित हिल स्टेशन होने के साथ राजधानी भी है। पर्यटन के लिए वॉड झील, बोटानिकल गार्डेन, हाईड्री पार्क, बटरफ्लाई म्युजियम, कवि रवीन्द्रनाथ टैगोर का घर और कई वाटरफॉल जैसे बिशप, बाईडान, विक्टोरिया, एलिफेन्ट, ऐलिफिस्टोन आदि हैं। शहर से सटे ही उमीयम झील, शिलांग चोटी, मावसमई और नंगकालिकल फॉल और चेरापूँजी का शानदार घुमावदार मखमली पठार है। यह स्थान पूरे विश्व में आर्द्रता के लिए जाना जाता है। मासमई लाईमस्टोल गुफा और जाकेम में स्लफर युक्त गर्म पानी का झरना है। इन स्थानों के साथ ही पर्यटक तुका आदि स्थानों पर भी जा सकते हैं।

देश के एकदम पूर्वोत्तर भाग में अरुणाचल प्रदेश स्थित है। यह राज्य पूर्वी हिमालय की पर्वत श्रृंखला में फैला हुआ है। इस राज्य में वनों की सघनता गजब की है। देवदार से लेकर उप–कटिबन्धीय वृक्षों की यहाँ खान है। बाँस, फूलों, पेड़ों की कई प्रजातियाँ यहाँ पाई जाती हैं। यहाँ केवल फूलों की ही 550 प्रजातियाँ हैं। यहाँ के वनों में कई दुलर्भ किस्म के पेड़ और पशु हैं। इसका अधिकतर हिस्सा अभी तक अनछुआ है। यही कारण है कि वन जीवन और वन निर्वाहन में भी यहाँ काफी विभिन्नता पाई जाती है। हाथी, बर्फीला तेंदुआ, लाल पंडा, मस्क हिरण, क्लाउडेड तेंदुआ और हिमालय काले भालू नमदापा राष्ट्रीय उद्यान में दिखाई पड़ते

हैं। पर्यटकों की सुविधा के दृष्टिकोण से अरुणाचल को तीन सर्किटों में बाँटा गया है। (क) पूर्वी सर्किट, (ख) मध्य सर्किट और (ग) पश्चिमी सर्किट। चांगलांग, लोहित, दिबांग घाटी पहले सर्किट में आते हैं। म्याओ भारत–म्यांमार सीमा पर है और नमधापा राष्ट्रीय उद्यान का द्वार है। देवान म्याओ से 25 किलोमीटर आगे है जहाँ नोआधींग और देवान नाला मिलकर पूरी तरह जंगल का नजारा प्रस्तुत करते हैं। पूर्वी सर्किट में लोहित जिले का परशुराम कुंड, रोईंग टाउन और विशाखनगर और कुछ अन्य स्थान हैं। राजधानी इटानगर से मध्य सर्किट की शुरुआत होती है। जीरो 2000 फीट की ऊँचाई पर अवस्थित है। यह स्थान बहुत ही आकर्षक है। यहाँ अपातानी जनजाति रहती है। विध्वंसकारी सियांग नदी भी पर्यटकों के लिए आकर्षण का केन्द्र है। पासीघाट के पास यह नदी शान्त हो जाती है और बहुत ही सुखद दृश्य प्रस्तुत करती है। पासीघाट से मालीनाथन और अकसीगंगा झरना जाया जा सकता है। पश्चिमी सर्किट में बोमडिला तवांग पर्यटकों की सबसे पसन्दीदा जगह है। बोमडिला तक का सफर काफी रोमांचक और बहुत कठिन है। यह 2530 मीटर की ऊँचाई पर बसा है। यहाँ का दृश्य हिमालय की अद्भुत छवि प्रस्तुत करता है। बर्फ से आच्छादित गोरीचेन (8642) और कांकलो (9453) के नजारे का लुफ्त भी यहाँ से उठाया जा सकता है। शिला (गोंपा) बौद्ध मठ के लिए प्रसिद्ध है। तिब्बतियों के आध्यात्मिक नेता दलाई लामा तवांग में उपदेश और प्रार्थना करने के लिए जाते हैं। सभी जिला मुख्यालयों में विश्रामगृह और सर्किट हाउस हैं। ये क्षेत्र अच्छी तरह से गुवाहाटी और तेजपुर से जुड़े हैं।

नगालैंड हरी–भरी घाटियों और नदियों की धाराओं से घिरा राज्य है। इस राज्य में वनस्पतियों और जीवों की काफी विविधता है। तिब्बती–बर्मी जनजाति के कई समूहों से यह राज्य भरा है। यह राज्य त्यौहारों का राज्य है। पूरे साल एक के बाद एक कोई न कोई त्यौहार यहाँ मनाये ही जाते हैं। इसमें से कई त्यौहार कृषि चक्र से जुड़े हैं। बीजों के रोपण, पहली फ़सल कटाई, वरान्त, बर्षांत आदि पर जश्न मनाया जाता है। नगालैंड की राजधानी कोहिमा है। इस शहर से आधुनिक इतिहास भी जुड़ा है।

भारत आदिवासी और गैर–आदिवासी के मध्य बँटा है। इन दोनों धड़ों में स्पष्ट तौर पर सांस्कृतिक विभाजन देखने को मिलता है। एक–दूसरे की संस्कृति को स्वीकार और समर्थन करने का संस्कार दोनों में है। भारत की विशाल और समृद्ध संस्कृति को जानने के लिए आदिवासियों

की संस्कृति जाननी इसलिए अपरिहार्य हो जाती है। एसटी जनसंख्या का अधिकतर घनत्व लगभग 75 प्रतिशत पूर्वोत्तर भारत, लेह, जम्मू और कश्मीर के कारगिल, छत्तीसगढ़ के दाँतेवाड़ा, गुजरात के डाँग और नर्मदा जिले में और लक्षद्वीप में केन्द्रित है। बहुत ही कम संख्या में (2.5 प्रतिशत से भी कम) दक्षिण–पश्चिमी गुजरात, तमिलनाडु, दक्षिण और दक्षिण–पूर्वी महाराष्ट्र, उत्तरी राजस्थान, उत्तर प्रदेश, उत्तराखंड, हरियाणा और उत्तरी बिहार में ये मौजूद हैं।

भाषाई आधार पर आदिवासियों को पाँच श्रेणियों में बाँटा जा सकता है–क) आस्ट्रो–एशियाटिक, ख) द्रविड़ियन, ग) इंडो आर्यन, घ) तिब्बत बर्मन, ङ) अंडामानिज।

अरुणाचल प्रदेश में मुख्य रूप से पाई जानी वाली जनजातियों में निशी, अदी गलांग, वांचो और बंगनी शामिल हैं। निचली सुर्वनश्री जिले के अधिकतर भू–भाग में निशी जनजाति बसी है। पूर्व और पश्चिम शियांग में आदी गलांग बसे हुए हैं। आलोंग, बसर और वनचोश तिराप जिले के पश्चिमी हिस्से में बसे हैं। कमेंग जिले के पूर्वी क्षेत्र में बंगनीश बसे हैं। लकड़ी पर नक्काशी, बुनाई की कला में वनचोश जनजाति माहिर है। गोदना उनके बीच सामाजिक रीति है। आदि गलोंग का पारम्परिक पोनंग नृत्य पूरे अरुणाचल प्रदेश में लोकप्रिय है। कुछ अन्य लोकप्रिय नृत्य कटाई, धर्म और युद्ध में विजय से जुड़े हैं। झूम (स्थानांतरण) कृषि उनके बीच प्राथमिक व्यवसाय है।

पड़ोसी राज्य असम में बोडो या बोरो कछारी, मिरी, मिकरी और रबास जनजातियाँ प्रमुख रूप से हैं। बोडो या बोरो कछारी गोलपारा और कामरूप में, मिरी डिब्रूगढ़, लखीमपुर और शिवसागर में, मिकरी कारबी आंग्लांग और उत्तर चचर की पहाड़ियों में और रबास कामरूप और गोलपाड़ जिलों में बसी हैं। ये स्थानांतरण और स्थाई दानों तरह की कृषि का अभ्यास करते हैं। इसके साथ ही बुनाई, बिनाई, मछली पकड़ना, पशुपालन आदि का कार्य भी ये लोग करते हैं। हिन्दू देवी–देवताओं में इनकी आस्था है।

मेघालय में खासी, गारो, हजोंग और रबास जनजातियाँ प्रमुख रूप से पाई जाती हैं। खासी और जयंतिया समुदाय पहाड़ियों के विभिन्न हिस्सों में रहते हैं। गारो और हजोंग समुदाय लगभग सभी जिलों में रहते हैं। जबकि रबास पूर्वी गारो और पश्चिमी गारो की पहाड़ियों में रहते हैं। ये

लोग झूम खेती, नम खेती, टोकरी बिनाई, बाँस और बेंत हस्तकला का काम करते हैं। ये एक ही परमेश्वर प्रजापति में विश्वास करते हैं। खासियों का सबसे महत्वपूर्ण त्यौहार पोबिलांग नॉगक्रेम है। कंगला (फसल से जुड़ा नृत्य महोत्सव) गारो जनजातियों के बीच लोकप्रिय है। इनके वाद्ययंत्र बाँस और कई प्रकार के बेंतों से बने होते हैं।

औ, सीमा, कोणयक और अनगामी नगालैंड की प्रमुख जनजातियाँ हैं। कोहिमा, मोकोकचुंग, सेंनसांग और जूनहेबतो जिलों में ये बसी हैं। साथ ही मोन के कोनयाक में भी ये बसी हैं। नगा प्राथमिक और पारम्परिक कृषि के तौर पर स्थानांतरण खेती का अभ्यास करते हैं। एकत्रीकरण, पशुपालन, मत्स्य पालन, शिकार, बुनाई और टोकरी बिनाई आदि कार्य भी ये करते हैं। ये परम परमात्मा में विश्वास करते हैं। 90 प्रतिशत से अधिक ईसाई धर्म का पालन करते हैं। नृत्य नगाओं का जुनून है। तेहरंगी (कटाई पर्व), तीजूकेपरू, मोअत्सु और सेकरेनी उनके कुछ मुख्य पर्व हैं।

मिजोरम की प्रमुख जनजातियाँ मिजो, चकमा, कुकी और पावीज हैं। मिजो लुंगलेई में केन्द्रित हैं। चिमतुईपुई में चकमा और पवई जनजातियाँ वास करती हैं। आइजोल में मिजो और कुकी जनजातियाँ रहती हैं। ये लोग स्थानांतरण खेती का अभ्यास करते हैं। एकत्रीकरण, शिकार, बुनाई और टोकरी बिनाई इनके अन्य कार्य हैं। इनका साहित्य काफी समृद्ध है। इनके तीन प्रमुख त्यौहार मीम कुत, चपचर कुत और पवल कुत हैं। इनका चेरा या बाँस नृत्य काफी अनोखा है। सोलाकियाँ पवई के बीच लोकप्रिय नृत्य है। मिजोरम की जनजातियाँ मुख्यतः ईसाई ही हैं। केवल चकमस जनजाति ही बौद्ध है।

देश के पूर्वोत्तर कोने त्रिपुरा में त्रिपुरी, रंगा, चकमक और जमातिया जनजातियाँ बसती हैं। त्रिपुरी चारों जिलों में पाये जाते हैं पर पश्चिम त्रिपुरा में इनकी सघनता ज्यादा है। रंगा और जमातिया समुदाय दक्षिण त्रिपुरा के जंगलों में पाये जाते हैं। उत्तरी त्रिपुरा में चकमस रहते हैं। यहाँ की जनजातियाँ हिन्दू धर्म में विश्वास करती हैं। प्रकृति और आत्मा में इनका विश्वास है। इनका मुख्य पेशा झूम खेती है। साथ ही ये लोग एकत्रीकरण, पशुपालन, बुनाई और टोकरी बिनाई भी करते हैं। त्रिपुरा के पारम्परिक त्यौहारों में खेर पूजा, गरीया पूजा और खरची पूजा शामिल हैं।

मणिपुर में तावाङ्, ताङ्खूल, माओ, कबुई चार प्रमुख जनजातियाँ हैं। तेङ्नोपाल जिले में तावाङ् बसे हैं। इनका मुख्य पेशा कृषि है। ये

लोग हिन्दू हैं। पूर्वी केन्द्रीय मणिपुर भाग में ताङ्खूल बसे हैं। माओ उत्तरी पहाड़ी इलाके में बसे हैं। पश्चिम मणिपुर में कबुई बसे हैं। ये तीनों जनजातियाँ अधिकतर ईसाई हैं। इनका मुख्य पेशा स्थानांतरण खेती है। ये लोग साथ ही एकत्रीकरण, पशुपालन, शिकार, बनाई और टोकरी बिनाई भी करते हैं।

सिक्किम की प्रमुख जनजातियाँ भूटिया और लेपचा हैं। भूटिया पूर्वी जिले के साथ उत्तरी जिले के काचेन और लाचुंग घाटी में बसे हैं। ये मौसमी प्रवास करते हैं। सिक्किम के दोजोंगो इलाके में लेपचा मिलते हैं। लेपचा के बारे में एक रोचक तथ्य है कि अपना घर ये आसपास के बाँस और लकड़ियों से बिना एक भी कील लगाये बनाते हैं। ये नाम बूम, कूम चूम और तांग बू पर्व मनाते हैं। इनका मुख्य पेशा कृषि है।

15वीं से 18वीं शताब्दी के बीच जब वैष्णव धर्म का प्रसार मणिपुर में हुआ, उसी समय मणिपुरी नृत्य शैली का विकास यहाँ हुआ। कथा और पुराणों के समृद्ध सागर से इस नृत्य शैली का भाव लिया गया है। यादों की अनोखी दुनिया की ओर रंगीन पोशाक और संगीत ले जाता है। प्रस्तुति के प्रमुख आर्कषण रास लीला और लाई हराओबा है। मणिपुरी नृत्य का महत्वपूर्ण हिस्सा झांझ के साथ ड्रम (पूनङ् चोलोम और करतार चोलोम) है। इस शैली की कुछ प्रमुख हस्तियाँ गुरु विपिन सिंह, ब्रजवासी सिंह, कलावती देवी और जावेरी बहनें हैं। ये लोग राष्ट्रीय और अन्तरराष्ट्रीय ख्याति के कलाकार हैं।

अनुवाद : अजय कुमार सिंह

□□